HEYNE
BUSINESS

D1671390

Kompaktwissen

HELMUT P. KRAUSE

Ihre Rechte als Arbeit- geber

Vorhandene
Spielräume kennen
und nutzen

Originalausgabe

Wilhelm Heyne Verlag
München

HEYNE KOMPAKTWISSEN
Nr. 22/357

Herausgeber der Reihe ›kompaktwissen‹:
Dr. Uwe Schreiber

Umwelthinweis:
Dieses Buch wurde auf
chlor- und säurefreiem Papier gedruckt.

Inhalt

3 Die Rechte des Arbeitgebers gegenüber seinen Arbeitnehmern

11

Vorwort

Als ich vom Heyne-Verlag den Auftrag erhielt, als Arbeits-
rechtler etwas über die Rechte des Arbeitgebers zu schreiben,
habe ich zunächst befürchtet, als Manuskript 200 leere Seiten
abgeben zu müssen. Bei genauerer Prüfung konnte ich dann
aber doch noch einige Arbeitgeberrechte zusammentragen.

Das Buch ist für Praktiker geschrieben. Es wendet sich ausschließlich an kleine und mittelständische Unternehmer. Tabu
ist es für Arbeitnehmer, denn es behandelt ausschließlich die
Rechte von Arbeitgebern. Im übrigen wurden bereits genug
Bücher über die Rechte des Arbeitnehmers veröffentlicht.
»Verboten« ist die Lektüre diese Buches auch für Professoren,
Politiker und Verbandsfunktionäre. Für Professoren deshalb,
weil sie den Vorwurf erheben könnten, daß die eine oder andere wissenschaftliche Lehrmeinung nicht ausreichend genug
gewürdigt worden ist. Politiker und Verbandsfunktionäre
könnten sich möglicherweise »auf den Schlips getreten fühlen«, weil an den Stellen, wo es mir notwendig erschien, nicht
mit, hoffentlich konstruktiver, Kritik gespart wurde.

Alle, die sich durch den an manchen Stellen herausklingenden
Zynismus gekränkt fühlen, bitte ich um Entschuldigung. Ich
habe das Buch nach bestem Wissen und Gewissen geschrieben. Wenn Sie am Recht des Arbeitgebers und natürlich auch
am Recht des Arbeitnehmers manches ungerecht, überholt
und teilweise unmenschlich finden, kann ich es leider nicht
ändern. Wenn ich aber durch diese Schrift dem einen oder anderen, der etwas ändern könnte, einen kleinen Denkanstoß geben konnte, freue ich mich.

Für Kritik und Anregungen bin ich dankbar.

München, im Februar 1996   HELMUT P. KRAUSE

Einleitung

Die Position des Arbeitnehmers in Deutschland hat sich in den vergangenen 100 Jahren ständig verbessert: Kündigungsschutz, Urlaubsgewährung, Bildungsurlaub, Renten-, Kranken-, Entgeltfortzahlungs-, Arbeitslosen-, Unfall- und Pflegeversicherung.

Die Rechtsposition des Arbeitgebers hat sich demgegenüber naturgemäß, wenn überhaupt, nur in geringem Umfang und in einzelnen Bereichen verbessert. In den zurückliegenden fünf Jahrzehnten war dies jedoch in der Regel kein großes Problem, da die positive Produktivitätsentwicklung in der Bundesrepublik den Unternehmen genügend Spielraum für eine Erweiterung von Arbeitnehmerrechten ließ.

Angesichts der derzeit zu beobachtenden »Arbeitslosen«-Zahlen und Insolvenzfälle ist nicht auszuschließen, daß dieser Spielraum sich verringert hat und in der Zukunft noch weiter vermindern wird. Unternehmer, die noch vor einigen Jahren ihre Produkte auf einem überschaubaren nationalen Markt absetzen konnten, sehen sich einem knallharten weltweiten Wettbewerb ausgesetzt. Nicht nur die »fünf kleinen Tiger« aus Südostasien und »Fern«-Ost sind ernstzunehmende Konkurrenten um Aufträge und Arbeitsplätze geworden.

Eine Ursache für die Schwierigkeiten vieler Arbeitgeber ist zum einen die vielfach zu starre Vertragsgestaltung und zum anderen die Unkenntnis über die bereits derzeit bestehenden Rechte.

Das Buch gliedert sich deshalb in fünf Teile:

1 Für den Arbeitgeber vorteilhafte Vertragsgestaltung
2 Die Rechte des Arbeitgebers gegenüber freien Mitarbeitern und Subunternehmern

1 Für den Arbeitgeber vorteilhafte Vertragsgestaltung

In vielen Fällen verwenden Arbeitgeber Musterverträge, die sie »schon immer« verwendet haben. Häufig wird dabei auf den Inhalt eines Tarifvertrages Bezug genommen.

Dabei wird vielfach nicht bedacht, daß es verschiedene für den Arbeitgeber vorteilhafte Vertragsklauseln gibt, die er unabhängig von den Bestimmungen des Tarifvertrages vereinbaren kann, solange der Tarifvertrag diese Klauseln nicht ausdrücklich verbietet.

Weiterhin wird in der Praxis häufig nicht beachtet, daß Tarifverträge gar keine zwingende Wirkung auf das Arbeitsverhältnis entfalten.

Tarifverträge sind nämlich nur dann zwingend anwendbar wenn

- entweder beide Vertragspartner **organisiert** sind, d. h. wenn der Arbeitnehmer Mitglied einer am Tarifvertrag beteiligten Gewerkschaft ist und der Arbeitgeber entweder selbst Tarifvertragspartei ist oder Mitglied eines am Tarifvertrag beteiligten Arbeitgeberverbandes,

- oder der Tarifvertrag für **allgemeinverbindlich** erklärt wurde. In diesem Fall wirkt der Tarifvertrag praktisch wie ein Gesetz, d. h. er gilt auch dann zwingend, wenn weder der Arbeitgeber im Arbeitgeberverband noch der Arbeitnehmer in der Gewerkschaft organisiert ist.

In allen anderen Fällen sind die Arbeitsvertragsparteien **frei**, im Rahmen der Gesetze den Arbeitsvertrag beliebig zu gestalten.

Die Klauseln, die in der Regel neben einem kraft beiderseitiger Tarifbindung oder kraft Allgemeinverbindlicherklärung gültigen Tarifvertrag vereinbart werden können, finden Sie im Abschnitt 1.1.

Für den Arbeitgeber vorteilhafte Klauseln, die verwendet werden können, wenn die Arbeitsvertragsparteien keinen tariflichen Beschränkungen unterliegen, finden sie im Abschnitt 1.2.

1.1 Klauseln, die in der Regel neben einem Tarifvertrag vereinbart werden können

Wenn ein Tarifvertrag kraft beiderseitiger Verbandsangehörigkeit bzw. Allgemeinverbindlichkeit anwendbar ist, können problemlos vom Tarifvertrag abweichende Regeln vereinbart werden, sofern sie für den Mitarbeiter günstiger sind. Was für den Mitarbeiter im einzelnen günstiger ist, ist unter den Gelehrten umstritten. Ist es günstiger mit 100 % des Tarifentgelts den Arbeitsplatz zu verlieren oder für 90 % des Tarifgehalts eine Arbeitsplatzgarantie zu erhalten? Die Praxis entscheidet sich vielfach für die zweite Variante, wohl wissend, daß sie damit klar gegen bestehendes Recht verstößt. Gemäß dem Tarifvertragsgesetz sind nämlich alle Vereinbarungen unwirksam, die Tarifbedingungen unterschreiten.

Unabhängig vom Günstigkeitsprinzip kann, sofern der Tarifvertrag keine gegenteiligen Bestimmungen enthält, der Arbeitsvertrag durch folgende arbeitgeberfreundliche Klauseln ergänzt werden:

1.1.1 Klausel 1: Zeitbefristung

Das Arbeitsverhältnis endet am ...., ohne daß es einer Kündigung bedarf.

Nach den Bestimmungen des Beschäftigungsförderungsgesetzes darf der Arbeitgeber bis zu achtzehn Monaten ohne sachlichen Grund einen befristeten Vertrag abschließen. Voraussetzung ist lediglich, daß er den Mitarbeiter neu einstellt. Eine Neueinstellung liegt nach dem Gesetz dann vor, wenn der Arbeitnehmer entweder noch nie beim einstellenden Arbeitgeber gearbeitet hat oder mindestens in den letzten vier Monaten vor der Einstellung von diesem Arbeitgeber nicht beschäftigt wurde.

Zulässig ist auch die befristete Übernahme eines Auszubildenden, wenn dem Arbeitgeber kein Dauerarbeitsplatz zur Verfügung steht.

Die Befristung hat für den Arbeitgeber den Vorteil, daß das Arbeitsverhältnis nach Ablauf der Befristungsdauer automatisch endet, ohne daß der Mitarbeiter die Möglichkeit hat, dies zu verhindern. Dies ist auch der Grund, warum die Rechtsprechung bei Befristungen, die länger als 18 Monate dauern, einen sachlichen Grund für die Befristung verlangt. In einzelnen Tarifverträgen wird ein sachlicher Grund auch schon bei Befristungen unter 18 Monaten gefordert.

Sachliche Gründe, die eine Befristung rechtfertigen, sind z. B.

- die Vertretung eines Erziehungsurlaubers,
- die Schließung eines Betriebes zu einem bestimmten Zeitpunkt,
- der Umbau einer Anlage,
- Drittmittelfinanzierung,
- die Erprobung des Mitarbeiters,
- Trainee- uns sonstige Ausbildungsprogramme.

Anerkannter Grund für eine Befristung über 18 Monate ist auch der Wunsch des Mitarbeiters. Dabei reicht es jedoch nicht aus, daß der Mitarbeiter auf die Frage des Arbeitgebers »Wollen sie lieber einen befristeten Arbeitsvertrag oder gar keinen?« antwortet: »Ich wünsche mir einen befristeten Arbeitsvertrag.« Notwendig ist vielmehr, daß der Wunsch des Mitarbeiters untermauert wird durch Fakten aus der Sphäre des Mitarbeiters.

Solche Fakten könnten z. B. die Absicht des Mitarbeiters sein, in zwei Jahren

- ein Studium aufzunehmen,
- auszuwandern,
- mit seinem Ehepartner aus beruflichen Gründen umzuziehen.

Wobei natürlich die Frage offen bleibt, weshalb der Arbeitnehmer von vornherein auf seinen Kündigungsschutz verzichtet, obwohl er das gleiche Ergebnis, nämlich die fristgemäße Beendigung seines Arbeitsverhältnisses auch durch eine Kündigung hätte erreichen können.

Bei Neueinstellungen empfiehlt es sich für den Arbeitgeber grundsätzlich immer, zunächst einmal einen befristeten Vertrag abzuschließen. Bei einem Mitarbeiter, der den Erwartungen entspricht, wird die Befristung nach einiger Zeit einvernehmlich aufgehoben. Mitarbeiter, die den Erwartungen nicht entsprechen, scheiden dagegen automatisch spätestens zum vorgesehenen Zeitpunkt aus. Bei einer Befristungsdauer über sechs und unter achtzehn Monaten beendet diese Befristung auch die Arbeitsverhältnisse von Mitarbeitern mit besonderem Kündigungsschutz, d. h. auch die Arbeitsverhältnisse von Schwangeren, Schwerbehinderten und Betriebs-/Personalratsmitgliedern werden durch eine Befristung problemlos beendet.

Eine Befristung bis sechs Monate ist normalerweise entbehrlich, da der Kündigungsschutz nach dem Kündigungsschutz- und dem Schwerbehindertengesetz erst im siebten Monat der Beschäftigung beginnt.

Trotzdem werden in der Praxis Arbeitsverhältnisse häufig auch bis sechs Monate befristet. Das Motiv der Arbeitgeber liegt auf der Hand: Mit einer Befristung bis zu sechs Monaten möchten die Arbeitgeber bei schwangeren Mitarbeiterinnen den sofort nach der Empfängnis einsetzenden Kündigungsschutz aus dem Mutterschutzgesetz umgehen. (Vgl. Landesarbeitsgericht Köln, 26. Mai 1994 – 10 Sa 244/94.)

1.1.2 Klausel 2: Zweckbefristung

Der Mitarbeiter wird eingestellt für die Dauer des/ der ....

Zulässig ist auch eine Befristung, bei der das Arbeitsverhältnis zu dem Zeitpunkt enden soll, zu dem ein bestimmter Zweck bzw. ein Ergebnis erreicht ist. Ein solcher Zweck könnte z. B. sein

- die krankheitsbedingte Abwesenheit des Mitarbeiters Müller,
- der Umbau des Schwabinger Krankenhauses,
- die Umstellung der Buchhaltung auf EDV.

Bei der Zweckbefristung ist zu beachten, daß der Arbeitnehmer spätestens vier Wochen im voraus erfährt, daß sein Arbeitsverhältnis enden soll. Wenn der Arbeitgeber dem Mitarbeiter den Eintritt der auflösenden Bedingung nicht rechtzeitig mitteilt, endet das Arbeitsverhältnis trotzdem zum vorgesehenen Zeitpunkt. Der Arbeitgeber muß aber in diesem Fall noch für vier Wochen ab Ankündigung die Vergütung des Arbeitnehmers zahlen.

Umstritten ist, ob das zweckbefristete Arbeitsverhältnis endet, wenn der vertretene Arbeitnehmer durch Kündigung oder Tod ausscheidet. (Vgl. LAG Köln, 8. Juli 1994 – 4 Sa 469/94, Zeitschrift für Tarifrecht 1995, Seite 41.) In diesem Fall sprechen jedoch die besseren Argumente dafür, daß die Vertretungskraft mit dem Ausscheiden des Arbeitsplatzinhabers einen unbefristeten Arbeitsplatz erhält. Dies wird deutlich, wenn das Arbeitsverhältnis nicht abgeschlossen wird »für die Dauer der Krankheit von«, sondern »für die Dauer der Abwesenheit von«.

Achtung!

Eine Zweckbefristung ist nach einer neueren Entscheidung des Bundesarbeitsgerichts wegen des eindeutigen Wortlauts von § 21 Abs. 3 Bundeserziehungsgeldgesetz nicht zulässig im Zusammenhang mit der Vertretung während des Erziehungsurlaubs. (Bundesarbeitsgerichts-Urteil vom 9. November 1994 – 7 AZR 243/94)

1.1.3 Klausel 3: Befristung »längstens bis«

Der Mitarbeiter wird eingestellt für die Dauer des/ der ...., längstens jedoch bis zum ....

Ein Problem hat der Arbeitgeber, wenn das vorgesehene Ereignis ausnahmsweise nicht eintreten sollte oder wenn der vertretene Mitarbeiter wegen Kündigung, Tod oder Verrentung ausscheidet. In diesem Fall hat der Arbeitgeber bei einer Zweckbefristung keine Möglichkeit, das Arbeitsverhältnis auf Grund der Zweckbefristung enden zu lassen.

Manche Arbeitgeber kombinieren deshalb die Zweckbefristung mit der Zeitbefristung. Dies macht dann Sinn, wenn dem Arbeitgeber neben dem Grund für die Zweckbefristung auch ein Grund für eine Zeitbefristung (siehe Klausel 1) zur Verfügung steht. Ein Arbeitgeber, der zum 31. Dezember 1998 seinen Betrieb schließen will, könnte wirksam vereinbaren: »Schulze wird eingestellt für die Dauer der krankheitsbedingten Abwesenheit des Mitarbeiters Müller, längstens jedoch bis zum 31. Dezember 1998.«

1.1.4 Klausel 4: Kündigung trotz Befristung

Das Arbeitsverhältnis kann mit Monatsfrist zum Monatsende gekündigt werden.

Grundsätzlich kann ein befristetes Arbeitsverhältnis nicht gekündigt werden.

Von diesem Grundsatz darf abgewichen werden, wenn

• der Arbeitsvertrag,
• der Tarifvertrag oder
• ein Gesetz die Kündigung erlauben.

(Vgl. auch Abschnitt 3.4.2 »Befristung«)

1.1.5 Klausel 5: Wettbewerbsverbot vor Dienstantritt

Der Arbeitnehmer verpflichtet sich, bis zum tatsächlichen Beginn der Arbeitsaufnahme nicht für ein Unternehmen zu arbeiten, das zu seinem Arbeitgeber im Wettbewerb steht. Er darf auch kein solches Unternehmen gründen oder sich an solch einem Unternehmen in irgendeiner Form beteiligen.

Sobald der Arbeitsvertrag abgeschlossen ist, kann der Arbeitgeber mit dieser Klausel, auch wenn die tatsächliche Beschäftigung noch nicht begonnen hat, von seinem Mitarbeiter verlangen, daß dieser jegliche Tätigkeit für Konkurrenzunternehmen unterläßt und sich auch nicht an einem solchen in irgendeiner Form beteiligt.

1.1.6 Klausel 6: Vertragsstrafe für den Fall des Nichtantritts der Arbeit bzw. der vertragswidrigen Beendigung

Für den Fall der Nichtaufnahme der Tätigkeit zum vorgesehenen Zeitpunkt zahlt der Arbeitnehmer eine Vertragsstrafe in Höhe eines Monatsgehalts. Das gleiche gilt, wenn der Arbeitnehmer das Arbeitsverhältnis vor Ablauf der vereinbarten Kündigungsfrist ohne wichtigen Grund beendet bzw. wenn der Arbeitgeber das Arbeitsverhältnis durch außerordentliche Kündigung beendet, sofern der Arbeitnehmer für diese Kündigung einen wichtigen Grund gesetzt hat. Die zusätzliche Geltendmachung des durch die Nichtaufnahme bzw. durch die vom Arbeitnehmer verschuldete vorzeitige Beendigung der Arbeit eingetretenen Schadens behält sich der Arbeitgeber vor.

Die Vereinbarung einer Vertragsstrafe in Höhe eines Monatsgehalts für den Fall des Nichtantritts bzw. der schuldhaften vorzeitigen vertragswidrigen Beendigung der Arbeit ist unproblematisch. In besonderen Fällen, z. B. wenn der Mitarbeiter eine besonders wichtige Funktion übernehmen sollte, kann die Vertragsstrafe auch höher vereinbart werden. Eine ausnahmsweise zu hoch festgesetzte Vertragsstrafe wird vom Gericht auf Antrag auf eine angemessene Höhe herabgesetzt.

Als weitere Schäden, die der Arbeitnehmer bei einem Nichtantritt der Arbeit zu ersetzen hat, kommen in Betracht:

- Rückerstattung der bereits ersetzten Vorstellungskosten,
- Überstundenzuschläge für Ersatzkräfte,
- Mehrkosten, die durch die Beschäftigung von Leiharbeitnehmern anfallen,
- Entgangener Gewinn, soweit der Arbeitgeber diesen nachweisen kann,

- Zusätzliche Anzeigenkosten für die kurzfristige Gewinnung von Ersatzkräften.

Nicht zu ersetzen sind dagegen die Kosten für Anzeigen und Personalberater, die der Arbeitgeber für die Gewinnung einer Ersatzkraft aufwenden mußte, falls diese Kosten in gleicher Höhe auch bei einer fristgemäßen Kündigung des Mitarbeiters angefallen wären.

Im Prinzip kann der Arbeitgeber einen vertragsbrüchigen Arbeitnehmer auch auf Erfüllung der Arbeitspflicht verklagen. Ein obsiegendes Urteil kann zwar nicht im Wege der Zwangsvollstreckung vollstreckt werden, berechtigt den Arbeitgeber aber aus § 61 Abs. 2 Arbeitsgerichtsgesetz, mit dem Klageantrag auf Erfüllung der Arbeitspflicht den Antrag verbinden, den Arbeitnehmer für den Fall, daß er die Arbeit nicht antritt, zur Zahlung einer vom Arbeitsgericht nach freiem Ermessen festzusetzenden Entschädigung zu verurteilen.

1.1.7 Klausel 7: Ausschluß der Kündigung vor Arbeitsaufnahme

Das Arbeitsverhältnis darf vor Aufnahme der Tätigkeit nicht ordentlich gekündigt werden.

Wenn nichts vereinbart wird, haben beide Vertragspartner das Recht, das Arbeitsverhältnis bereits vor Aufnahme der Tätigkeit fristgemäß zu kündigen. Für sie gelten die gleichen Voraussetzungen wie für jede andere Kündigung auch. Insbesondere hat der Arbeitgeber den Sonderkündigungsschutz der werdenden Mütter und das Anhörungsrecht des Betriebs-/Personalrats zu beachten. Im Einzelfall kann es für den Arbeitgeber vorteilhaft sein, wenn er das Recht zur ordentlichen, d. h. fristgemäßen Kündigung ausschließt. Die außerordentliche Kündigung kann dagegen nie ausgeschlossen werden.

1.1.8 Klausel 8: Rückzahlung von Umzugskosten

Der Arbeitnehmer verpflichtet sich, dem Arbeitgeber die von diesem bezahlten Umzugskosten zu erstatten, falls er vor Ablauf von zwei Jahren das Arbeitsverhältnis kündigt. Der Arbeitgeber erläßt dem Arbeitnehmer für jeden vollen Kalender-

monat, den er für ihn arbeitet, ein Vierundzwanzigstel der Umzugskosten.

Grundsätzlich zahlt der Arbeitnehmer die Kosten des Umzugs an den neuen Arbeitsort selbst. Sollte ausnahmsweise der Arbeitgeber die Kosten übernommen haben, kann er deren Rückzahlung verlangen, wenn der Mitarbeiter nicht mindestens zwei bis drei Jahre für den Arbeitgeber gearbeitet hat. Bei einem vorzeitigen Ausscheiden muß jedoch der Arbeitgeber dem Arbeitnehmer für jeden Monat, den er für ihn gearbeitet hat $1/_{24}$ bzw. bei einer dreijährigen Bindungsfrist $1/_{36}$ der Kosten erlassen.

1.1.9 Klausel 9: Rückzahlung von Ausbildungskosten

Der Arbeitnehmer verpflichtet sich, die Kosten für die .... -Ausbildung an den Arbeitgeber zurückzuzahlen, falls er innerhalb von drei Jahren nach Abschluß der Ausbildung das Arbeitsverhältnis ohne wichtigen Grund beendet. Für jedes volle Jahr, das der Arbeitnehmer nach Abschluß der Ausbildung für den Arbeitgeber arbeitet, wird ihm ein Drittel der Ausbildungskosten erlassen.

Für den Arbeitgeber ist es regelmäßig unerfreulich, wenn er seinem Mitarbeiter eine teuere Ausbildung finanziert und dieser dann kurz nach Beendigung der Ausbildung zur Konkurrenz wechselt.

Es wird deshalb als zulässig angesehen, mit dem Arbeitnehmer eine Vereinbarung über die Rückzahlung der Ausbildungskosten zu vereinbaren, falls dieser vor einem bestimmten Termin das Arbeitsverhältnis ohne wichtigen Grund beendet. Scheidet der Arbeitnehmer während der vereinbarten Bindungsfrist aus, ist ihm z. B. bei einer dreijährigen Bindungsfrist entweder ein Drittel pro Beschäftigungsjahr oder ein Sechsunddreißigstel pro Beschäftigungsmonat zu erlassen.

Zu den Ausbildungskosten zählen alle Aufwendungen des Arbeitgebers, die im Zusammenhang mit der Ausbildung entstanden sind. Insbesondere gehören dazu die dem Mitarbeiter während der Ausbildung gezahlte Vergütung, Lehrgangskosten, Reisekosten und die Arbeitnehmeranteile zur Sozialversicherung. Die Arbeitgeberanteile an der Sozialversicherung muß dagegen der Arbeitgeber tragen, da die Übernahme durch den Arbeitnehmer vom Gesetz ausdrücklich verboten wird.

Die Rückzahlungsvereinbarung sollte schriftlich vor Beginn der Ausbildung abgeschlossen werden. Würde sie z. B. erst drei Tage vor der Abschlußprüfung unterzeichnet werden, könnte der Arbeitnehmer geltend machen, daß er die Vereinbarung unter Druck abgeschlossen hat und sich nicht daran gebunden fühlt.

Die Dauer der Bindungsfrist muß angemessen sein. Dabei sind Ausbildungsdauer und -kosten zu berücksichtigen. Regelmäßig darf die Bindungsfrist drei Jahre nicht überschreiten. Etwas anderes würde nur dann gelten, wenn der Arbeitgeber dem Mitarbeiter z. B. eine besonders teure Pilotenausbildung oder ein mehrjähriges Studium finanziert hätte.

Bezüglich einer Lehrgangsdauer von bis zu zwei Monaten hat das Bundesarbeitsgericht entschieden, daß eine längere Bindung als ein Jahr nach Abschluß der Ausbildung nur dann zulässig ist, wenn durch die Teilnahme am Lehrgang eine besonders hohe Qualifikation verbunden mit überdurchschnittlichen Vorteilen für den Arbeitnehmer entsteht oder wenn die Fortbildung besonders kostenintensiv ist. (BAG, 15. Dezember 1993 – 5 AZR 279/93, Der Betrieb 1994, Seite 1040)

Durch die Vereinbarung einer Rückzahlungsklausel kann ein Arbeitnehmer, dessen Arbeitgeber die Kosten zum Er.-werb einer Fahrerlaubnis für Kraftomnibusse in Höhe von DM 5900,00 übernommen hatte, bei einer einmonatigen Ausbildung für nicht mehr als ein Jahr gebunden werden. (Hessisches Landesarbeitsgericht, 21. November 1994 – 16 Sa 940/94, Zeitschrift für Tarifrecht 1995, Seite 374)

Neben der Angemessenheit der Bindungsfrist ist für die Vereinbarung einer Rückzahlungsklausel erforderlich, daß der Arbeitnehmer durch die Ausbildung seinen Wert auf dem Arbeitsmarkt erhöht. Würde also der Arbeitgeber dem Mitarbeiter nur eine Ausbildung finanzieren, die er außerhalb des Unternehmens seines Arbeitgebers gar nicht beruflich nutzen kann, weil z. B. die Maschinen, für die er ausgebildet wurde, nur von seinem Arbeitgeber betrieben werden, wäre eine Rückzahlungsvereinbarung unwirksam.

Manche Arbeitgeber versuchen erfolglos, die strengen Vorschriften der Rechtsprechung zur Zulässigkeit von Rückzahlungsklauseln dadurch zu umgehen, daß sie mit dem Arbeitnehmer nach Abschluß des Arbeitsvertrages einen Darlehensvertrag in Höhe der Ausbildungskosten abschließen. (BAG, 26. Oktober 1994 – 5 AZR 390/92, Der Betrieb 1995, Seite 632)

Arbeitsrechtlich unproblematisch ist es dagegen, wenn der Arbeitnehmer die Ausbildung zunächst aus der eigenen Tasche bezahlt und dann erst einen Arbeitsvertrag abschließt. In diesem Falle wäre auch nichts dagegen einzuwenden, daß der Arbeitgeber dem Arbeitnehmer zur Finanzierung der Ausbildung ein Darlehen gewährt und ihm, sofern er nach Abschluß der Ausbildung einen Arbeitsvertrag abschließt, pro Monat z. B. ein Sechsunddreißigstel des Darlehens erläßt.

1.1.10 Klausel 10: Verpflichtung zur Verschwiegenheit

Herr/Frau .... verpflichtet sich, über die ihm/ihr im Rahmen des/der Vorstellungsgespräche bekannt gewordenen geschäftlichen Angelegenheiten des Arbeitgebers Stillschweigen zu bewahren. Für jeden Fall der Zuwiderhandlung verpflichtet er sich zur Zahlung einer Vertragsstrafe in Höhe von DM ....

Die Pflicht, Betriebs- und Geschäftsgeheimnisse des Arbeitgebers zu wahren, beginnt mit dem Abschluß des Arbeitsvertrages. Sollte es nicht zu einem Vertragsabschluß kommen, ist es für den Arbeitgeber vorteilhaft, wenn er den Bewerber verpflichtet hat, geschäftliche Angelegenheiten des Arbeitgebers, die nicht allgemein bekannt sind, vertraulich zu behandeln. Solch eine Verpflichtung sollte durch ein Vertragsstrafeversprechen abgesichert werden.

1.1.11 Klausel 11: Verzicht auf Vorstellungskosten

Die Vorstellungskosten werden nicht erstattet.

Ein Bewerber kann grundsätzlich vom Arbeitgeber, der ihn zu einem Vorstellungsgespräch einlädt, die Erstattung der Vorstellungskosten verlangen. Zulässig ist es jedoch, diesen Erstattungsanspruch vertraglich auszuschließen oder auf einen bestimmten Betrag zu begrenzen.

1.1.12 Klausel 12: Änderungsvorbehalt

Der Arbeitnehmer verpflichtet sich, bei Bedarf auch andere, seiner Ausbildung entsprechende Tätigkeiten zu übernehmen, soweit dies nicht mit einer Verminderung der Vergütung verbunden ist.

Es empfiehlt sich, im Arbeitsvertrag nach der Festlegung des vorgesehenen Aufgabengebietes zu vereinbaren, daß der Mitarbeiter verpflichtet ist, im Bedarfsfall auch andere Tätigkeiten auszuüben. Von diesem Recht darf der Arbeitgeber nur Gebrauch machen, soweit es für den Betriebsablauf notwendig ist. Weiterhin muß die Zuweisung eines anderen Arbeitsbereiches dem Mitarbeiter zumutbar sein. Sofern es sich hierbei um eine Versetzung handelt, ist die Zustimmung des Betriebs-/Personalrates einzuholen. Bei Streitigkeiten über die Zumutbarkeit und Notwendigkeit entscheidet das Arbeitsgericht.

1.1.13 Klausel 13: Probezeit

Die ersten sechs Monate gelten als Probezeit. Während dieser Zeit kann das Arbeitsverhältnis, sofern nicht der Tarifvertrag eine kürzere Frist vorsieht, mit einer Frist von zwei Wochen gekündigt werden.

Durch die Änderung des § 622 Abs. 3 BGB ist es möglich geworden, ein Arbeitsverhältnis in den ersten sechs Monaten an jedem beliebigen Tag mit Zweiwochenfrist zu kündigen. Zulässig wäre es z. B., innerhalb der ersten sechs Monate am 13. November eine Kündigung auszusprechen, die das Arbeitsverhältnis zum 27. November beendet. Gemäß § 622 Abs. 4 BGB kann diese Frist zuungunsten des Arbeitnehmers durch einen einschlägigen Tarifvertrag auch für nicht tarifgebundene Arbeitnehmer verkürzt werden.

Nach Ablauf der sechsmonatigen Probezeit kann das Arbeitsverhältnis während der ersten zwei Jahre nur noch mit Vierwochenfrist zum 15. eines Monats oder zum Monatsende gekündigt werden, sofern nicht einschlägige Tarifverträge kürzere Kündigungsfristen vorsehen.

Stellt ein Arbeitgeber einen Mitarbeiter für maximal drei Monate nur zur Aushilfe ein, kann er mit diesem auch eine eintägige Kündigungsfrist vereinbaren.

1.1.14 Klausel 14: Verlängerung der Kündigungsfristen

Verlängert sich die Kündigungsfrist des Arbeitgebers durch Gesetz oder Tarifvertrag, verlängert sich die Frist, die der Arbeitnehmer bei einer Kündigung einzuhalten hat, entsprechend.

Im Gesetz ist vorgesehen, daß sich die Kündigungsfristen auf Grund der Betriebszugehörigkeit und des Alters des Mitarbeiters nur für den Arbeitgeber verlängern. Möchte der Arbeitgeber, daß die verlängerten Kündigungsfristen auch bei einer Eigenkündigung des Arbeitnehmers gelten sollen, ist eine entsprechende Vereinbarung erforderlich.

1.1.15 Klausel 15: Altersgrenzenvereinbarung

Das Arbeitsverhältnis endet mit Ablauf des Monats in dem der Mitarbeiter das 65. Lebensjahr vollendet, ohne daß es einer Kündigung bedarf.

Durch eine Änderung des § 41 Abs. 4 SGB VI ist es ab 1. August 1994 wieder zulässig geworden, Arbeitsverhältnisse auf das 65. Lebensjahr zu befristen. Würde der Arbeitgeber keine entsprechende Vereinbarung treffen, würde das Arbeitsverhältnis über das 65. Lebensjahr hinaus fortbestehen. Eine dann ausgesprochene Kündigung könnte der Mitarbeiter auch nach Vollendung des 65. Lebensjahres noch mit einer Kündigungsschutzklage angreifen.

1.1.16 Klausel 16: Schriftformvereinbarung für Kündigungen

Die Kündigung des Arbeitsverhältnisses bedarf der Schriftform.

Nach BGB ist jedes Arbeitsverhältnis mündlich kündbar. Aus Gründen der Beweisbarkeit sollte jedoch, sofern der anzuwendende Tarifvertrag nicht ohnehin eine entsprechende Bestimmung enthält, für die Kündigung die Schriftform vereinbart werden.

1.1.17 Klausel 17: Bargeldlose Zahlung der Vergütung

Der Arbeitgeber überweist die Vergütung auf ein vom Mitarbeiter zu benennendes Konto.

Würde der Arbeitgeber nicht mit dem Arbeitnehmer die bargeldlose Zahlung der Vergütung vereinbaren, hätte der Arbeitnehmer nach dem immer noch gültigen § 115 Abs. 1 der Gewerbeordnung vom 21. Juni 1869 das Recht, die Auszahlung seiner Vergütung in bar zu verlangen.

1.1.18 Klausel 18: Widerrufsvorbehalt für Sondervergütungen

Die Zahlung von Sondervergütungen wie Prämien, Urlaubs- und Weihnachtsgeld erfolgen jeweils freiwillig und begründen keinen Anspruch auf zukünftige Gewährung.

Nach der Rechtsprechung des Bundesarbeitsgerichts erwirbt der Mitarbeiter einen entsprechenden Anspruch für die Zukunft, wenn der Arbeitgeber vorbehaltlos dreimal eine Gratifikation gewährt hat.

1.1.19 Klausel 19: Kürzung der Weihnachtsgratifikation wegen Fehlzeiten

Der Arbeitgeber gewährt dem Mitarbeiter eine freiwillige jederzeit widerrufliche Weihnachtsgratifikation in Höhe von DM .... Für jeden Tag, an dem der Mitarbeiter krankheitsbedingt fehlt, vermindert sich die Gratifikation um ein Sechzigstel.

Das Bundesarbeitsgericht akzeptiert die Kürzung einer freiwilligen Weihnachtsgratifikation um ein Sechzigstel für jeden Tag einer auch unverschuldeten Arbeitsunfähigkeit wegen Krankheit. Ist die Weihnachtsgratifikation durch eine Betriebsvereinbarung geregelt, wird sogar eine Kürzung um ein Dreißigstel pro Fehltag akzeptiert (BAG, 26. Oktober 1994 – 10 AZR 482/93, Der Betrieb 1995, Seite 830).

Von der Kürzungsmöglichkeit ausgenommen sind allerdings Kleingratifikationen, die deutlich unter einem Monatsgehalt liegen.

Eine Weihnachtsgratifikation kann bei entsprechender Vereinbarung auch bei Fehlzeiten, für die kein Anspruch auf Entgelt besteht, gekürzt werden, wenn die Krankheit in Zusammenhang mit einer Schwangerschaft steht. (BAG, 27. Juli 1994 – 10 AZR 314/93, Der Betrieb 1994, Seite 2506)

Bei einer Kürzung wegen Fehlzeiten ist es auch zulässig, zwischen Angestellten und gewerblichen Arbeitnehmern zu differenzieren.

Beispiel:

Ein Arbeitgeber hatte seinen gewerblichen Arbeitnehmer wegen erheblich höherer krankheitsbedingter Fehlzeiten ein gekürztes Weihnachtsgeld, seinen Angestellten dagegen ein ungekürztes Weihnachtsgeld gezahlt. Dies stellt keinen Verstoß gegen den Gleichbehandlungsgrundsatz dar. (BAG, 19. April 1995 – 10 AZR 136/94, Der Betrieb 1995, Seite 1966)

Gegen den Gleichheitssatz des Art 3 Abs. 1 GG verstößt auch nicht eine tarifliche Regelung, nach der für eine Zuwendung Zeiten des Grundwehr- oder Zivildienstes, des Mutterschutzes oder des Erziehungsurlaubs anspruchserhaltend, Zeiten einer Arbeitsunfähigkeit ohne Entgeltfortzahlungsverpflichtung jedoch anspruchsmindernd berücksichtigt werden. (BAG, 14. September 1994 – 10 AZR 216/93, Betriebs-Berater 1995, Seite 100)

1.1.20 Klausel 20: Kürzung der Weihnachtsgratifikation und des Urlaubsgeldes bei Inanspruchnahme von Erziehungsurlaub

In den Jahren, in denen der Arbeitnehmer Erziehungsurlaub in Anspruch nimmt, wird die freiwillige, jederzeit widerrufliche Weihnachtsgratifikation und das freiwillige, jederzeit widerrufliche Urlaubsgeld für jeden Monat des Erziehungsurlaubs um ein Zwölftel gekürzt.

1.1.21 Klausel 21: Ausschluß der Entgeltabtretung

Der Arbeitnehmer ist nicht berechtigt, seine Vergütung ganz oder teilweise abzutreten oder zu verpfänden.

Mit dieser Klausel soll erreicht werden, daß dem Arbeitgeber nicht zusätzlicher Verwaltungsaufwand dadurch entsteht, daß ein Arbeitnehmer sein Gehalt an verschiedene Gläubiger abtritt, die der Arbeitgeber dann einzeln zu bedienen hätte. Nicht verhindern kann der Arbeitgeber jedoch, daß die Vergütung des Arbeitnehmers für dessen Gläubiger vom Amtsgericht gepfändet wird. Deshalb empfiehlt es sich, die nachfolgende Klausel zu vereinbaren.

1.1.22 Klausel 22: Erstattung des Aufwands bei einer Entgeltpfändung

Der Mitarbeiter zahlt dem Arbeitgeber im Falle einer Entgeltpfändung eine Bearbeitungsgebühr in Höhe von ...% des gepfändeten Betrages.

Durch Entgeltpfändungen entstehen dem Arbeitgeber regelmäßig erhebliche Kosten. Zweckmäßig ist es deshalb, mit dem Mitarbeiter zu vereinbaren, daß er sich in Höhe von 1 bis 5 % des gepfändeten Betrages an diesen Kosten beteiligt.

1.1.23 Klausel 23: Veränderung der Arbeitszeit

Der Arbeitgeber ist berechtigt, aus dringenden betrieblichen Erfordernissen die mit dem Mitarbeiter vereinbarte Lage der Arbeitszeit einseitig zu verändern.

Von diesem Änderungsvorbehalt darf der Arbeitgeber ähnlich wie zu Klausel 12 angemerkt nur Gebrauch machen, soweit es für den Betriebsablauf dringend erforderlich und dem Mitarbeiter zumutbar ist. Auch hier entscheidet bei Streitigkeiten über die Zumutbarkeit und Notwendigkeit das Arbeitsgericht. Soweit im Betrieb ein Betriebsrat gewählt wurde, ist dieser selbstverständlich zu beteiligen. Das gleiche gilt für die Beteiligung des Personalrats in einer Dienststelle.

1.1.24 **Klausel 24: Bedarfsorientierte Arbeitszeit**

Der Arbeitnehmer hat seine Arbeitsleistung entsprechend dem Arbeitsanfall zu erbringen. Die wöchentliche Arbeitszeit beträgt acht Stunden. Bei jeder Inanspruchnahme wird der Arbeitgeber den Mitarbeiter mindestens zwei Stunden beschäftigen und bezahlen.

Für den Arbeitgeber ist es von Vorteil, wenn er dem Mitarbeiter nur dann die vereinbarte Vergütung bezahlen muß, wenn er die Arbeitsleistung auch tatsächlich benötigt. § 4 des Beschäftigungsförderungsgesetzes erlaubt die bedarfs- oder kapazitätsorientierte variable Arbeitszeit (KAPOVAZ), sofern eine bestimmte Dauer der Arbeitszeit im Arbeitsvertrag festgelegt wird. Geschieht dies nicht, so hat der Arbeitgeber dem Mitarbeiter pro Woche zehn Stunden zu bezahlen.

Bei der Erbringung von Arbeitsleistung auf Abruf ist weiterhin zu beachten, daß der Arbeitgeber dem Mitarbeiter die Lage seiner Arbeitszeit mindestens vier Tage im voraus mitzuteilen hat. In der Praxis hat diese Bestimmung des § 4 Abs. 2 Beschäftigungsförderungsgesetzes nur für die wohl nicht sehr häufigen Arbeitsverhältnisse Bedeutung, in denen der Arbeitgeber seinen Vertragspartner gegen dessen Willen zur Arbeitsleistung zwingen muß. D. h. wenn Sie z. B. einen Studenten kennen, der heute anruft und fragt, ob er morgen bei Ihnen arbeiten kann, spricht nichts dagegen, diese Arbeitsleistung anzunehmen.

Schon eher von Bedeutung ist die Bestimmung, daß der Arbeitgeber dem Mitarbeiter, wenn mit ihm nichts anderes vereinbart wurde, gemäß § 4 Abs. 3 BeschFG bei jeder Inanspruchnahme die Vergütung für mindestens drei Arbeitsstunden zu bezahlen hat.

1.1.25 **Klausel 25: Job Sharing**

Bei Vorliegen eines dringenden betrieblichen Erfordernisses ist der Mitarbeiter verpflichtet, Mitarbeiter .... zu vertreten, falls dieser infolge von Arbeitsunfähigkeit oder aus sonstigen Gründen ausfällt.

Teilen sich zwei oder mehrere Arbeitnehmer einen Arbeitsplatz, sind sie nach den Vorstellungen des Gesetzgebers grundsätzlich nicht verpflichtet, sich im Verhinderungsfall zu vertreten. Eine entsprechende vorab getroffene Vereinbarung wäre gemäß § 5 Abs. 1 BeschFG unwirksam. Auch hier ist die Praxis weiter als die Theorie. In vielen Fällen funktioniert die Vertretung auch ohne eine im voraus getroffene rechtswirksame Vereinbarung ausgezeichnet.

Auch rechtlich zulässig ist es dagegen, den Mitarbeiter zu verpflichten, bei Vorliegen eines dringenden betrieblichen Erfordernisses die Vertretung zu übernehmen. Zulässig ist selbstverständlich auch eine einvernehmliche Regelung im Einzelfall.

1.1.26 Klausel 26: Anordnung von Überstunden

Der Arbeitgeber ist berechtigt, bei dringenden betrieblichen Erfordernissen Überstunden anzuordnen.

Ohne eine entsprechende tarifliche oder einzelvertragliche Vereinbarung ist der Arbeitgeber grundsätzlich nicht berechtigt, vom Mitarbeiter die Ableistung von Überstunden zu verlangen. Es empfiehlt sich deshalb, eine entsprechende Klausel in den Arbeitsvertrag aufzunehmen. Ohne eine solche Klausel wäre der Arbeitnehmer allenfalls in Notfällen oder bei sonstigen außergewöhnlichen Ereignissen, die für den Arbeitgeber nicht vorhersehbar waren, auf Grund seiner Treuepflicht verpflichtet, Überstunden zu leisten, wenn dies zur Gefahrenabwehr oder zum Schutz erheblicher betrieblicher Interessen erforderlich ist.

Bei der Anordnung von Überstunden hat der Arbeitgeber seine eigenen Interessen gegen die Interessen seines Arbeitnehmers abzuwägen und einen gerechten Ausgleich herbeizuführen. Da die Ableistung von Überstunden ggf. für den Arbeitnehmer eine zusätzliche Verdienstchance darstellt, kann es im Einzelfall erforderlich sein, die Überstunden gleichmäßig auf alle in Betracht kommenden Mitarbeiter zu verteilen.

1.1.27 Klausel 27: Verbot von Nebentätigkeiten

Während der Dauer des Arbeitsverhältnisses darf der Arbeitnehmer keine Nebentätigkeit ausüben, durch die die Arbeits-

leistung des Arbeitnehmers beeinträchtigt werden kann. Untersagt sind auch alle Nebentätigkeiten, die die Interessen des Arbeitgebers beeinträchtigen könnten. Eine Nebentätigkeit darf nur mit Erlaubnis des Arbeitgebers aufgenommen werden.

Aus Artikel 12 des Grundgesetzes hat der Arbeitnehmer im Rahmen der freien Entfaltung seiner beruflichen Fähigkeiten das Recht, beliebig viele Nebentätigkeiten auszuüben. Zulässig ist es jedoch, Nebentätigkeiten von der Erlaubnis des Arbeitgebers abhängig zu machen. Die entsprechende Erlaubnis wird der Arbeitgeber dem Arbeitnehmer in der Regel erteilen müssen, wenn nicht ausnahmsweise wichtige Interessen des Arbeitgebers beeinträchtigt werden.

Eine Beeinträchtigung der Interessen des Arbeitgebers ist z. B. dann anzunehmen, wenn durch die Nebentätigkeit die Leistungsfähigkeit des Mitarbeiters nachhaltig vermindert wird oder wenn der Mitarbeiter durch die Nebentätigkeit in einen Interessenkonflikt geraten könnte. Auch für eine Nebentätigkeit, durch die das Ansehen des Arbeitgebers in der Öffentlichkeit beschädigt werden könnte, braucht der Arbeitgeber dem Mitarbeiter keine Erlaubnis zu erteilen.

Erleidet der Mitarbeiter bei einer nicht genehmigten Nebentätigkeit unverschuldet einen Unfall, muß der Arbeitgeber gleichwohl dem Mitarbeiter für die Dauer von sechs Wochen das Entgelt fortzahlen.

§ 37 Abs. 1 des Bundes-Angestelltentarifvertrages, der für diesen Fall eine Kürzung der Entgeltfortzahlung vorsah, wurde vom Bundesarbeitsgericht wegen seiner Unvereinbarkeit mit § 616 Abs. 2 Satz 1 BGB (heute § 3 Entgeltfortzahlungsgesetz) bereits am 19. Oktober 1983 für unwirksam erklärt. Dieses Urteil, veröffentlicht in der Urteilssammlung »Arbeitsrechtliche Praxis« Nr. 62 zu § 616 BGB, wurde inzwischen auch von den Tarifvertragsparteien des öffentlichen Dienstes zur Kenntnis genommen. Mit Wirkung vom 12. Juni 1995 wurde der BAT entsprechend geändert.

1.1.28 Klausel 28: Verbot der Erwerbstätigkeit während des Urlaubs

Während des Urlaubs darf der Arbeitnehmer keine dem Urlaubszweck widersprechende Erwerbstätigkeit ausüben.

Diese Pflicht ergibt sich bereits aus § 8 Bundesurlaubsgesetz. Der Deutlichkeit halber sollte sie zusätzlich in den Arbeitsvertrag aufgenommen werden.

Achtung!

§ 47 Abs. 8 des Bundes-Angestelltentarifvertrages, der eine Kürzung der Urlaubsvergütung für den Fall vorsieht, daß ein Arbeitnehmer ohne Erlaubnis während des Urlaubs gegen Entgelt arbeitet, ist mit geltendem Recht nicht vereinbar. Die entsprechende Entscheidung des Bundesarbeitsgerichtes datiert auf den 25. Februar 1988 und wurde im Betriebs-Berater 1988 auf Seite 2246 veröffentlicht.

1.1.29 Klausel 29: Verschwiegenheitspflicht nach Beendigung des Arbeitsverhältnisses

Der Mitarbeiter verpflichtet sich, über alle betrieblichen Angelegenheiten, insbesondere über Betriebs- und Geschäftsgeheimnisse, die ihm nach Abschluß des Arbeitsvertrages zur Kenntnis gelangen, auch nach Beendigung des Arbeitsverhältnisses Stillschweigen zu bewahren.

Bereits auf Grund seiner Treuepflicht hat der Arbeitnehmer die Interessen seines Arbeitgebers zu wahren. Klausel 29 verdeutlicht dies nochmals und sichert die Verschwiegenheit des Mitarbeiters auch über die Beendigung des Arbeitsverhältnisses hinaus. Durch eine Verletzung der Verschwiegenheitspflicht kann sich der Arbeitnehmer schadensersatzpflichtig und strafbar machen. Bei schwerwiegenden Verletzungen der Verschwiegenheitspflicht kann der Arbeitgeber das Arbeitsverhältnis verhaltensbedingt ggf. auch ohne vorherige Abmahnung und außerordentlich kündigen.

1.1.30 Klausel 30: Herausgabepflicht bei Beendigung des Arbeitsverhältnisses

Der Mitarbeiter hat bei Beendigung des Arbeitsverhältnisses alle betrieblichen Unterlagen sowie alle davon gefertigten Abschriften und Kopien an den Arbeitgeber herauszugeben.

Die Herausgabepflicht ergibt sich aus der Treuepflicht des Arbeitnehmers sowie ggf. aus dem Eigentumsrecht des Arbeitgebers.

1.1.31 Klausel 31: Unverzügliche Mitteilung der Arbeitsverhinderung

Der Arbeitnehmer hat dem Arbeitgeber eine durch Krankheit bedingte Arbeitsunfähigkeit sowie deren voraussichtliche Dauer unverzüglich mitzuteilen. Bei Eintritt der Arbeitsunfähigkeit im Ausland hat der Arbeitnehmer dem Arbeitgeber darüber hinaus auf dem schnellstmöglichen Weg eine ladungsfähige Anschrift sowie eine Telefonnummer zu übermitteln, unter der er erreichbar ist.

Aufgrund dieser Vereinbarung, die sich im übrigen bereits aus § 5 Abs. 1 Entgeltfortzahlungsgesetz ergibt, ist der Mitarbeiter verpflichtet, z. B. bei Eintritt der Arbeitsunfähigkeit am Freitag nachmittag den Arbeitgeber auf dem schnellsten Wege zu informieren. Eine Mitteilung erst am Montag nachmittag erfüllt diese Anforderungen in der Regel nicht. Unter Umständen macht sich ein Mitarbeiter, der seinen Arbeitgeber schuldhaft nicht rechtzeitig über den Eintritt seiner Arbeitsunfähigkeit informiert, schadensersatzpflichtig. Des weiteren kann der Arbeitgeber ihn deswegen abmahnen und im Wiederholungsfall kündigen.

Tritt die Arbeitsunfähigkeit im Ausland ein, so hat der Arbeitnehmer dem Arbeitgeber auf dem schnellstmöglichen Weg neben der voraussichtlichen Dauer der Arbeitsunfähigkeit eine ladungsfähige Anschrift zu übermitteln.

1.1.32 Klausel 32: Nachweis der Arbeitsunfähigkeit

Dauert die Arbeitsunfähigkeit länger als drei Kalendertage, hat der Arbeitnehmer seine Arbeitsunfähigkeit und deren vor-

aussichtliche Dauer durch die Vorlage eines ärztlichen Atte-
stes spätestens am darauffolgenden Werktag nachzuweisen.

Auch diese Verpflichtung ergibt sich bereits aus § 5 Abs. 1
Satz 2 des Entgeltfortzahlungsgesetzes. Zu fragen ist jedoch,
ob diese Bestimmung, durch die der Gesetzgeber jeden Arbeitnehmer zum potentiellen Kriminellen macht, sinnvoll ist.
Tatsächlich gibt es Arbeitgeber, die grundsätzlich auch bei
länger andauernden Erkrankungen keine Arbeitsunfähigkeits-
nachweise von ihren Arbeitnehmern verlangen. Auf der anderen Seite ist auch das Mißbrauchspotential durch unberech-
tigte Inanspruchnahme von Entgeltfortzahlung nicht von der
Hand zu weisen.

1.1.33 **Klausel 33: Wettbewerbsverbot**

Der Arbeitnehmer verpflichtet sich, für die Dauer von zwei
Jahren nach der Beendigung seines Arbeitsverhältnisses im
Bezirk der Industrie- und Handelskammer für München und
Oberbayern nicht für ein Konkurrenzunternehmen tätig zu
sein. Er wird sich auch weder unmittelbar noch mittelbar an
der Gründung oder dem Betrieb eines solchen beteiligen. Für
die Dauer des Wettbewerbsverbotes zahlt der Arbeitgeber dem
Arbeitnehmer eine Karenzentschädigung in Höhe von 50 %
der zuletzt gezahlten Vergütung.

Für die Dauer des Arbeitsverhältnisses verbietet § 60 des
Handelsgesetzbuches (HGB) sowie die Treuepflicht dem Arbeitnehmer jede Konkurrenztätigkeit. Dieses Wettbewerbsverbot endet jedoch grundsätzlich, sobald das Arbeitsverhältnis beendet ist. Ab diesem Zeitpunkt ist der Arbeitnehmer berechtigt, seinem ehemaligen Arbeitgeber in beliebigem Umfang Konkurrenz zu machen.

Um dies zu verhindern, kann der Arbeitgeber, sofern er ein
berechtigtes geschäftliches Interesse nachweisen kann, mit
dem Arbeitnehmer ein nachvertragliches Wettbewerbsverbot bis zur Dauer von zwei Jahren nach Beendigung des Arbeitsverhältnisses vereinbaren. Das Wettbewerbsverbot muß
schriftlich vereinbart werden und ist nur wirksam, wenn der
Arbeitgeber dem Arbeitnehmer gleichzeitig für die Dauer des

Wettbewerbsverbots eine Karenzentschädigung in Höhe der Hälfte der zuletzt gezahlten Vergütung verspricht.

Nach der Beendigung des Arbeitsverhältnisses hat der Arbeitgeber kein Recht, einseitig auf die Wettbewerbsvereinbarung zu verzichten. Diese Möglichkeit hat er nur **vor** Beendigung des Arbeitsverhältnisses. In diesem Fall hat er die Karenzentschädigung gemäß § 75a HGB noch für ein Jahr zu zahlen.

Einvernehmlich kann das Wettbewerbsverbot jederzeit, ggf. sogar mündlich, aufgehoben werden. In diesem Fall entfällt die Karenzentschädigung sofort.

Unwirksam wird das Wettbewerbsverbot auch dann, wenn der Arbeitgeber betriebsbedingt kündigt.

Wird das Arbeitsverhältnis außerordentlich aus wichtigem Grund gekündigt, kann der Kündigende wählen, ob das Wettbewerbsverbot mit der Pflicht zur Zahlung der Karenzentschädigung aufrechterhalten bleibt oder ob es enden soll.

Das Wettbewerbsverbot gilt, sofern nichts anderes ausdrücklich vereinbart wurde, auch dann, wenn der Arbeitnehmer wegen Berufs- oder Erwerbsunfähigkeit oder wegen Erreichens der Altersgrenze ausscheidet.

Da die Pflicht zur Zahlung einer Karenzentschädigung für den Arbeitgeber recht teuer werden kann, sollte ein Wettbewerbsverbot nur mit den Arbeitnehmern vereinbart werden, die auf Grund der offenbarten Betriebs- und Geschäftsgeheimnisse dem Arbeitgeber tatsächlich und nachhaltig Konkurrenz machen können.

1.1.34 Klausel 34: Anrechnung anderweitiger Einkommen

Würde der Arbeitnehmer bei Zusammenrechnung der Karenzentschädigung mit seinem anderweitigen Erwerbseinkommen während des Wettbewerbsverbotes mehr als 110 % der zuletzt vom Arbeitgeber bezogenen Vergütung erhalten, ist die Karenzentschädigung so anzupassen, daß die Grenze von 110 % nicht überschritten wird.

Durch die Karenzentschädigung soll ein gerechter Ausgleich zwischen den Interessen des Arbeitgebers an der Verhinderung von Wettbewerbshandlungen durch seinen früheren Beschäftigten und den Interessen des Arbeitnehmers an der Verwertung seiner Arbeitskraft erreicht werden. Es wäre ungerecht, wenn der Arbeitnehmer durch die Karenzentschädigung während des Wettbewerbsverbotes wesentlich mehr verdienen würde als vorher.

Deshalb erlaubt § 74c Abs. 1 HGB, die Karenzentschädigung so zu begrenzen, daß der ehemalige Arbeitnehmer nicht mehr als 110 % seines letzten Arbeitseinkommens bezieht. Mußte der Arbeitnehmer auf Grund des Wettbewerbsverbotes seinen Wohnsitz verlegen, soll er durch die Karenzentschädigung maximal 125 % seines früheren Einkommens erreichen.

Zu den zuletzt bezogenen vertragsmäßigen Leistungen zählen nicht nur das laufende Gehalt, sondern auch Provisionen, Gratifikationen, Prämien, Gewinnbeteiligungen und andere wechselnde Bezüge nach dem Durchschnitt der letzten drei Jahre.

Für die Dauer der Verbüßung einer Freiheitsstrafe nach Beendigung des Arbeitsverhältnisses kann der Arbeitnehmer keine Karenzentschädigung verlangen.

1.1.35 Klausel 35: Pflicht zur Stellensuche

Der Arbeitnehmer muß sich bemühen, für die Dauer des Wettbewerbsverbotes eine geeignete berufliche Betätigungsmöglichkeit zu finden. Unterläßt er dies, wird seine Karenzentschädigung um den Betrag gekürzt, den er durch die Aufnahme der zumutbaren Tätigkeit hätte verdienen können.

Bei der Auswahl einer wettbewerbslosen Tätigkeit ist der Arbeitnehmer frei. Er braucht also nicht alles Erdenkliche unternehmen, um dem Arbeitgeber die Zahlung der Karenzentschädigung zu ersparen. Nur wenn er »böswillig« eine Erwerbstätigkeit ungenutzt läßt, kann der Arbeitgeber die Karenzentschädigung kürzen.

Böswillig wäre es z. B., wenn der Leiter der Buchhaltung im Werk München einen mit der Kündigung angebotenen Posten als Leiter der Buchhaltung im Werk Augsburg ausschlägt.

Als nicht böswillig ist es dagegen anzusehen, wenn sich jemand in der Karenzzeit selbständig macht und in den ersten

Monaten der Selbständigkeit wesentlich weniger verdient als bei einer Angestelltentätigkeit im konkurrenzfreien Bereich. In diesem Fall hat der Arbeitgeber auch kein Recht, die Gewinn- und Verlustrechnung seines ehemaligen Arbeitnehmers einzusehen. Er muß sich vielmehr mit der Einsicht in den Einkommensteuerbescheid begnügen.

Als nicht böswillig wird auch angesehen, wenn jemand während der Karenzzeit ein Studium aufnimmt, sofern dieses Studium einigermaßen erfolgversprechend ist und ernsthaft betrieben wird.

1.1.36 Klausel 36: Auskunftspflicht des Arbeitnehmers

Der Arbeitnehmer ist verpflichtet, dem Arbeitgeber Auskunft über die Höhe seines anderweitigen Verdienstes zu erteilen.

Der Arbeitgeber kann anderweitiges Erwerbseinkommen nur dann auf die Karenzentschädigung anrechnen, wenn er dessen Höhe kennt. Deshalb muß der Arbeitnehmer ihm auf Verlangen Auskunft über die Höhe seiner sonstigen Einkünfte geben. Kommt der Arbeitnehmer dieser Auskunftsverpflichtung nicht nach, kann der Arbeitgeber die Zahlung der Karenzentschädigung einstellen, bis der Arbeitnehmer die Auskunft erteilt hat.

1.1.37 Klausel 37: Quittung für Urkundenerhalt

Der Mitarbeiter bestätigt, daß ihm die nach § 74 Abs. 1 HGB erforderliche und vom Arbeitgeber unterschriebene Urkunde ausgehändigt wurde.

Ein Wettbewerbsverbot erlangt gemäß § 74 Abs. 1 HGB nur dann Wirksamkeit, wenn es schriftlich niedergelegt und dem Mitarbeiter eine vom Arbeitgeber unterschriebene Ausfertigung dieser Urkunde, z. B. der Arbeitsvertrag, ausgehändigt wurde.

1.1.38 Klausel 38: Vertragsstrafe zur Absicherung des Wettbewerbsverbots

Für jeden Verstoß gegen das Wettbewerbsverbot zahlt der Arbeitnehmer eine Vertragsstrafe in Höhe von DM ....

Der Arbeitgeber behält sich darüber hinaus vor, den ihm durch die Verletzung des Wettbewerbsverbots entstehenden Schaden gegenüber dem Arbeitnehmer geltend zu machen. Ergänzend gelten die Bestimmungen der §§ 74 bis 75c HGB.

Gegen eine Vertragsstrafe in Höhe eines Monatsgehalts ist nichts einzuwenden. Auch in diesem Fall gilt, daß eine zu hohe Vertragsstrafe vom Gericht auf eine angemessene Höhe vermindert wird. Nach § 340 Abs. 2 Satz 2 BGB hindert die Vereinbarung einer Vertragsstrafe den Arbeitgeber nicht daran, vom Mitarbeiter zusätzlich den Ersatz seines Schadens zu fordern.

1.1.39 Klausel 39: Vertragsstrafe zur Absicherung sonstiger Leistungen

Der Mitarbeiter verpflichtet sich, jeweils am Freitag bis 16 Uhr eine vollständige Datensicherung seines PCs vorzunehmen. Für jeden Fall der Zuwiderhandlung gegen diese Vereinbarung zahlt der Mitarbeiter an den Arbeitgeber eine Vertragsstrafe in Höhe von DM 50,–.

Durch eine Vertragsstrafe erhält ihr Arbeitnehmer ein unmittelbares Eigeninteresse an der korrekten Erfüllung seiner Pflichten. Über eine Vertragsstrafe können Sie jede Leistung ihres Mitarbeiters absichern. D. h. alles, was Sie in der letzten Woche im Betrieb geärgert hat, könnte Gegenstand einer Vertragsstrafe sein: Sachbearbeiter A kam zu spät zum Dienst. Kassierer B hat die Tresorschlüssel während der Mittagspause nicht mitgenommen, sondern im unverschlossenen Schreibtisch verwahrt. Fußbodenkosmetiker C hat wieder den Papierkorb nicht geleert. Sekretärin D hat vertrauliche Akten am Abend nicht ordnungsgemäß unter Verschluß genommen. Etc.

Der für den Arbeitgeber günstigste Zeitpunkt zur Vereinbarung einer Vertragsstrafe ist der Augenblick des Abschlusses des Arbeitsvertrages. Der für den Arbeitnehmer günstigste Zeitpunkt für die Vereinbarung einer Vertragsstrafe ist der, in dem der Arbeitgeber ernsthaft erwägt, selbstverständlich nach vorhergehender einschlägiger Abmahnung, eine verhaltensbedingte Kündigung auszusprechen. In einer solchen Situation kann das Stichwort »Vertragsstrafeversprechen« wahre Wunder wirken – und dem Mitarbeiter über die Einräumung einer allerletzten Chance den Arbeitsplatz retten.

Wenn der Arbeitgeber das Geld selbst nicht haben will, kann er es auch in die »Kaffeekasse« einzahlen oder an Greenpeace überweisen lassen.

1.1.40 Klausel 40: Mankoabrede

Der Mitarbeiter hat dem Arbeitgeber auch ohne eigenes Verschulden alle Fehlbeträge in der allein von ihm verwalteten ....-Kasse zu ersetzen. Als Gegenleistung für die Übernahme des Fehlbetragsrisikos zahlt der Arbeitgeber dem Mitarbeiter ein Mankogeld in Höhe von jährlich/monatlich DM ....

Wird einem Mitarbeiter ein Kassen- oder Warenbestand anvertraut, kann er sich in der Praxis häufig darauf berufen, daß ihn an einem Fehlbestand kein Verschulden trifft, daß auch andere Mitarbeiter Zugang zu Kasse oder zum Warenlager hatten und daß die aufgetretenen Schäden zum normalen Unternehmerrisiko gehören. Deswegen kann es für den Arbeitgeber interessant sein, wenn er dem Arbeitnehmer gegen Zahlung einer angemessenen Entschädigung das Risiko eines Fehlbestandes aufbürdet. Im einzelnen ist bei der Mankohaftung vieles umstritten. Wer das Thema vertiefen möchte, findet wertvolle Anregungen bei Jung »Mankohaftung aus dem Arbeitsvertrag«, Neuwied 1985.

1.1.41 Klausel 41: Freistellung zur Stellensuche

Der Mitarbeiter erhält nach Ausspruch einer Kündigung bzw. nach Abschluß eines Aufhebungsvertrages .... Tage bezahlte Freistellung zur Stellensuche, falls das Arbeitsverhältnis zu diesem Zeitpunkt mindestens ..... Jahre bestanden hat. Sollte der Mitarbeiter zusätzliche Freizeit für die Stellensuche benötigen, wird der Arbeitgeber ihn im notwendigen Umfang unbezahlt von der Arbeit freistellen.

Grundlage für den Anspruch des Arbeitnehmers auf Gewährung von Freizeit zur Stellensuche gegen seinen bisherigen Arbeitgeber ist § 629 BGB. Der Anspruch besteht ab der

Kündigung eines dauernden Arbeitsverhältnisses bzw. ab dem Abschluß eines Aufhebungsvertrages bis zur Beendigung des Arbeitsverhältnisses.

Der Arbeitgeber bestimmt den Zeitpunkt der Freizeitgewährung unter Berücksichtigung der Arbeitnehmerinteressen. Auf den Freistellungsanspruch kann im voraus nicht verzichtet werden, wohl aber auf die Bezahlung der Freistellung. Der Anspruch kann begrenzt oder ganz ausgeschlossen werden. Eine entsprechende Klausel könnte deshalb lauten:

»Der Arbeitnehmer erhält nach einer Kündigung nur unbezahlte Freistellung zur Stellensuche. Bei der Bemessung des Freistellungsanspruches sind die Umstände des Einzelfalles zu berücksichtigen und die beiderseitigen Interessen gegeneinander abzuwägen.«

1.1.42 Klausel 42: Freistellung nach Kündigung

Der Arbeitnehmer ist damit einverstanden, daß er, falls der Arbeitgeber dies wünscht, nach einer Kündigung unter Fortzahlung der Vergütung freigestellt wird.

Mit Abschluß des Arbeitsvertrages erwirbt der Arbeitnehmer gegen seinen Arbeitgeber nicht nur einen Anspruch auf Zahlung der Vergütung, sondern auch auf tatsächliche Beschäftigung. Dieser Beschäftigungsanspruch ist während des ungekündigten Arbeitsverhältnisses meist unproblematisch. Möchte der Arbeitgeber jedoch vermeiden, daß ihm der Arbeitnehmer nach einer Kündigung seine Arbeitsleistung gegen seinen Willen »aufdrängen« kann, sollte er mit ihm ein entsprechendes Freistellungsrecht für den Fall einer Kündigung vereinbaren.

1.1.43 Klausel 43: Kein Entgelt bei Arbeitsverhinderung

§ 616 Abs. 1 BGB findet auf das Arbeitsverhältnis keine Anwendung.

Gemäß § 616 Abs 1 BGB behält der Arbeitnehmer, soweit keine anderweitigen Vereinbarungen getroffen wurden, seinen Vergütungsanspruch, wenn er »für eine verhältnismäßig nicht erhebliche Zeit durch einen in seiner Person liegenden Grund

ohne sein Verschulden an der Dienstleistung verhindert ist«.
Als Gründe in diesem Sinne gelten z. B. Umzug, Ausübung
politischer und religiöser Pflichten, terminlich nicht beein-
flußbare Arzttermine, schwerwiegende Erkrankungen naher
Angehöriger, Teilnahme an Familienfesten, Wahrnehmung
gewerkschaftlicher Ämter und gerichtlicher Termine sowie
die Ablegung von Prüfungen.

Will der Arbeitgeber verhindern, daß sein Arbeitnehmer in all
diesen Fällen »automatisch« einen Anspruch auf Fortzahlung
der Vergütung hat, empfiehlt es sich, diesen Anspruch auszuschließen. Die Rechtmäßigkeit eines solchen Ausschlusses
wurde vom BAG anerkannt (BAG, NJW 1980, Seite 903).
Alternativ zu einem Totalausschluß kann natürlich auch eine
bezahlte Freistellung für einzeln aufzuzählende Anlässe vereinbart werden. Z.B.:

1.1.44 Klausel 44: Eingeschränktes Entgelt bei Arbeitsverhinderung

*Sollte der Arbeitnehmer während des Arbeitsverhältnisses
umziehen, wird er für 2 Tage bezahlt von der Arbeit freigestellt.*

*Sollte der Arbeitnehmer während des Arbeitsverhältnisses
heiraten, erhält er für 2 Tage eine bezahlte Freistellung.*

*Beim Tod des Ehegatten wird der Arbeitnehmer 4 Tage be-
zahlt von der Arbeit freigestellt.*

...

Im übrigen verbleibt es bei einem *Ausschluß des § 616
Abs. I BGB.*

Ob der Arbeitgeber sich für oder gegen einen vollständigen
Ausschluß von § 616 Abs. 1 BGB entscheidet, ist mehr oder
weniger Geschmackssache. Entscheidet er sich für einen Ausschluß, könnte ihm dies als Kleinlichkeit ausgelegt werden.
Auf der anderen Seite ist zu berücksichtigen, daß ein Anspruch aus § 616 Abs. 1 BGB in technischem Sinne keineswegs ein »Geschenk des Arbeitgebers« an seine Arbeitnehmer ist, sondern nichts anderes als eine vom Arbeitnehmer
finanzierte und vom Arbeitgeber verwaltete Versicherung dar-

stellt. Durch eine Einsparung der entsprechenden »Versicherungsprämien« erhöht sich der finanzielle Spielraum des Arbeitgebers, den er z. B. für eine Erhöhung der Direktentgelte einsetzen kann.

1.1.45 Klausel 45: Auflösende Bedingung

Das Arbeitsverhältnis endet, ohne daß es einer Kündigung bedarf, drei Wochen nach Arbeitsaufnahme, sofern der Mitarbeiter bis zu diesem Zeitpunkt nicht durch ein amtsärztliches Zeugnis nachgewiesen hat, daß er für die vereinbarte Tätigkeit gesundheitlich geeignet ist.

In manchen Berufen ist die Beschäftigung von Arbeitnehmern vor Durchführung einer ärztlichen Untersuchung verboten. Auch für Jugendliche ist eine ärztliche Untersuchung vor Eintritt in das Berufsleben zwingend vorgeschrieben.

In den Fällen, in denen es zulässig ist, einen Mitarbeiter auch ohne ärztliche Untersuchung einzustellen, ist es möglich, das Arbeitsverhältnis unter die auflösende Bedingung zu stellen, daß der Mitarbeiter bis zu einem bestimmten Zeitpunkt seine gesundheitliche Eignung durch ärztliches Attest nachweist. (Hessisches Landesarbeitsgericht, 8. Dezember 1994 – Az. 12 Sa 1103/94)

1.1.46 Klausel 46: Darlehensrückzahlung

Der Arbeitnehmer erhält ein mit jährlich ... % zu verzinsendes Darlehen in Höhe von DM ..... . Die Zinsen sind monatlich fällig. Das Darlehen wird wie folgt abgesichert .... Der Arbeitnehmer zahlt das Darlehen am .... zurück. Scheidet der Arbeitnehmer vor diesem Zeitpunkt aus, ist das Darlehen sofort zurückzuzahlen.

Bei Beendigung des Arbeitsverhältnisses wird eine eventuelle Restforderung nicht ohne weiteres sofort zur Zahlung fällig. Deswegen ist es erforderlich, daß die Vertragsparteien eine ausdrückliche entsprechende Vereinbarung treffen. Trotzdem wird wohl eine sofortige Fälligkeit in den Fällen zu verneinen sein, in denen der Arbeitgeber dem Arbeitnehmer betriebsbedingt kündigt oder einen Anlaß für eine außerordentliche Kündigung gegeben hat. (BAG, 8. Februar 1964 – 5 AZR 371/63).

1.1.47 **Klausel 47: Umsetzungsklausel**

Der Arbeitnehmer ist einverstanden, daß er soweit es betrieblich erforderlich ist, auch mit anderen Arbeiten, in anderen Betriebsabteilungen, zu anderen Arbeitszeiten (Schicht- und Wecheselschichtarbeit) und in anderen Vergütungsformen (Zeit-, Prämien- oder Akkordvergütung) eingesetzt werden kann. Sofern nicht durch ein Gesetz oder durch einen Tarifvertrag unabdingbar etwas anderes geregelt ist, treten mit der Zuweisung einer anderen Arbeit, mit dem Einsatz in einer anderen Betriebsabteilung, mit dem Wechsel der Vergütungsform oder der zeitlichen Lage der Arbeitszeit die jeweils geltenden betrieblichen Entgeltregelungen sofort in Kraft, ohne daß für die Dauer einer Kündigungsfrist ein Anspruch auf Fortzahlung der bisherigen Vergütung besteht.

Mit dieser Klausel erreicht der Arbeitgeber, daß der Arbeitnehmer im Betrieb auch ohne Ausspruch von Änderungskündigungen möglichst flexibel einsetzbar ist. Die Grenze findet diese Regelung in zwingenden gesetzlichen, tarifvertraglichen oder durch Betriebsvereinbarung festgelegten Vorschriften. Mit einer Umsetzungsklausel können insbesondere nicht zwingende Bestimmungen des Kündigungsschutzgesetzes umgangen werden.

Ebensowenig ist es damit möglich, die Vorgaben des § 4 BeschFG über die Anpassung der Arbeitszeit an den Arbeitsanfall zu umgehen. Ansonsten richtet sich die Ausübung des Direktionsrechts nach § 315 BGB, der vorsieht, daß die einseitige Festlegung von Leistungspflichten nur nach billigem Ermessen erfolgen darf. Billiges Ermessen bedeutet, daß die Anordnung die Interessen beider Seiten angemessen berücksichtigt.

1.1.48 **Klausel 48: Versetzungsklausel**

Der Arbeitnehmer ist einverstanden, daß er auch in anderen Betrieben des Unternehmens eingesetzt wird.

Mit der Vereinbarung einer Versetzungsklausel erweitert der Arbeitgeber die Einsatzmöglichkeiten des Arbeitnehmers und erspart diesem dadurch ggf. eine Änderungskündigung.

Auch hier gilt natürlich, daß der Arbeitgeber eine Versetzung des Arbeitnehmers gemäß § 315 BGB nur nach billigem Ermessen, d. h. nach ausreichender Berücksichtigung eventuell entgegenstehender Interessen des Arbeitnehmers, anordnen darf.

1.2 Für den Arbeitgeber vorteilhafte Klauseln, die verwendet werden können, wenn die Arbeitsvertragsparteien keinen tariflichen Beschränkungen unterliegen

Wie bereits dargelegt, gelten Tarifverträge nur zwingend bei Allgemeinverbindlichkeit oder bei beiderseitiger Verbandsmitgliedschaft. In allen anderen Fällen sind die Arbeitsvertragsparteien im Rahmen der Gesetze bei der Vertragsgestaltung frei.

Die darin liegende Chance sollte der Arbeitgeber bei der Gestaltung seiner Verträge nutzen. Der Arbeitgeber braucht sich auch keine Sorgen machen, daß er durch die Nichtanwendung des Tarifvertrages gegenüber den Nichtorganisierten den vom Bundesarbeitsgericht entwickelten Gleichbehandlungsgrundsatz verletzt. Daß der Arbeitgeber zwischen organisierten und nicht organisierten Arbeitnehmern differenzieren darf, hat das Bundesarbeitsgericht ausdrücklich in seiner Entscheidung vom 24. Februar 1988, veröffentlicht in der Neuen Zeitschrift für Arbeitsrecht 1988, Seite 771, bestätigt.

Wichtig in diesem Zusammenhang ist zunächst einmal, daß man sich verdeutlicht, daß jeder Tarifvertrag zwei vorgefertigte »Pakete« zur Verfügung stellt. Eins für den Arbeitgeber und eins für den Arbeitnehmer. Jetzt mag es im Einzelfall so sein, daß die von den Verbänden ausgehandelten »Pakete« genau den Bedürfnissen des Arbeitgebers entsprechen. In diesem Fall spricht nichts gegen eine pauschale Verweisung auf die Bestimmungen diese Tarifvertrages.

In vielen, ja in den meisten Fällen werden die Bestimmungen des Tarifvertrages nicht exakt den Bedürfnissen der Arbeitsvertragsparteien entsprechen. In diesen Fällen empfiehlt es sich, ein eigenes, individuelles »Paket« zu schnüren.

Hierbei kann der Arbeitgeber auch ruhig etwas »riskieren«, denn das Schlimmste, was ihm passieren kann, ist, daß z. B. durch eine Allgemeinverbindlichkeitserklärung das ursprüngliche »Paket« wieder in Kraft gesetzt wird.

1.2.1 Klausel 01: Einvernehmen über Tariffreiheit

Die Parteien sind sich einig, daß auf das Arbeitsverhältnis kein Tarifvertrag anwendbar ist, da weder der Arbeitgeber Mitglied eines Arbeitgeberverbandes ist, noch der Arbeitnehmer Mitglied der zuständigen Gewerkschaft. Dies vorausgeschickt vereinbaren die Parteien des Arbeitsvertrages das folgende vom Tarifvertrag abweichende »Paket«.

Dieses »Paket« wird zu dem Zeitpunkt gegenstandslos, in dem entweder beide Parteien der zuständigen Tarifvertragspartei beigetreten sind oder durch die Allgemeinverbindlichkeitserklärung eines Tarifvertrages zwangsweise den Bestimmungen dieses Tarifvertrages unterworfen werden.

Gegen eine solche Vereinbarung könnte eingewandt werden, daß der Arbeitgeber den Arbeitnehmer vor der Einstellung ja gar nicht fragen darf, ob er organisiert ist oder nicht. Dies ist richtig. Allerdings in einem anderen Zusammenhang. Die Frage nach der Gewerkschaftszugehörigkeit ist tatsächlich unzulässig, wenn der Arbeitgeber aus einer Falschbeantwortung das Recht herleiten wollte, das Arbeitsverhältnis wegen Täuschung bei Vertragsabschluß anzufechten.

Darum geht es hier aber gar nicht. Der Arbeitgeber denkt gar nicht daran, z. B. das Arbeitsverhältnis einer tüchtigen Sekretärin durch Anfechtung zu beseitigen, nur weil sie ihm bezüglich ihrer Gewerkschaftsmitgliedschaft die Unwahrheit gesagt hat. Was er aber von ihr verlangen kann, ist, daß sie sich an die getroffenen Vereinbarungen hält und z. B. auch dann ihr Arbeitsverhältnis zum vorgesehenen Befristungszeitpunkt enden läßt, wenn der an sich anwendbare Tarifvertrag ein Befristungsverbot vorsieht.

Im Ergebnis muß sie sich also einfach so behandeln lassen, als ob sie dem Arbeitgeber die Wahrheit gesagt hätte. Nur so ist die Frage der Auskunftspflicht in Bezug auf eine Gewerkschaftsmitgliedschaft befriedigend zu lösen.

Andernfalls könnte sich folgender Dialog ergeben:

Arbeitgeber: »Ich wende in meinem Unternehmen vier verschiedene Vertragspakete an:

– ein ›Standard-/Normal-/Gewerkschaftspaket‹,
– ein ›Leistungspaket‹,
– ein ›Schlafmützenpaket‹,
– ein ›Individual-/Chaospaket‹.

Das ›Standard-/Normal-/Gewerkschaftspaket‹ wende ich an bei Mitarbeitern, die ihre Rechte zur freien Vertragsgestaltung an eine Gewerkschaft abgetreten haben.

Das ›Leistungspaket‹, das relativ wenig Freizeit, dafür aber um so mehr finanzielle Leistungsanreize enthält, ist bei jungen aufstrebenden Mitarbeitern beliebt, die voll in ihrer Arbeit aufgehen und noch nicht für eine Familie sorgen müssen.

Das ›Schlafmützenpaket‹ enthält viel Urlaub bei relativ geringer Vergütung. Es eignet sich für ältere Mitarbeiter mit Enkelkindern und für Studenten im dreißigsten Semester.

Das ›Individual-/Chaospaket‹ schließlich ist für die Mitarbeiter reserviert, die mit keinem der vorhergehenden Pakete zufrieden waren. Diese können sich aus einem 365teiligen Cafeteria-Angebot jeweils für zwei Jahre verbindlich ein ganz persönliches Arbeitsvertragsmenü zusammenstellen. Meine Kollegen, die anfangs behauptet haben, bei der Einführung eines solchen Systems würde meine Personalabteilung und die EDV zusammenbrechen, habe ich inzwischen überzeugt, daß der anfängliche minimale organisatorische Mehraufwand durch die erhöhte Arbeitsfreude der betreffenden Mitarbeiter mehr als ausgeglichen wurde.

Nachdem ich (noch) Mitglied im zuständigen Arbeitgeberverband bin, hängt die Frage, ob wir das Gewerkschaftspaket anwenden müssen oder uns einem der drei anderen Pakete zuwenden können, davon ab, ob Sie Mitglied in der zuständigen Gewerkschaft sind.

Bewerber: ›Ich bin nicht Mitglied einer Gewerkschaft und würde sehr gerne mit ihnen, aufbauend auf Ihrem Leistungspaket, ein auf meine speziellen Wünsche und Bedürfnisse zugeschnittenes Individual-/Chaospaket vereinbaren.‹

Nachdem der Bewerber dem Arbeitgeber bestätigt hat, daß er nicht gewerkschaftlich organisiert ist, feilen beide zwei Stunden lang an einem speziell auf die Bedürfnisse und Wünsche des Bewerbers zugeschnittenen ›Individual-/Chaospaket‹.

Als die Tinte unter dem Vertrag noch nicht getrocknet ist, erklärt der Bewerber: »Jetzt habe ich Sie hereingelegt. Die Frage nach der Gewerkschaftszugehörigkeit war nicht zulässig, und deshalb haben Sie sich die letzten zwei Stunden vollkommen umsonst bemüht. Ich verlange jetzt eine Beschäftigung nach dem mir zustehenden ›Standard-/Normal-/Gewerkschaftspaket‹.«

Es kann nicht sein, daß dies rechtens ist!

Auch sozialpolitisch ist die Arbeit mit verschiedenen »Paketen« im gleichen Unternehmen unproblematisch. Insbesondere kann es nach den Gesetzen des Marktes zu keiner Schlechterstellung der organisierten Arbeitnehmer kommen. Würde nämlich der Arbeitgeber »Pakete« anbieten, die insgesamt schlechter sind als das »Normal-/Standard-/Gewerkschaftspaket«, würde er seine Arbeitnehmer »automatisch« zwingen, der Gewerkschaft beizutreten.

Der Arbeitnehmer des ausgehenden zwanzigsten Jahrhunderts hat mit dem »Proletarier« der Jahrhundertwende nur noch wenig gemein. Deswegen wird sich der Prozeß in Richtung Individualisierung des Arbeitsrechts auch nicht aufhalten lassen. Je früher ein Arbeitgeber dies erkennt, desto besser sind seine Chancen auf dem (Arbeits-)Markt.

1.2.2 Klausel 02: Höheres Entgelt statt Urlaub (»Abkaufen von Urlaubstagen«)

Der Mitarbeiter erhält statt der tariflich vorgesehen 30 nur 29 Tage Urlaub im Kalenderjahr. Er erhält statt der im Tarifvertrag vorgesehenen DM 3000,– ein Monatsgehalt in Höhe von DM 3100,–.

Kein Mensch auf der Welt kann Ihnen sagen, ob der Mitarbeiter durch diese Vertragsgestaltung gegenüber dem organisierten Arbeitnehmer benachteiligt wird – außer diesem Mitarbeiter selbst.

Es soll Menschen geben, denen die Arbeit Spaß macht. Diese würden durch die getroffene Regelung sogar doppelt »bevorzugt«: ein Tag pro Jahr mehr Spaß an der Arbeit und zusätzlich noch DM 1200,– mehr Gehalt.

1.2.3 Klausel 03: Jahresarbeitszeitkonto

Der Mitarbeiter arbeitet pro Jahr 1500 Stunden für den Arbeitgeber. Er teilt sich in Absprache mit dem Arbeitgeber die Arbeit so ein, daß er pro Tag auf nicht mehr als zehn und pro Woche auf nicht mehr als sechzig Arbeitsstunden kommt.

Typisch für den herkömmlichen Arbeitnehmer ist, daß der Arbeitgeber ihm ggf. im Verein mit Betriebs-/Personalrat diktiert, wann er zu arbeiten hat. Dies ist vielleicht noch verständlich und akzeptabel bei einem Einsatz am Fließband. Bei anderen Arbeitsplätzen liegt eine solche Einstellung einfach neben der Sache. Es kann nicht richtig sein, daß Arbeitnehmer, die teilweise in ihrer Freizeit in Politik und Kultur ohne Anleitung Hervorragendes leisten, am Montagmorgen mit Durchschreitung des Fabriktores bezüglich ihrer Arbeitszeitgestaltung entmündigt und gegängelt werden.

Durch die Vereinbarung eines Jahresarbeitzeitkontos wird die Motivation und die Eigenverantwortung des Mitarbeiters gestärkt. Weiterhin wird durch die Einrichtung eines Jahresarbeitszeitkontos auch die leidige Diskussion über die Zahlung von Überstundenzuschlägen beendet.

(Zur sozialpolitischen Bewertung von Überstundenzuschlägen vgl. Abschnitt 3.2.10.4.1, Seite 79.)

1.2.4 **Klausel 04: Autonome Kasse**

Der Arbeitgeber zahlt bis auf jederzeitigen Widerruf am Jahresende den im .... -Topf verbliebenen Rest auf das Konto des .... bei der .... ein. Er verpflichtet sich ausdrücklich, sich jeder Einflußnahme auf die Verteilung der überwiesenen Gelder zu enthalten. Für jeden Fall der Zuwiderhandlung zahlt der Arbeitgeber dem Mitarbeiter eine Vertragsstrafe in Höhe von DM 100.000,–.

Nach den Vorstellungen des Bundesarbeitsgerichts darf der Arbeitgeber Zahlungen an Arbeitnehmer nur dann vornehmen, wenn er nachweisen kann, daß durch die Zahlung niemand ungleich behandelt wird. Dieser Nachweis ist bei Anlegung der vom Bundesarbeitsgericht aufgestellten Maßstäbe nicht immer leicht zu führen. Hinzu kommt, daß sich die Vorstellungen des Arbeitgebers, der tendenziell eher Leistung honorieren möchte, nicht immer mit den Vorstellungen des Betriebsrats, der gelegentlich auch die nicht so sehr Leistungsbereiten gefördert wissen möchte, ohne weiteres vereinbaren lassen.

In dieser Situation haben Arbeitgeber begonnen darüber nachzudenken, ob es nicht möglich wäre, Gelder an einen neutralen Dritten zu transferieren, der anschließend nach eigenem Gutdünken, d. h. autonom, diese Gelder verteilt.

Theoretisch könnte dieser Dritte, nachdem er die Gelder erhalten hat, diese in einer Weise verteilen, die nicht den Interessen des Arbeitgebers entspricht. In diesem Fall wäre die Aktion für den Arbeitgeber ein »Schlag ins Wasser«. Dieser Fall ist theoretisch nicht auszuschließen, da der Arbeitgeber ja keinerlei rechtliche Handhabe haben darf, auf die Verteilung der Gelder Einfluß zu nehmen.

Zu erwarten ist dieses Ergebnis jedoch nicht. In der Praxis wird folgendes eintreten: Der Arbeitgeber wird sich nach Ablauf des ersten Verteilungszeitraums den Verteilungsschlüssel für die überwiesenen Gelder zeigen lassen. Nun gibt es zwei Möglichkeiten. Entweder der Verteilungsschlüssel entspricht nicht seinen (heimlichen) Erwartungen. Dann ist die Sache

»gestorben«. Die zweite Möglichkeit ist, daß der Dritte sich bei der Verteilung »Mühe gegeben« hat. In diesem Fall ist nicht auszuschließen, daß der Arbeitgeber erneut eine Zahlung an diesen Dritten vornimmt.

Das Ergebnis wird sein, daß sich die Autonome Kasse getragen von den gleichgerichteten Interessen von Arbeitgeber, Arbeitnehmer und Drittem stabilisieren wird. Der dadurch eingetretene Zustand könnte als eine Art von »Management by Augenzwinkern« zu bezeichnen sein.

Beachte in diesem Zusammenhang auch die immer mehr an Bedeutung gewinnende »Dreierregel«: **»Wenn drei sich einig sind, hat der Vierte nichts zu lachen.«**

1.2.5 Klausel 05: Rückzahlung von Gratifikationen

Der Arbeitnehmer verpflichtet sich, die im Dezember ausgezahlte Weihnachtsgratifikation zurückzuzahlen, falls er vor dem 1. April des Folgejahres aus seinem Verschulden oder auf eigenen Wunsch ausscheidet.

Voraussetzung für die Zulässigkeit einer Rückzahlungsklausel ist, daß die Gratifikation des Arbeitnehmers höher war als DM 200,–.

1.2.6 Klausel 06: Ausschlußfrist

Ansprüche aus dem Arbeitsverhältnis verfallen, wenn sie nicht innerhalb einer Ausschlußfrist von sechs Monaten nach Fälligkeit vom Arbeitnehmer oder vom Arbeitgeber schriftlich geltend gemacht werden.

Der Vorteil einer Ausschlußklausel liegt darin, daß diese möglichst schnell nach Eintritt der Fälligkeit eines Anspruchs für rechtliche und wirtschaftliche Klarheit sorgt. Wichtig bei der vorgeschlagenen Formulierung ist, daß der Anspruch erst »nach Fälligkeit« wirksam geltend gemacht werden kann.

Beispiel:

In einem Vertrag bzw. Tarifvertrag ist vorgesehen, daß geleistete Überstunden grundsätzlich spätestens bis zum Ende des dritten Kalendermonats nach Ableistung der Überstunden durch entsprechende Arbeitsbefreiung auszugleichen sind und erst dann abgegolten werden dürfen, wenn feststeht, daß sie innerhalb des Dreimonatszeitraums nicht ausgeglichen werden können.

Ein Arbeitnehmer leistet im Dezember 1995 zehn Überstunden. Diese macht er im Januar 1996 schriftlich geltend. Der Arbeitgeber reagiert nicht. Im Dezember klagt er auf Abgeltung. Der Arbeitgeber gewinnt den Prozeß, weil der Arbeitnehmer nicht in der Zeit zwischen April und September den Anspruch schriftlich geltend gemacht hat.

1.2.7 Klausel 07: Förderung der Nachmittagsarbeit

Die Stundenvergütung erhöht sich um DM 0,10 für Arbeitsstunden, die in der Zeit zwischen 13.00 und 18.00 Uhr geleistet werden. Für Arbeitsstunden, die in der Zeit von 8.00 bis 12.00 Uhr geleistet werden, vermindert sich die Stundenvergütung um DM 0,10.

Die Arbeit am Vormittag ist für Teilzeitkräfte offenbar aus vielfältigen Gründen attraktiver als die Arbeit am Nachmittag. Die Folge ist, daß dem Arbeitgeber am Vormittag häufig mehr Arbeitnehmer zur Verfügung stehen als am Nachmittag. Durch die Vereinbarung von unterschiedlichen Vergütungen für Vormittags- und Nachmittagsarbeit setzt der Arbeitgeber ein Marktsignal, das diesem Phänomen entgegenwirkt.

Um dem Einwand entgegenzuwirken, durch eine unterschiedliche Vergütung der Vormittags- und Nachmittagsarbeit würden die alleinerziehenden Frauen benachteiligt, die ihr Kind mittags von der Kinderkrippe abholen müssen, sollte der Zu- bzw. Abschlag möglichst gering gehalten werden. Auf der anderen Seite sollte er hoch genug angesetzt werden, um z.B. Studenten, denen es meist egal ist, zu welchen Tageszeiten sie fürs Studium lernen, zu veranlassen, ihre Arbeitsleistung verstärkt am Nachmittag anzubieten.

2 Die Rechte des Arbeitgebers gegenüber freien Mitarbeitern und Subunternehmern

Angesichts des zunehmenden Wettbewerbsdrucks versuchen viele Unternehmer, Funktionen, die bisher von Arbeitnehmern wahrgenommen wurden, auf freie Mitarbeiter und Subunternehmer zu übertragen. Im Prinzip können alle Tätigkeiten, die von Arbeitnehmern ausgeführt werden, auch von freien Mitarbeitern oder Subunternehmern ausgeführt werden. Bei richtiger Vertragsgestaltung brauchen sich die Rechte des Arbeitgebers gegenüber freien Mitarbeitern und Subunternehmern, abgesehen vom Direktions-, Orts- und Zeitbestimmungsrecht, nicht wesentlich von den Rechten gegenüber Arbeitnehmern zu unterscheiden.

Die Vorteile für den Unternehmer liegen auf der Hand. Freie Mitarbeiter haben keinen Kündigungsschutz, die Arbeitsschutzvorschriften brauchen nicht angewandt werden und die Sozialabgabenpflicht entfällt.

So verlockend die Beschäftigung von freien Mitarbeitern und Subunternehmern auf der einen Seite ist, so eindringlich muß auf der anderen Seite davor gewarnt werden, unüberlegt ein Arbeitsverhältnis in ein freies Mitarbeiterverhältnis umzuwandeln. Wenn sich nämlich nur der Vertragstext ändert, geht der Unternehmer ein großes Risiko ein. Wenn er Pech hat, wird seine Vertragsgestaltung vom Finanzamt und vom Sozialversicherungsträger nicht anerkannt und er muß, ohne daß er sich die Beträge von seinem Vertragspartner zurückholen kann, für Jahre die nicht abgeführten Sozialabgaben und Lohnsteuern nachentrichten. Wobei noch darauf hinzuweisen ist, daß der Arbeitgeber in diesem Fall nicht nur den Arbeitgeberanteil der Sozialversicherungsbeiträge zu zahlen hat, sondern auch den Arbeitnehmeranteil.

Der erste Rat, der einem Arbeitgeber zu geben ist, der freie Mitarbeiter beschäftigen möchte, ist, sich gründlichst von einem Fachmann bzw. von einer Fachfrau beraten zu lassen.

Hier die wichtigsten Punkte, die bei der Abgrenzung von Arbeitnehmern und freien Mitarbeitern zu beachten sind:

Während die betriebliche Praxis häufig auf den Text des Vertrages abstellt und dann erst die tatsächliche Durchführung des Vertrages berücksichtigt, prüft die Rechtsprechung die Frage, ob ein Arbeitsverhältnis oder ein freies Mitarbeiterverhältnis vorliegt in genau umgekehrter Reihenfolge:

- Materielle Merkmale,
- Formale Merkmale,
- Inhalt des Vertrages.

2.1 Materielle Merkmale

2.1.1 Kein Weisungsrecht

Das wichtigste Merkmal eines freien Mitarbeiters bzw. Subunternehmers ist, daß er nicht dem **Weisungsrecht** des Unternehmers unterliegt. Weisungsfrei arbeitet derjenige, der Weisungen des Auftraggebers tatsächlich zurückweisen kann. Bei einem Automobilhersteller sind deshalb nicht als Arbeitnehmer anzusehen Personen, die in dessen Fabrikhallen nach eigenen Plänen Wartungs- oder Montagearbeiten durchführen. Genausowenig ist der Steuerberater oder Rechtsanwalt eines Unternehmers dessen Weisungen unterworfen. Auf der anderen Seite dürfte es einem Gastwirt schwerfallen, nachzuweisen, daß sein früherer Kellner und derzeitiger »Speisen- und Getränke-Vermittlungsagent« von ihm keine Weisungen mehr annimmt.

Ob auf ein fachliches oder auf ein disziplinäres Weisungsrecht abzustellen ist, hängt von den Umständen des Einzelfalles ab. So arbeitet beispielsweise der Architekt mit eigenen Büroräumen, der bei einem Personalengpaß im Bauamt nach den Weisungen des Bauamtsleiters Pläne zeichnet, in der Regel als freier Mitarbeiter, während der Chefarzt in einem Krankenhaus, der keinem fachlichen Weisungsrecht unterliegt, ein Arbeitnehmer ist.

2.1.2 Keine Bestimmung von Ort und Zeit der Arbeitsleistung

Typisch für den freien Mitarbeiter ist auch, daß er selbst **Ort und Zeit** der Arbeitsleistung bestimmt. Je mehr der Unternehmer seinem Vertragspartner Vorschriften bei der Einteilung seiner Zeit macht und bestimmt, wo er zu arbeiten hat, desto eher wird ein Arbeitsverhältnis anzunehmen sein. Wobei hier, wenn wir z. B. an Telearbeitsplätze denken, die Abgrenzung in Zukunft nicht immer leicht fallen wird. Hinzu kommt, daß z. B. im Hochschulrahmengesetz ausdrücklich vorgeschrieben ist, daß angestellte Professoren ihre Arbeitszeit in Forschung und Lehre frei bestimmen können.

Ein weiteres Beispiel, an dem wir erkennen, daß das Merkmal »Bestimmung von Ort und Zeit der Arbeitsleistung« immer mehr an Bedeutung verlieren wird, ist die »variable Arbeitszeit«, die manche Arbeitgeber bereits eingeführt haben. Bei der variablen Arbeitszeit erhält der Mitarbeiter keinerlei Vorgaben mehr hinsichtlich der Gestaltung seiner Arbeitszeit. Von ihm wird lediglich verlangt, daß er das ihm zugeteilte Arbeitspensum erfüllt. An welchen Tagen und zu welcher Uhrzeit er, selbstverständlich im Rahmen des Arbeitszeitgesetzes, die versprochene Leistung erbringt, ist seinem Arbeitgeber dabei vollkommen gleichgültig.

2.1.3 Keine Eingliederung in den Betrieb

Kennzeichnend für den freien Mitarbeiter ist weiterhin, daß er nicht in den Betrieb und in die Hierarchie des Auftraggebers **eingegliedert** ist. In den Betrieb des Auftraggebers eingegliedert ist in der Regel derjenige, dessen Mitarbeit zur Erreichung des Betriebszweckes unentbehrlich ist. Unentbehrlich für die Erreichung des Betriebszwecks eines Krankenhauses wären beispielsweise Ärzte und Krankenschwestern, nicht jedoch die Musikband, die anläßlich des Betriebsfestes engagiert wird.

2.1.4 Keine Beschäftigung auf Dauer

Das Vertragsverhältnis eines freien Mitarbeiters wird häufig nicht **auf Dauer** angelegt sein. Ist jemand dagegen auf Dauer fest in die betriebliche Organisation eines Unternehmens eingeplant, so spricht dies für ein Arbeitsverhältnis.

2.1.5 Kein Nebentätigkeits- und Wettbewerbsverbot

Der freie Mitarbeiter unterliegt typischerweise keinem **Nebentätigkeits- und Wettbewerbsverbot,** da er im Gegensatz zum Arbeitnehmer seinem Auftraggeber in der Regel seine Arbeitskraft nicht voll zur Verfügung stellen muß. Dadurch hat der freie Mitarbeiter bzw. Subunternehmer anderweitige Verdienstmöglichkeiten, die ihn von seinem Auftraggeber unabhängig machen können. Man kann sogar sagen, daß die Tätigkeit für mehrere Auftraggeber gerade typisch für einen selbständigen Unternehmer bzw. freien Mitarbeiter ist.

2.1.6 Keine Notwendigkeit, Aufgaben selbst auszuführen

Charakteristisch für den freien Mitarbeiter bzw. Unternehmer ist auch noch, daß er die zu erledigenden Aufgaben nicht selbst ausführen muß, sondern sich durch qualifizierte Kräfte vertreten lassen kann.

2.1.7 Unternehmerrisiko

Das damit verbundene Unternehmerrisiko bzw. die durch geschickte Vertragsausführung eintretende Gewinnchance sind ein weiteres Merkmal eines freien Mitarbeiters bzw. Unternehmers.

Die bisher aufgeführten Merkmale eines freien Mitarbeiters bzw. selbständigen Unternehmers, die den Inhalt, die tatsächliche Ausgestaltung und die Art und Weise der Durchführung betreffen, brauchen nicht alle gleichzeitig vorliegen. Entscheidend ist, daß mehr Merkmale für eine selbständige Tätigkeit sprechen als dagegen. Sollte es bei der Prüfung der materiellen Merkmale zu einem »Unentschieden« kommen, was in der Praxis nicht selten vorkommt, dann sind die formalen Merkmale einer selbständigen Tätigkeit zu prüfen.

2.2 Formale Merkmale

Bei den materiellen Merkmalen wurde geprüft, was tatsächlich »Sache ist«. Bei den formalen Merkmalen werden ergänzend die von den Vertragsparteien beliebig zu gestaltenden »Äußerlichkeiten« berücksichtigt.

2.2.1 Berechnung und Auszahlung des Entgelts

Zu den formalen Merkmalen gehört die Berechnung und Auszahlung des Entgelts. Typisch für den Selbständigen ist, daß er jeweils nach Erbringung der vereinbarten Arbeitsleistung eine Rechnung schreibt und dabei die Mehrwertsteuer gesondert ausweist. Häufig wird bei der Berechnung die Gebührenordnung eines freien Berufes (Steuerberater, Rechtsanwälte, Ärzte, Architekten) zugrunde gelegt.

Typisch für das abhängige Beschäftigungsverhältnis ist dagegen, daß dem Vertragspartner regelmäßig eine um Sozialabgaben und Lohnsteuer verminderte Vergütung überwiesen wird.

2.2.2 Entgeltfortzahlung im Krankheitsfall und Urlaub

Wenn einem Auftragnehmer Entgeltfortzahlung im Krankheitsfall sowie Urlaub gewährt wird, spricht dies gegen eine freiberufliche Tätigkeit. Ungünstig für die Annahme einer Tätigkeit als freier Mitarbeiter ist auch die Führung von Personalakten, die Gewährung von Beihilfen sowie die Zuweisung eines Schreibtisches und eines Faches für die Betriebspost.

2.2.3 Gewerbeanmeldung

Regelmäßig erkennt man den freien Mitarbeiter auch daran, daß er seinen Beruf als Gewerbe angemeldet hat. Dies gilt um so mehr, wenn der freie Mitarbeiter seine Dienste über eine Gesellschaft mit beschränkter Haftung anbietet. Wenn diese Gesellschaft auch noch für andere Auftraggeber tätig ist, ist dies ein wichtiges Indiz dafür, daß Arbeitsrecht nicht anwendbar ist.

Die Neugründung einer GmbH kostet ca. DM 2000,–. Vorgefertigte GmbH-Mäntel sind auf dem Markt für ca. DM 5000,– zu haben. Diese Mäntel haben den Vorteil, daß sie sofort einsatzbereit sind. Gelegentlich wird mit solchen Mänteln auch Know-how und ein Verlustvortrag übertragen. Eine gründliche Beratung durch einen Rechtsanwalt oder Steuerberater ist beim Kauf eines GmbH-Mantels unerläßlich.

2.3   Inhalt des Vertrages

Erst dann, wenn es auch bei der Prüfung der formalen Merkmale zu keiner eindeutigen Zuordnung kommen sollte, entscheidet der **Text des abgeschlossenen Vertrages.**

In der Praxis kommt es häufig und in zunehmendem Maße vor, daß jemand, der tatsächlich als Arbeitnehmer beschäftigt wird, »auf dem Papier« als freier Mitarbeiter geführt wird, ohne daß dies beanstandet wird. Neben den zumindest zunächst gleichgerichteten Interessen der Vertragspartner beruht dies darauf, daß es immer schwieriger wird, die »lohnabhängige Beschäftigung« von der freien Mitarbeit abzugrenzen. Soll etwa deutsches Arbeitsrecht anwendbar sein, wenn ein Unternehmer einen Text via Datenautobahn nach Kalkutta schickt, ihn dort von hochqualifizierten Fachkräften zu einem Bruchteil der in Deutschland anfallenden Kosten bearbeiten läßt und ihn anschließend in Deutschland ausdruckt?

In der Praxis auf Unverständnis stößt auch die Tatsache, daß ein Manager mit DM 30.000,– Monatsgehalt als abhängig Beschäftigter gilt, für den Sozialabgaben zu entrichten sind, während für einen aus welchen Gründen auch immer erfolglosen Freiberufler mit gerade mal DM 3000,– Umsatz im Monat kein sozialer Schutz vorgesehen ist.

Auch die Tatsache, daß der fälschlicherweise als Freiberufler geführte Mitarbeiter seinen guten Ruf bzw. sein Gesicht verlieren würde, wenn er plötzlich seine Rechte als Arbeitnehmer geltend machen würde, geben neben den gleichgerichteten Interessen von Arbeitgeber und Arbeitnehmer solchen »Konstruktionen« eine erstaunliche Stabilität.

3 Die Rechte des Arbeitgebers gegenüber seinen Arbeitnehmern

3.1 Begründung des Arbeitsverhältnisses

3.1.1 Fragerecht des Arbeitgebers

Der Arbeitgeber darf die Fragen stellen, an deren Beantwortung er ein berechtigtes Interesse hat. Sollte der Bewerber eine solche Frage falsch beantworten, kann der Arbeitgeber das Arbeitsverhältnis wegen arglistiger Täuschung nach § 123 BGB anfechten. D. h. der Arbeitgeber erklärt dem Mitarbeiter, daß er sich künftig nicht mehr an den Arbeitsvertrag gebunden fühlt. Diese Anfechtung kann ohne Zustimmung des Betriebsrates und ohne Zustimmung von Hauptfürsorgestelle bzw. Gewerbeaufsichtsamt erklärt werden und beendet das Arbeitsverhältnis mit sofortiger Wirkung.

Zulässig sind in jedem Fall Fragen nach der **beruflichen Entwicklung** und nach den beruflichen und fachlichen Fähigkeiten des Bewerbers.

Der Arbeitgeber darf den Bewerber fragen, ob dieser als **Schwerbehinderter** mit einem Grad der Behinderung von mindestens 50 % anerkannt ist oder gemäß § 2 SchwbG einem Schwerbehinderten gleichgestellt wurde. Wie das Bundesarbeitsgericht am 5. Oktober 1995 (2 AZR 923/94) nochmals deutlich gemacht hat, gilt dies nicht nur dann, wenn die Schwerbehinderung Einfluß auf die Arbeitsleistung hat. (BAG, 11. November 1993 – 2 AZR 467/93, Der Betrieb 1994, Seite 939)

Zulässig sind auch Fragen nach dem **Gesundheitszustand** des Bewerbers, soweit der Arbeitgeber an der Beantwortung ein berechtigtes Interesse hat. Ein solches berechtigtes Interesse ist anzunehmen, wenn eine dauerhafte oder akute Krankheit des Bewerbers konkrete Auswirkungen auf dessen berufliche Einsatzmöglichkeiten hat.

Erfragt werden dürfen einschlägige **Vorstrafen**. D.h. ein Kraftfahrer muß wahrheitsgemäß die Frage nach einer Verurteilung wegen Verkehrsdelikten beantworten. Ein Kassierer, Buchhalter oder Lagerverwalter muß auf Befragen Vermögensdelikte und ein Erzieher eine Verurteilung wegen einem an Jugendlichen begangenen Sexualdelikt offenlegen.

Zu beachten ist jedoch, daß ein Bewerber sich gemäß § 53 in Verbindung mit § 32 Bundeszentralregistergesetz als nicht vorbestraft bezeichnen darf, wenn er zu nicht mehr als neunzig Tagessätzen Geldstrafe oder drei Monaten Freiheitsstrafe verurteilt wurde. Als nicht vorbestraft darf sich auch derjenige bezeichnen, dessen Strafe im Bundeszentralregister getilgt wurde, sofern dort keine weitere Strafe eingetragen ist.

Die Frage nach Vorliegen einer **Schwangerschaft** wird inzwischen grundsätzlich als unzulässig angesehen. Als einzige Ausnahme akzeptiert das Bundesarbeitsgericht die Frage dann, wenn die Frau auf Grund ihrer Schwangerschaft von vornherein für die vorgesehene Tätigkeit nicht einsatzfähig ist. Dies wäre beispielsweise bei einer Laborassistentin anzunehmen, die mit Krankheitserregern infizierte Proben zu bearbeiten hat und durch die Arbeitsaufnahme Leben oder Gesundheit ihres Kindes gefährden würde. (BAG, 1. Juli 1993 – 2 AZR 25/93, Der Betrieb 1994, Seite 1978)

Zulässig ist es dagegen, den Bewerber nach rechtswirksamen **Wettbewerbsverboten** zu befragen, die er mit einem früheren Arbeitgeber vereinbart hat, sofern diese Wettbewerbsverbote die Einsatzfähigkeit beim neuen Arbeitgeber einschränken könnten.

3.1.2 Offenbarungspflichten des Arbeitnehmers

Ungefragt braucht der Bewerber in der Regel für ihn nachteilige Sachverhalte nicht zu offenbaren. Ausnahmsweise hat der Bewerber jedoch dann auch ohne ausdrückliche Befragung eine Offenbarungspflicht, wenn ihm z.B. infolge des Antritts einer Kur oder einer Freiheitsstrafe bekannt ist, daß er gar nicht in der Lage ist, die Arbeit zum vorgesehenen Zeitpunkt anzutreten. Eine Offenbarungspflicht hat auch der Bewerber, der auf Grund eines rechtswirksam vereinbarten Wettbewerbsverbotes nur eingeschränkt auf dem vorgesehenen Arbeitsplatz einsatzfähig ist.

Eine schwangere Frau, die ausschließlich zur Nachtarbeit im Sinne von § 8 MuSchG eingestellt werden soll, muß den Arbeitgeber vor der Einstellung unaufgefordert über ihre Schwangerschaft informieren. (BAG, 8. September 1988, Der Betrieb 1989, Seite 585)

Eine Offenbarungspflicht in Bezug auf laufende Strafverfahren oder berufsrelevante Verurteilungen besteht, wenn für Bewerber ohne weiteres erkennbar ist, daß eine »weiße Weste« absolut unerläßliche Einstellungsvoraussetzung ist.

Beispiel:

Ein Bewerber, der sich in einem Unternehmen der Rüstungsindustrie um eine Stelle als Pressesprecher bewirbt, versäumt es, den Arbeitgeber unaufgefordert darüber zu informieren, daß er kurz zuvor rechtskräftig wegen illegalen Waffenhandels verurteilt wurde. In diesem Fall könnte der Arbeitgeber das Arbeitsverhältnis auch ohne vorherige Befragung zu Vorstrafen und laufenden Strafverfahren anfechten.

Eine Offenbarungspflicht hat auch der ausländische Arbeitnehmer ohne Arbeitserlaubnis, dessen Pflicht, die Bundesrepublik Deutschland zu verlassen, für sofort vollziehbar erklärt wurde. Ein Arbeitnehmer, der seinem Arbeitgeber diese Information verschweigt, kann sich auch nicht darauf berufen, daß er darauf vertraut habe, er werde infolge Rechtsmitteleinlegung die Duldung und damit die Arbeitserlaubnis behalten. (LAG Nürnberg, 21. September – 3 Sa 1176/93, Neue Zeitschrift für Arbeitsrecht 1995, Seite 228)

3.1.3 Ablehnung eines Bewerbers

Solange noch kein Arbeitsvertrag abgeschlossen wurde, können Sie jederzeit ohne für Sie nachteilige rechtliche Folgen die Vertragsverhandlungen abbrechen.

Anders sieht es dagegen aus, wenn Sie dem Bewerber bereits konkrete Hoffnungen auf den ausgeschriebenen Arbeitsplatz gemacht und ihn zur »vorsorglichen« Kündigung seines bisherigen Arbeitsverhältnisses aufgefordert haben.

Beispiel:

Ein geeigneter Bewerber mit einer sechswöchigen Kündigungsfrist zum Quartalsende soll zum 1. Januar eingestellt werden. Damit es keine zeitlichen Probleme mit der Beendigung seines bisherigen Arbeitsverhältnisses gibt, empfehlen Sie ihm Anfang November, vorsorglich schon einmal sein bisheriges Arbeitsverhältnis zu kündigen. Nachdem der Bewerber diese Kündigung ausgesprochen hat, stellt sich heraus, daß Ihr Vorstand die Zustimmung zur Einstellung nicht erteilt. Sollte der Bewerber daraufhin arbeitslos werden oder eine Stelle antreten müssen, bei der er weniger verdient als bisher, haben Sie Schadensersatz zu leisten.

3.1.4 Kündigung vor Dienstantritt

Der Arbeitgeber kann vereinbaren, daß die ersten sechs Monate eines Arbeitsverhältnisses als Probezeit gelten. Während dieser Probezeit kann er das Arbeitsverhältnis jederzeit ohne Begründung mit Zweiwochenfrist kündigen. Wurde nichts anderes vereinbart, besteht dieses Recht auch schon vor Dienstantritt.

3.2 Durchführung des Arbeitsverhältnisses

3.2.1 Treuepflicht

Neben der Pflicht, seine Arbeitsleistung ordnungsgemäß zu erbringen, hat der Arbeitnehmer die Pflicht, die Interessen seines Arbeitgebers zu wahren, auch wenn ihm dies nicht ausdrücklich gesagt wurde. Diese Pflicht, die mit dem aus einem personenrechtlichen Gemeinschaftsverhältnis entstehenden Vertrauen begründet wird, wird als Treuepflicht bezeichnet. Die Treuepflicht besteht aus vielen konkreten Verhaltens- und Unterlassenspflichten, von denen im folgenden die wichtigsten genannt werden.

3.2.1.1 *Anzeigepflichten*

Jeder Arbeitnehmer hat eingetretene oder zu erwartende Schäden unverzüglich seinem Arbeitgeber oder seinem unmittelbaren Vorgesetzten anzuzeigen. Dabei kann es sich um Betriebsstörungen, Werkzeugmängel, Material- oder Maschinenfehler handeln.

Beispiel:

Ein Arbeitnehmer entdeckt einen Brandherd oder einen Wasserrohrbruch oder erkennt, daß eine Maschine Ausschuß produziert. In diesen Fällen hat er, auch wenn sich eine entsprechende Pflicht nicht aus dem Wortlaut seines Arbeitsvertrages ergibt, unverzüglich für Abhilfe zu sorgen.

Auch strafbare Handlungen von Kollegen hat der Arbeitnehmer seinem Arbeitgeber oder seinem unmittelbaren Vorgesetzten anzuzeigen, falls er sie nicht z. B. als Vorgesetzter durch eigenes Einschreiten verhindern kann.

Beispiel:

Ein Arbeitnehmer erfährt, daß ein Kollege die Computeranlage des Arbeitgebers mit einem Virus infizieren möchte. Wenn es ihm nicht gelingt, den Kollegen von seinem Vorhaben abzubringen, hat er seine Entdeckung seinem Vorgesetzten zu melden. Unterläßt er dies, macht er sich schadensersatzpflichtig und riskiert, selbst entlassen zu werden.

Von einem Arbeitnehmer wird dagegen nicht erwartet, daß er seine Kollegen bespitzelt und denunziert, wenn diese sich einmal kritisch oder sogar beleidigend über ihren Arbeitgeber geäußert haben.

Zur Treuepflicht gehört auch, daß der Arbeitnehmer seinen Arbeitgeber unverzüglich, d. h. ohne schuldhaftes Zögern, informiert, wenn er an der Arbeitsleistung verhindert ist. Mit einer verspäteten Anzeige verletzt der Arbeitnehmer nicht nur seine Treuepflicht, sondern auch seine Pflicht aus § 5 Entgeltfortzahlungsgesetz.

3.2.1.2 *Unterlassungspflichten*

Der Arbeitnehmer hat alles zu unterlassen, was den Betriebsablauf oder den Betriebsfrieden stören könnte. Dazu gehört
auch die parteipolitische Betätigung während der Arbeitszeit.

Beispiel:

*Ein Arbeitnehmer provoziert seine Kollegen durch das Tragen
von Plaketten mit politischen Aussagen, hänselt Andersden-
kende und greift Mitarbeiter tätlich an. Damit verletzt er
seine Treuepflicht und kann ggf. nach einer Abmahnung ordentlich oder außerordentlich gekündigt werden.*

Einen Verstoß gegen die Treuepflicht stellt es auch dar, wenn
ein Arbeitnehmer über seinen Arbeitgeber Behauptungen auf-
stellt, die dessen Ruf oder den Kredit des Unternehmens gefährden. Selbst wahre Tatsachen darf ein Arbeitnehmer in
diesen Fällen nicht ohne weiteres verbreiten. Stellt er z. B.
betriebliche Mißstände fest, hat er zunächst alle innerbetrieblichen Abhilfemöglichkeiten auszuschöpfen. Nach § 84
BetrVG hat er das Recht, sich bei den zuständigen Stellen des
Betriebes zu beschweren, wenn er sich vom Arbeitgeber oder
von Kollegen benachteiligt, ungerecht behandelt oder in sonstiger Weise beeinträchtigt fühlt. Er kann ein Mitglied des Betriebsrats zur Unterstützung oder Vermittlung heranziehen.
Der Arbeitgeber hat den Arbeitnehmer über die Behandlung
der Beschwerde zu unterrichten und, soweit er die Beschwerde für berechtigt hält, dem Mißstand abzuhelfen.

Wegen der Erhebung einer Beschwerde dürfen dem Arbeitnehmer keine Nachteile entstehen. Weiterhin kann sich der
Arbeitnehmer gemäß § 85 BetrVG mit seinen Beschwerden
an den Betriebsrat wenden und diesen bitten, beim Arbeitgeber auf Abhilfe hinzuwirken. Keinesfalls hat der Arbeitnehmer das Recht, sich mit seinen Beschwerden unmittelbar an
die Presse oder an Behörden zu wenden.

Eine grobe Treuepflichtverletzung stellt es auch dar, wenn der
Arbeitnehmer gegen seinen Arbeitgeber eine Strafanzeige erstattet. Insbesondere dann, wenn diese sich im nachhinein als
voreilig und unbegründet erweist. Von diesem Anzeigeverbot

sind selbstverständlich schwere strafbare Handlungen, die der Arbeitgeber begangen hat oder zu begehen beabsichtigt, ausgenommen.

Verlangt der Arbeitgeber vom Arbeitnehmer selbst die Begehung von Straftaten, hat dieser ein Leistungsverweigerungsrecht und ggf. das Recht, sein Arbeitsverhältnis fristlos zu kündigen

3.2.2 Schmiergeldverbot und Verschwiegenheitspflicht

Eine besonders schwere Verletzung der Treuepflicht stellt es dar, wenn der Arbeitnehmer einem Dritten, z. B. einem Lieferanten, ungerechtfertigte Vorteile einräumt, weil dieser ihm dafür Geschenke oder sonstige Vorteile versprochen oder gewährt hat. Gemäß § 12 UWG macht der Arbeitnehmer sich in diesen Fällen sogar strafbar. Der Arbeitgeber kann verlangen, daß der Arbeitnehmer ihm die erhaltenen Schmiergelder und Vorteile herausgibt.

Strafbar macht sich auch der Arbeitnehmer, der Betriebs- und Geschäftsgeheimnisse während der Dauer des Arbeitsverhältnisses aus Eigennutz oder in Schädigungsabsicht zu Zwecken des Wettbewerbs an Dritte weitergibt. (§ 17 UWG). Aber auch wenn das Verhalten nicht unter Strafe gestellt ist, hat der Arbeitnehmer z. B. in Bezug auf günstige Warenbezugsquellen, Kunden- und Preislisten, besondere Absatzmöglichkeiten und technisches Know-how gegenüber jedermann Stillschweigen zu bewahren.

Personenbezogene Daten sind darüber hinaus durch das Bundesdatenschutzgesetz geschützt. Nach § 43 Bundesdatenschutzgesetz macht sich strafbar, wer sich unbefugt geschützte personenbezogene Daten durch unrichtige Angaben erschleicht oder für andere Zwecke nutzt, indem er sie an Dritte weitergibt.

So wie der Arbeitgeber eine nachvertragliche Fürsorgepflicht für seine Arbeitnehmer hat, hat der Arbeitnehmer eine nachvertragliche Treuepflicht. Auf Grund dieser Treuepflicht darf er auch nach Beendigung des Arbeitsverhältnisses Betriebs- und Geschäftsgeheimnisse nicht an Dritte weitergeben, insbesondere dann nicht, wenn eine solche Verpflichtung ausdrücklich in den Arbeitsvertrag aufgenommen wurde.

3.2.3 Wettbewerbsverbot

Der Mitarbeiter hat sich während der Dauer seines Beschäftigungsverhältnisses loyal zu seinem Arbeitgeber zu verhalten. Dazu gehört, daß er zur Erreichung der Unternehmensziele beiträgt und jeden Wettbewerb gegen seinen Arbeitgeber unterläßt. Insbesondere ist es ihm während dieser Zeit verboten, für einen Wettbewerber des Arbeitgebers zu arbeiten, ein Konkurrenzunternehmen zu gründen oder sich an einem solchen zu beteiligen. Eine besondere Vereinbarung über ein solches Wettbewerbsverbot ist nicht erforderlich, kann sich aber ggf. für die Zeit zwischen Abschluß des Arbeitsvertrages und Aufnahme der tatsächlichen Beschäftigung empfehlen.

3.2.4 Arbeitnehmererfindungen

Der Arbeitnehmer ist gemäß § 5 Arbeitnehmererfindungsgesetz verpflichtet, seinen Arbeitgeber schriftlich über alle Erfindungen zu informieren, die er während des Arbeitsverhältnisses oder danach gemacht hat, sofern diese Erfindungen im Zusammenhang mit seinem Arbeitsverhältnis stehen.

Der Arbeitgeber kann gemäß § 6 Arbeitnehmererfindungsgesetz durch schriftliche Inanspruchnahmeerklärung innerhalb von vier Monaten nach Erhalt der ordnungsgemäß abgegebenen Erfindungsmeldung die Erfindung gegen Zahlung einer angemessenen Vergütung ganz oder teilweise für sich in Anspruch nehmen.

3.2.5 Direktionsrecht

Der Arbeitsvertrag ist ein Rahmenvertrag, in dem der Arbeitnehmer sich verpflichtet, während eines bestimmten Zeitraums für den Arbeitgeber tätig zu sein. Welche Tätigkeiten in dieser Zeit wie, wann und wo zu erbringen sind, legt der Arbeitgeber auf Grund seines Direktions- oder Weisungsrechts fest.

Ausgehend von einem im Arbeitsvertrag möglichst weit gefaßten Einsatzgebiet des Arbeitnehmers wird die Arbeitspflicht des Arbeitnehmers durch Ausübung des Direktionsrechts konkretisiert. Beachten muß der Arbeitgeber hierbei jedoch, daß sich eine ursprünglich gemäß Arbeitsvertrag vorhandene weite Einsatzmöglichkeit des Arbeitnehmers durch schlüssiges Verhalten konkretisieren kann. Von einer Konkretisierung der Arbeitspflicht auf eine ganz bestimmte Tätigkeit ist insbesondere dann auszugehen, wenn dem Arbeitnehmer über längere Zeit höherwertige Arbeit zugewiesen wurde.

Will der Arbeitgeber vermeiden, daß sich die Arbeitspflicht des Arbeitnehmers durch die Zuweisung einer Tätigkeit über einen längen Zeitraum auf eine bestimmte Tätigkeit beschränkt, so sollte er entweder eine entsprechende Bestimmung in den Arbeitvertrag aufnehmen oder sich die künftige Änderung bei der Zuweisung der Tätigkeit ausdrücklich vorbehalten. In diesem Fall verliert der Vorbehalt, selbst wenn von ihm über länger Zeit hinweg kein Gebrauch gemacht wurde, nicht seine Gültigkeit. (BAG, 3. Februar 1960 – 3 AZR 415/58, Der Betrieb 1960, Seite 471) Ist eine Konkretisierung nicht eingetreten, kann der Arbeitgeber dem Arbeitnehmer jede vom Arbeitsvertrag abgedeckte zumutbare Tätigkeit zuweisen.

3.2.6 Schadensersatz aus Verschuldenshaftung

Fügt der Arbeitnehmer seinem Arbeitgeber einen Schaden zu, so mußte er diesen bis zum Jahr 1994 ersetzen, wenn die Grundvoraussetzungen

- Pflichtverletzung,
- Rechtswidrigkeit,
- Verschulden,
- Schaden,
- Kausalität

gegeben waren und keine Haftungserleichterungsmöglichkeiten wie

- Mitverschulden des Arbeitgebers,
- Anwendbarkeit von Beamtenrecht im öffentlichen Dienst,
- gefahrgeneigte Tätigkeit

anwendbar waren.

3.2.6.1 *Grundvoraussetzungen*

3.2.6.1.1 *Pflichtverletzung*

Eine Pflichtverletzung liegt vor, wenn der Arbeitnehmer etwas tut, was er nicht tun durfte, oder etwas unterläßt, was er hätte tun müssen.

Beispiele:

Ein Arbeitnehmer sengt eine Gardine an. Ein anderer vergißt es, die Festplatte seines Computers auf Magnetband zu sichern.

3.2.6.1.2 *Rechtswidrigkeit*

Rechtswidrig ist das Verhalten eines Arbeitnehmers, wenn er für sein Verhalten keinen Rechtfertigungsgrund hat. Ein Rechtfertigungsgrund liegt vor, wenn der Arbeitnehmer durch die Aufopferung eines geringerwertigen Rechtsgutes ein höherwertiges Rechtsgut rettet oder schützt.

Beispiel:

Ein Arbeitnehmer sengt eine Gardine an. Sein Verhalten ist nicht rechtswidrig, da er die Gardine zum Löschen eines Brandes eingesetzt hat, weil kein anderer geeigneter Gegenstand zur Verfügung stand.

3.2.6.1.3 *Verschulden*

Schuldhaft handelt der Arbeitnehmer, wenn man ihm aus seinem Verhalten einen Vorwurf machen kann. Verschulden teilt sich auf in Vorsatz und Fahrlässigkeit.

Vorsätzlich handelt jemand, der das schädigende Ereignis bewußt herbeiführt. Fahrlässig handelt derjenige, der die erforderlichen Sorgfaltspflichten nicht beachtet. Bei Fahrlässigkeit unterscheidet man zwischen grober, mittlerer und leichter Fahrlässigkeit.

Leichte Fahrlässigkeit ist anzunehmen, wenn der Arbeitnehmer einen Fehler begeht, der jedem seiner Kollegen auch hätte passieren können.

Beispiel:

Ein Arbeitnehmer möchte schnell zu einem wichtigen Kunden kommen. Beim Ausparken fügt er einem Firmenfahrzeug einen geringen Lackschaden zu.

Grobe Fahrlässigkeit wird angenommen, wenn der Fehler, den der Arbeitnehmer begeht, nicht mehr entschuldbar ist.

Beispiel:

Ein Arbeitnehmer verursacht in alkoholisiertem Zustand einen schweren Unfall.

3.2.6.1.4 *Schaden*

Nur dann, wenn der Arbeitgeber einen konkreten Schaden nachweisen und beziffern kann, kann er Schadensersatz verlangen.

3.2.6.1.5 *Kausalität*

Der Arbeitgeber muß nachweisen, daß zwischen dem Fehlverhalten des Arbeitnehmers und dem eingetretenen Schaden ein Ursachenzusammenhang besteht.

3.2.6.2   Haftungserleichterungen

3.2.6.2.1 *Mitverschulden des Arbeitgebers*

Trifft den Arbeitgeber an dem eingetretenen Schaden ein Mitverschulden, muß er einen Teil des Schadens übernehmen.

Beispiel:

Der Arbeitgeber läßt einen Arbeitnehmer mit einem defekten Fahrzeug eine Dienstreise unternehmen. Sollte es auf dieser Dienstreise wegen des Fahrzeugdefekts zu einem Unfall kommen, muß der Arbeitgeber einen Teil des Schadens übernehmen.

3.2.6.2.2 *Verweis auf Beamtenrecht im öffentlichen Dienst*

Die Haftung der Angestellten im öffentlichen Dienst richtet sich nach den Vorschriften, die für Beamte gelten. Ist z. B. in einem Landesbeamtengesetz vorgesehen, daß die Beamten nur bei Vorsatz und grober Fahrlässigkeit haften, haften die Angestellten auch nur bei Vorsatz und bei grober Fahrlässigkeit.

3.2.6.2.3 *Gefahrgeneigte Tätigkeit*

Von gefahrgeneigter Tätigkeit spricht bzw. sprach man, wenn einen hohe Wahrscheinlichkeit des Schadenseintritts auch bei sorgfältiger Arbeitsleistung bestand. In diesem Fall war ein Schaden wie folgt aufzuteilen:

- Volle Haftung des Arbeitnehmers bei vorsätzlicher Schädigung.
- In der Regel volle Haftung bei grober Fahrlässigkeit.
- Keine Haftung bei leichter Fahrlässigkeit.
- Aufteilung des Schadens zwischen Arbeitgeber und Arbeitnehmer bei mittlerer Fahrlässigkeit.

In vielen Fällen führte es zu unbilligen Ergebnissen, wenn für einen Arbeitnehmer keine der drei genannten Haftungserleichterungsmöglichkeiten anwendbar war.

Beispiel:

Eine Krankenschwester erhält den Auftrag, einen Säugling in ein anderes Zimmer zu tragen. Durch eine Unachtsamkeit der Krankenschwester fällt das Baby beim Transport auf den Boden und erleidet eine schwere Verletzung, für die der Arbeitgeber DM 500.000,– Schadensersatz leistet.

Frage:

Muß die Krankenschwester dem Arbeitgeber DM 500.000,– ersetzen?

Antwort:

Die Krankenschwester hat eine Pflichtverletzung begangen, für die sie keinen Rechtfertigungsgrund hatte. Sie handelte zumindest fahrlässig. Hätte die Schwester das Baby nicht fallen gelassen, hätte das Krankenhaus nicht DM 500.000,– Schadensersatz leisten müssen. Beamtengesetze sind nicht an-

*wendbar. Den Arbeitgeber trifft kein Mitverschulden. Gefahr-
geneigte Tätigkeit liegt nicht vor, da bei sorgfältiger Arbeitsleistung keine hohe Wahrscheinlichkeit besteht, daß das Kind
einen Unfall erleidet. Das Ergebnis wäre, daß die Krankenschwester dem Krankenhaus DM 500.000,– ersetzen müßte.*

3.2.6.3 *Neues Haftungsrecht*

Weil dieses Ergebnis als ungerecht empfunden wurde, hat der
Große Senat des Bundesarbeitsgerichts am 27. September
1994 (GS 1/89 – Der Betrieb, 1994, Seite 2237) entschieden,
daß künftig jeder Schaden, den ein Arbeitnehmer bei seiner
Arbeit seinem Arbeitgeber zufügt, so behandelt wird, als ob
es sich um gefahrgeneigte Tätigkeit gehandelt hätte. D. h. Arbeitnehmer müssen jetzt in der Regel nur noch dann den
vollen Schaden ersetzen, wenn sie vorsätzlich oder grob fahrlässig gehandelt haben. Bei mittlerer Fahrlässigkeit wird der
Schaden zwischen Arbeitgeber und Arbeitnehmer aufgeteilt.
Bei leichter Fahrlässigkeit trägt der Arbeitgeber den Schaden
allein.

3.2.7 **Betriebsbußen**

Der Arbeitgeber hat das Recht, Pflichtverletzungen des Arbeitnehmers mit einer Betriebsbuße zu ahnden. Voraussetzung
dafür ist jedoch, daß die entsprechende Disziplinar- oder Bußordnung vom Betriebs- bzw. Personalrat genehmigt wurde.
Eine solche Bußordnung könnte beispielsweise je nach
Schwere der Pflichtverletzung vorsehen: mündlichen Verweis,
schriftlichen Verweis, Verwarnung, Geldstrafe. Unzulässig ist
es, in einer Bußordnung als Strafe die Entlassung eines Arbeitnehmers vorzusehen.

Weitere Zulässigkeitsvoraussetzung für die Verhängung einer
Betriebsbuße ist die vorherige Zustimmung des Betriebs-
bzw. Personalrats zu dieser Maßnahme.

3.2.8 **Abwehraussperrung**

Der Arbeitgeber hat das Recht, sowohl einen rechtmäßigen
als auch einen rechtswidrigen Streik mit einer Aussperrung zu

beantworten. Durch die Aussperrung werden die Arbeitsverhältnisse der ausgesperrten Mitarbeiter vorübergehend außer Kraft gesetzt. D. h. die Arbeitnehmer verlieren während der Aussperrung ihren Anspruch auf Vergütung. Beihilfeberechtigte Arbeitnehmer des öffentlichen Dienstes verlieren während der Teilnahme an einer Arbeitskampfmaßnahme den Beihilfeanspruch.

Durch eine Aussperrung können auch die ansonsten nur mit Zustimmung der Hauptfürsorgestelle kündbaren Schwerbehinderten und die ordentlich unkündbaren Betriebsratsmitglieder ihren Vergütungsanspruch verlieren. Ausgesperrte Betriebsratsmitglieder verlieren ihren Vergütungsanspruch selbst dann, wenn sie während der Aussperrung Betriebsratsaufgaben wahrgenommen haben. (BAG, 25. Oktober 1988 – 1 AZR 368/87, Betriebs-Berater 1989, Seite 634.) Arbeitsunfähige Arbeitnehmer verlieren durch eine Aussperrung ihren Anspruch auf Entgeltfortzahlung. Bei einer Aussperrung hat der Arbeitgeber den Grundsatz der Verhältnismäßigkeit zu beachten.

3.2.9 Entgelt

3.2.9.1 *Entgeltfindung*

Ein absolut gerechtes Entgelt für eine Arbeitsleistung hat es noch nie gegeben. Was es dagegen schon immer gegeben hat, das ist ein marktangemessener Vergütungsbereich, mit dem sowohl der Arbeitgeber als auch der Arbeitnehmer leben kann. Deshalb ist auch allen Tarifverträgen mit Mißtrauen zu begegnen, die vorgeben, womöglich gar bundeseinheitlich, eine gerechte Vergütung auszuweisen. Insbesondere wenn es sich dann auch noch um hochkomplizierte, »wissenschaftliche« Vergütungssysteme handelt muß von deren Anwendung abgeraten werden.

Nicht umsonst hat Jesse, der ehemalige Geschäftsführer des Kommunalen Arbeitgeberverbandes Bayern in der Zeitschrift für Tarifrecht 1992, Seite 98, geschrieben: »Das ohnehin nicht einfache Tarifrecht des öffentlichen Dienstes wird in weiten Bereichen in einem Maße weiter verkompliziert, daß ein Vollzug für die Praxis schlechthin unzumutbar wird.«

Arbeitgeber sollten deshalb keine Hemmungen haben, sich für ihr Unternehmen in Ergänzung oder anstelle eines Tarifvertrages ihr eigenes ganz individuelles Vergütungssystem zu erarbeiten. Dabei kann selbstverständlich ein vorhandener Tarifvertrag ein Ausgangspunkt sein – mehr aber nicht. Für die Bemessung von Manager-Gehältern finden sich im managermagazin, September 1995, Seite 220 ff., einige Anregungen.

3.2.9.2 *Anrechnung übertariflicher Zulagen*

Zahlt der Arbeitgeber übertarifliche Zulagen, so ist er berechtigt, diese, falls nichts anderes vereinbart wurde, jederzeit auf eine Tariferhöhung anzurechnen. Bei einer vollständigen Anrechnung braucht er dazu nicht einmal die Zustimmung des Betriebs- bzw. Personalrats. (BAG, 3. Dezember 1992 – GS 2/90, Betriebs-Berater 1992, Seite 1418)

3.2.9.3 *Rückzahlung zuviel erhaltener Vergütung*

Ein Arbeitnehmer muß grundsätzlich zu viel erhaltenes Entgelt an den Arbeitgeber zurückzahlen. Auf einen Wegfall der Bereicherung kann er sich regelmäßig nur dann berufen, wenn er nicht zu den »Besserverdienenden« gehört und wenn die Überzahlung 10 % seiner Vergütung nicht übersteigt. (BAG, 12. Januar 1994 – 5 AZR 597/92, Der Betrieb 1994, Seite 1039)

3.2.10 **Arbeitszeit**

3.2.10.1 *Bedeutungswandel der Arbeitszeit*

In zunehmendem Maße nehmen Arbeitgeber von starren Arbeitszeiten Abstand. Bei der gleitenden Arbeitszeit verlangen sie nur noch während einer Kernzeit die Anwesenheit ihrer Arbeitnehmer. Bei variabler Arbeitszeit entfällt auch die Kernzeit und es wird vom Mitarbeiter nur noch erwartet, daß er während eines Monats in einem bestimmten Umfang zu von ihm festgelegten Zeiten anwesend ist.

Ganz progressive Arbeitgeber verzichten inzwischen sogar gänzlich auf eine bestimmte Anwesenheit, sondern verlangen von ihren Mitarbeitern nur noch die Erfüllung eines bestimmten Arbeitspensums.

3.2.10.2 *Zeitpunkt der Arbeitsleistung*

Der Zeitpunkt, zu dem der Mitarbeiter seine Arbeitsleistung zu erbringen hat, wird, sofern der Arbeitsvertrag nicht ausnahmsweise eine spezielle Regelung enthält, vom Arbeitgeber festgelegt bzw. ergibt sich aus dem mit dem Betriebs- bzw. Personalrat vereinbarten Dienstplan.

3.2.10.3 *Mehrarbeit*

Der Begriff der Mehrarbeit hat zwei verschiedene Inhalte.

Als Mehrarbeit wird zum einen die Zeit bezeichnet, die die Teilzeitkraft über die vertraglich vereinbarte Zeit hinaus arbeitet.

Mehrarbeit im Sinne des Gesetzes ist die Arbeit, die über acht Stunden am Tag hinausgeht.

Beispiel:

Ein Arbeitgeber wendet in seinem Betrieb die 40-Stunden-Woche an. Die Arbeitszeit ist wie folgt verteilt: Montag und Dienstag neun Stunden, Mittwoch und Donnerstag acht Stunden, Freitag sechs Stunden Arbeitszeit. Am Freitag endet die regelmäßige betriebliche Arbeitszeit um 14 Uhr. Laut einschlägigem Tarifvertrag zählen Arbeitsstunden ab der 41. Stunde als Überstunden.

Für den nächsten Freitag hat der Arbeitgeber zwei Überstunden angeordnet. Ein Schwerbehinderter weigert sich diese Überstunden zu leisten. Er beruft sich dabei auf § 46 SchwbG.

Frage:

Ergibt sich aus § 46 SchwbG für einen Schwerbehinderten das Recht, die Ableistung von Überstunden zu verweigern?

Antwort:

Nein, § 46 SchwbG spricht nur von Mehrarbeit (im Sinne der früheren AZO) nicht von Überstunden. Da der Arbeitgeber

nur Überstunden, nicht jedoch Mehrarbeit angeordnet hat,
muß auch der Schwerbehinderte die Überstunden am Freitag
ableisten.

Mehrarbeit muß eine Teilzeitkraft nur dann ableisten, wenn
sie sich im Arbeitsvertrag dazu verpflichtet hat.

Beispiel für eine entsprechende Formulierung im Vertrag:
»Der Mitarbeiter verpflichtet sich, bei Bedarf auch mehr als
die vereinbarten 20 Stunden pro Woche zu arbeiten.«

3.2.10.4 *Überstunden*

3.2.10.4.1 *Sozialpolitische Bewertung*

Die Pflicht zur Zahlung von Überstundenzuschlägen wurde in
der Arbeitszeitordnung des Jahres 1938, die erst im Juni 1994
durch das Arbeitszeitgesetz abgelöst wurde, eingeführt. Da-
mals ging es um die Abschaffung der Sechzig- und um die
Einführung der Achtundvierzigstundenwoche. Aus Gründen
des Gesundheitsschutzes wurden die Arbeitgeber verpflichtet,
Überstundenzuschläge zu zahlen, wenn sie ihre Arbeitnehmer
für mehr als 48 Stunden pro Woche in Anspruch nehmen
wollten. Heute diskutieren wir über die Fünfunddreißigstun-
denwoche. Niemand kann heute noch ernsthaft behaupten,
daß die Zahlung von Überstundenzuschlägen dem Gesund-
heitsschutz der Arbeitnehmer dient.

Bei genauer Betrachtung ist die Vereinbarung von Überstundenzuschlägen in Tarifverträgen sogar sozialschädlich, da
durch sie Anreize geschaffen werden, die sozialpolitisch nicht
erwünscht sind. Sozialpolitisch erwünscht ist unter anderem

* die Beschäftigung von Frauen,
* die Verhinderung von Mißbrauch des Arbeitslosengeldes,
* die Beseitigung von Arbeitslosigkeit.

Beispiel:

Angenommen, in einer Familie mit zwei gleich qualifizier-
ten und motivierten Erwachsenen muß 60 Stunden Hausar-
beit und 60 Stunden Berufsarbeit geleistet werden. Das so-
zialpolitische Ideal wäre erreicht, wenn beide Erwachsene

jeweils 30 Stunden Hausarbeit und 30 Stunden Berufsarbeit leisten. Dieses Ziel wird jedoch nicht erreicht, da die Familie mit 60 Stunden Berufsarbeit das höchstmögliche Familieneinkommen erreichen möchte. Dies erreicht sie nur, wenn sie einen Erwachsenen 60 Stunden Berufsarbeit leisten läßt, denn dieser bringt als einzelner »Vollzeitbeschäftigter« ab der 35. Stunde durch die Überstundenzuschläge 25 % mehr Geld nach Hause als zwei Ehepartner als »30-StundenTeilzeitbeschäftigte« zusammen verdienen können. Hinzu kommt, daß jemand, der ganztags zu Hause ist, selbst dann, wenn er mit seiner Hausarbeit eigentlich schon ausgelastet wäre, möglicherweise irgendwann der Versuchung nicht mehr widerstehen kann, sich beim Arbeitsamt »arbeitslos« zu melden.

Zahlt ein Arbeitgeber ab der 36. Stunde Überstundenzuschläge, signalisiert er dem Arbeitsmarkt: Bei mir wird das Arbeiten ab der 36. Stunde erst richtig interessant. Die 36. Stunde ist für mich wertvoller als die erste geleistete Stunde, deswegen zahle ich dafür mehr. Dieses Signal ist jedoch objektiv falsch. Viele Untersuchungen belegen, daß Teilzeitkräfte effektiver arbeiten als Vollzeitkräfte. D. h. die ersten Stunden des Tages oder der Woche müßten dem Arbeitgeber eigentlich die wertvolleren sein und deswegen besser bezahlt werden als die letzten Stunden. Es ist auch nicht richtig, daß Überstundenzuschläge die Arbeitgeber motivieren, neue Arbeitsplätze zu schaffen. Offenbar ist es für die Arbeitgeber immer noch attraktiver, Überstundenzuschläge zu zahlen, seien sie noch so hoch, als das risikoreiche Abenteuer einer Neueinstellung zu wagen.

Als Ergebnis ist festzuhalten, daß die Vereinbarung von Überstundenzuschlägen als Systemsteuerung zur Schaffung neuer Arbeitsplätze versagt hat und auch versagen mußte, weil gleichgerichtete Interessen von Arbeitgebern und Arbeitnehmern der Schaffung neuer Arbeitsplätze im Wege standen.

Ein Schritt in die richtige Richtung könnte deswegen sein, zumindest einem der Beteiligten das Interesse an der Ableistung von Überstunden zu nehmen. Dies wäre möglich durch die Vereinbarung von **Überstundenabschlägen.**

Beispiel:

Der Arbeitgeber zahlt für die ersten 30 Wochenarbeitsstunden je DM 30,–. Die 31. bis 40. Stunde wird mit je DM 25,– vergütet. Ab der 41. Stunde beträgt die Stundenvergütung DM 20,–.

Noch besser wäre es, ein »Normal-Arbeitsjahr« mit 1000 Stunden effektiver Arbeitsleistung und einer »Jahres-Normal-Vergütung« von z. B. DM 30.000,– einzuführen. Für 1340 Jahresarbeitsstunden gibt es dann DM 38.500,–, für 1700 Jahresarbeitsstunden gibt es DM 45.500,–.

Würde man es dann noch den Arbeitgebern erleichtern, sich von ungeeigneten oder nicht mehr benötigten Arbeitnehmern, und nur um die geht es, zu trennen, wäre dies ein **Beschäftigungsförderungsprogramm**, das diese Bezeichnung wirklich verdient.

Das Besondere an diesem Beschäftigungsförderungsprogramm ist, daß dabei nicht auf die »große Politik« gewartet werden muß. Vielmehr kann jeder einzelne Arbeitgeber und Arbeitnehmer, der nicht unter den Geltungsbereich eines Tarifvertrages fällt, seine sozialpolitische Verantwortung selbst wahrnehmen.

3.2.10.4.2 *Länger zurückliegende Überstunden*

Bei länger zurückliegenden Überstunden muß der Arbeitnehmer, falls der Arbeitgeber bestreitet, daß überhaupt Überstunden geleistet wurden, im einzelnen genau darlegen und beweisen, an welchen Tagen und zu welchen Zeiten er die Überstunden geleistet hat. Ferner muß er vortragen, ob die Überstunden angeordnet oder zur Erledigung des ihm übertragenen Arbeitspensums notwendig waren oder wenigstens vom Arbeitgeber gebilligt oder geduldet worden sind. (BAG, 4. Mai 1994 – 4 AZR 445/93, Der Betrieb 1994, Seite 2398)

3.2.10.5 *Arbeitsbereitschaft, Bereitschaftsdienst, Rufbereitschaft*

Wenn es im Tarif- oder Arbeitsvertrag vereinbart wurde, kann der Arbeitgeber Arbeitsbereitschaft, Bereitschaftsdienst und Rufbereitschaft anordnen.

Ist im Arbeits- oder Tarifvertrag vorgesehen, daß bei einer Inanspruchnahme während der Rufbereitschaft eine Mindeststundenzahl für diese Inanspruchnahme anzusetzen ist, wird diese Stundengarantie bei einem mehrmaligen Einsatz während einer mehrtägigen Rufbereitschaft nur einmal fällig. (BAG, 28. Juli 1994 – 6 AZR 76/94, Betriebs-Berater 1995, Seite 731)

Ist ein Arbeitnehmer während einer Nachtschicht nicht die ganze Zeit beschäftigt, hat der Arbeitgeber, sofern auf Grund des Arbeitsanfalls in der Nacht die Voraussetzungen für die Anordnung von Bereitschaftsdienst vorliegen, die Möglichkeit, einseitig Bereitschaftsdienst anzuordnen.

Beispiel:

Ein Arzt, auf dessen Arbeitsverhältnis der Bundes-Angestelltentarifvertrag anwendbar ist, hat bisher für die Anwesenheit in der Nacht Überstundenvergütung erhalten. Da in der Zeit zwischen 1.00 und 7.00 Uhr die Zeit der Nichtinanspruchnahme überwiegt, ist der Arbeitgeber berechtigt, für diese Zeit den für ihn kostengünstigeren Bereitschaftsdienst anzuordnen. (BAG, 27. Januar 1994 – 6 AZR 465/93, Zeitschrift für Tarifrecht 1994, Seite 420)

3.2.10.6 *Mitbestimmung des Betriebsrats*

3.2.10.6.1 *Dienstplan*

Für die Festlegung von Beginn und Ende der täglichen Arbeitszeit einschließlich der Pausen und für die Verteilung der Arbeitszeit auf die einzelnen Wochentage benötigt der Arbeitgeber die Zustimmung des Betriebsrats.

3.2.10.6.2 *Kurzarbeit und Überstunden*

Kurzarbeit und Überstunden kann der Arbeitgeber einführen, wenn er mit dem Betriebsrat eine entsprechende Vereinbarung trifft. Für den Abbau von Überstunden benötigt der Arbeitgeber weder die Zustimmung des Betriebsrats noch die der betroffenen Arbeitnehmer. Nach § 75 Abs. 3 Nr. 1 BPersVG darf der Arbeitgeber mitbestimmungsfrei Mehrarbeit anordnen. Ein Mitbestimmungsrecht des Personalrats besteht nur bei der Verteilung der mitbestimmungsfrei angeordneten Mehrarbeit auf die einzelnen Wochentage. (BAG, 18. Oktober 94 – 1 AZR 503/93, Zeitschrift für Tarifrecht 1995, Seite 265)

Kein Recht zur Mitbestimmung hat auch der Betriebsrat eines Arbeitnehmerüberlassungsunternehmens bei Anordnung oder Duldung von Überstunden im Entleihbetrieb.

3.2.10.6.3 *Gleitzeit*

Als problematisch ist es anzusehen, wenn Gleitzeitordnungen den Verfall von Überstunden vorsehen, falls ein bestimmtes Maß überschritten wird.

Beispiel:

Eine Gleitzeitordnung sieht vor, daß nur zehn Stunden in den nächsten Monat übertragen werden können. Ein Arbeitnehmer hat ehrlich und unstreitig in einem Monat dreißig Überstunden geleistet. Es kann nicht richtig sein, daß er von diesen dreißig Stunden nur zehn in den nächsten Monat übertragen darf. (Vgl. auch LAG Baden-Württemberg, 21. Februar 1994 – 15 TaBV 11/93, Betriebs-Berater 1994, Seite 1352.)

3.2.10.7 **Betriebliche Übung**

Wenn ein Arbeitgeber eine Vergünstigung vorbehaltlos dreimal gewährt hat, entsteht für die Arbeitnehmer ein Anspruch, daß diese Leistungen auch in Zukunft gewährt werden. Sparsame Arbeitgeber sollten deshalb Leistungen jeweils nur als »freiwillige, jederzeit widerrufliche« Leistungen gewähren. Dann kann auch bei mehrmaliger Gewährung kein Anspruch der Arbeitnehmer für die Zukunft entstehen. Im öffentlichen

Dienst kann eine betriebliche Übung nur in Ausnahmefällen eintreten, da öffentliche Arbeitgeber auf Dauer nur das gewähren wollen, wozu sie durch Gesetz oder Tarifvertrag verpflichtet sind.

Beispiel:

Ein öffentlicher Arbeitgeber hat das Recht, seinen Angestellten künftig nicht mehr am Geburtstag ab 12 Uhr eine bezahlte Freistellung zu gewähren. (BAG, 14. September 1994 – 5 AZR 679/93, Der Betrieb 1995, Seite 327)

3.2.10.8 *Teilzeitarbeit*

Teilzeitbeschäftigte, die auf freiwilliger Basis länger arbeiten als vertraglich vereinbart, haben für die dabei entstehende Mehrarbeit keinen Anspruch auf Überstundenvergütung. (Europäischer Gerichtshof, 15. Dezember 1994 – Rs. C-399/92, Der Betrieb 1995, Seite 49)

3.2.10.9 *Arbeitszeit des Betriebsrats*

3.2.10.9.1 *Abmeldepflicht*

Verläßt ein nicht freigestelltes Betriebsratsmitglied seinen Arbeitsplatz, um eine Aufgabe nach dem Betriebsverfassungsgesetz wahrzunehmen, hat es sich wie jeder andere Arbeitnehmer abzumelden. Damit soll dem Arbeitgeber die Arbeitseinteilung erleichtert werden. Zweifelt der Arbeitgeber unter Beachtung der konkreten betrieblichen Situation und des vom Betriebsrat genannten Zeitaufwands an der Erforderlichkeit der Betriebsratstätigkeit, hat das Betriebsratsmitglied dem Arbeitgeber wenigstens stichwortartige Angaben zu übermitteln, die diesem zumindest eine Plausibilitätskontrolle ermöglichen. Solange das Betriebsratsmitglied dieser Darlegungspflicht nicht nachkommt, kann der Arbeitgeber das Entgelt zurückhalten. (BAG, 15. März 1995 – 7 AZR 643/94)

3.2.10.9.2 *Vergütung der Betriebsratsarbeit*

Die Teilnahme an Gerichtsverhandlungen stellt regelmäßig keine Betriebsratstätigkeit dar. Dies gilt selbst dann, wenn ein

Arbeitnehmer ein Betriebsratsmitglied bittet, ihm in einem Kündigungsschutzprozeß zu helfen. Nimmt das Betriebsratsmitglied trotzdem an der Gerichtsverhandlung teil, verliert es insoweit seinen Vergütungsanspruch. (BAG, 31. August 1994 – 7 AZR 893/93, Der Betrieb 1995, Seite 1235)

Betriebsratstätigkeit, die außerhalb der Arbeitszeit verrichtet wird, braucht vom Arbeitgeber nur dann vergütet zu werden, wenn der Arbeitgeber darauf Einfluß genommen hat, daß sie nicht während der Arbeitszeit verrichtet werden konnte. Die Entscheidung darüber, ob betriebsbedingte Gründe so gewichtig sind, daß sie eine Betriebsratstätigkeit außerhalb der individuellen Arbeitszeit geboten erscheinen lassen, obliegt nicht dem Betriebsrat, sondern gegebenenfalls im Einvernehmen mit dem Betriebsrat dem Arbeitgeber.

Beispiel:

Ein Gesamtbetriebsrat tagt am Freitag bis 18 Uhr. Die Arbeitszeit des Betriebsratsmitglieds endet am Freitag um 13 Uhr. Da der Arbeitgeber keinen Einfluß genommen hat, daß die Sitzung am Freitag Nachmittag außerhalb der Arbeitszeit des Betriebsratsmitglieds stattfand, kann das Betriebsratsmitglied für diese Zeit keine Vergütung beanspruchen. (BAG, 26. Januar 1994 – 7 AZR 593/92, Zeitschrift für Tarifrecht 1994, Seite 348)

3.2.10.9.3 *Betriebsratsschulung*

Betriebsratsschulungen, die außerhalb der Arbeitszeit stattfinden, brauchen vom Arbeitgeber nicht vergütet zu werden.

Nach Auffassung des Bundesarbeitsgerichts haben teilzeitbeschäftigte Betriebsratsmitglieder, die an einer ganztägigen Betriebsratsschulung teilnehmen, keinen Anspruch auf bezahlten Freizeitausgleich, wenn die Schulung länger als ihre normale Arbeitszeit an dem jeweiligen Tag dauert. (BAG, 20. Oktober 1993 – 7 AZR 581/92 (A), Der Betrieb 1994, Seite 334)

Anderer Meinung ist in diesem Fall allerdings der Europäische Gerichtshof. Nach Auffassung des Europäischen Gerichtshofs stellt es eine mittelbare Frauendiskriminierung dar, wenn der Arbeitgeber dem Teilzeitbeschäftigten Betriebsratsmitglied bei einer ganztägigen Schulung nur eine anteilige Vergütung gewährt. (EuGH, 4. Juni 1992 – C 360/90, Zeitschrift für Tarifrecht 1992, Seite 343)

Schulungsansprüche gemäß § 37 Abs. 7 BetrVG haben nur Betriebsratsmitglieder. Ersatzmitglieder, die noch nicht endgültig nachgerückt sind, haben keinen Schulungsanspruch. (BAG, 14. Dezember 1994 – 7 ABR 31/94, Der Betrieb, Seite 834)

Kein Anspruch des Betriebsrats besteht auf Teilnahme an einer Rhetorikschulung, selbst dann nicht, wenn die Notwendigkeit dieser Schulung mit der notwendigen Herstellung einer »intellektuellen Parität« begründet wird. (BAG, 20. Oktober 1993 – 7 ABR 14/93, Der Betrieb 1994, Seite 282)

3.2.11 Urlaub

Der Arbeitnehmer erwirbt erst nach einer **Wartezeit** von sechs Monaten einen Anspruch auf Gewährung des vollen gesetzlichen Mindesturlaubs in Höhe von 24 Werktagen. Endet das Arbeitsverhältnis vor Ablauf von sechs Monaten, hat der Arbeitnehmer nur Anspruch auf ein Zwölftel des Jahresurlaubs für jeden **vollen Monat**, den das Arbeitsverhältnis bestanden hat. Hat der Arbeitnehmer vom vorhergehenden Arbeitgeber mehr Urlaub erhalten, als ihm zustand, kann der neue Arbeitgeber die zuviel gewährten Urlaubstage gemäß § 6 BUrlG **anrechnen**.

3.2.11.1 *Festsetzung des Urlaubszeitpunkts*

Der Urlaub wird grundsätzlich vom Arbeitgeber gewährt und nicht vom Arbeitnehmer genommen. D. h. der Arbeitgeber legt den **Urlaubszeitpunkt** fest, und nicht der Arbeitnehmer. Bei der Festlegung des Urlaubszeitpunkts hat der Arbeitgeber aber selbstverständlich die Interessen des Arbeitnehmers umfassend zu berücksichtigen. Kommt es zu keiner Einigung zwischen Arbeitgeber und Arbeitnehmer, riskiert der Arbeitgeber ggf. ein Einigungsstellenverfahren. Auch besteht die Möglichkeit, daß der Arbeitnehmer sich den von ihm gewünschten Zeitpunkt seines Urlaubs von Arbeitsgericht ggf. im Wege einer einstweiligen Verfügung bestätigen läßt.

Der Urlaub muß im laufenden Kalenderjahr gewährt werden. Wird er nicht gewährt, **verfällt** er ersatzlos zum Jahresende. (BAG, 7. Dezember 1993 – 9 AZR 683/93, Betriebs-Berater 1995, Seite 309.) Ausnahmsweise wird nicht gewährter Urlaub in das folgende Kalenderjahr übertragen, wenn entweder der Arbeitnehmer den Urlaub infolge einer Krankheit nicht antreten konnte oder der Arbeitgeber den Urlaub aus betrieblichen Gründen nicht gewähren konnte.

Weil der ersatzlose Verfall des Urlaubsanspruchs allgemein als ungerecht empfunden wird, praktizieren viele Arbeitgeber eine recht kulante Übertragung von Urlaubstagen. Wenn sie dazu auch nach der neueren Rechtsprechung des Bundesarbeitsgerichts nicht verpflichtet sind, spricht jedenfalls betriebswirtschaftlich gesehen nichts gegen eine möglichst **großzügige Übertragung** von Urlaubsansprüchen. Im Gegenteil, je weiter der Zeitpunkt der Urlaubsnahme hinausgezögert wird, desto günstiger ist es für den Arbeitgeber.

Beispiel:

Mitarbeiter Früh tritt im Januar 1996 seinen sechswöchigen tariflichen Jahresurlaub für 1996 an. Mitarbeiter Spät tritt seinen sechswöchigen tariflichen Jahresurlaub für 1996 erst im Juli 1997 an. Angenommen, die Urlaubsvertretungen für beide kosten den Arbeitgeber DM 10.000,–, die er über einen Kredit mit 12 % Jahreszins finanziert, dann spart er durch die verzögerte Gewährung und durch die Übertragung des Urlaubs immerhin ca. DM 1800,– ein.

Im Extremfall »hamstert« der Arbeitnehmer 23 Jahre lang jeweils zwei Wochen seines sechswöchigen Erholungsurlaubs. Dann könnte er im vierundzwanzigsten Jahr ein Jahr lang eine bezahlte Freistellung genießen. Bei einer durchgehenden Vollzeit-Beschäftigung in der gleichen Vergütungsgruppe dürfte ein zum Zeitpunkt der Urlaubsgewährung durch Tarifsteigerungen höheres Gehalt leicht kompensiert werden durch den Wertverlust des Geldes und durch den Zinsvorteil des Arbeitgebers. Verfeinern ließe sich das Modell durch die Verwendung von »Punkten« statt Urlaubstagen.

Beispiel:

Für jeden nicht gewährten Urlaubstag werden in Vergütungsgruppe B dem Vollzeitbeschäftigten zehn, dem Halbzeitbeschäftigten fünf Punkte gutgeschrieben. Vollzeitbeschäftigte der Vergütungsgruppe A erhalten acht, Halbzeitbeschäftigte vier Punkte. Die »Besserverdienenden« der Vergütungsgruppe C erhalten zwölf bzw. sechs Punkte pro nicht gewährtem Urlaubstag. Bei der Urlaubsgewährung nach mehreren Jahren werden dem Vollzeitmitarbeiter der Vergütungsgruppe C zwölf Punkte pro Urlaubstag abgezogen. Der Halbzeitbeschäftigte der Vergütungsgruppe A muß pro Urlaubstag nur vier Punkte opfern.

Durch die Umrechnung von Urlaubstagen in »Punkte« wird auch ein bisher mit arbeitsrechtlichen Mitteln nicht in den Griff zu bekommendes Problem gelöst: Eine Vollzeitkraft mit DM 6000,– Monatseinkommen und einem einmonatigem Urlaubsanspruch erwirbt in einem Kalenderjahr einen Urlaubsanspruch im Wert von DM 6000,–. Muß sie jedoch, z.B. wegen der Betreuung eines Kindes, ab Dezember die Arbeitszeit auf die Hälfte reduzieren, ist ihr Urlaubsanspruch ab Dezember nur noch DM 3000,– wert. Umgekehrt vervierfacht sich der Wert der noch nicht gewährten Urlaubstage bei einer Teilzeitkraftt die bis November mit zehn Wochenstunden und einem Monatsgehalt von DM 1000,– beschäftigt war, wenn sie ab Dezember als Vollzeitkraft mir einem Monatsgehalt von DM 4000,– arbeitet.

In besonderen Ausnahmefällen hat der Arbeitgeber das Recht, die Urlaubserteilung zu widerrufen. In Notfällen kann der Arbeitnehmer sogar aus dem bereits angetretenen Urlaub zurückgerufen werden. Dabei hat der Arbeitgeber dem Arbeitnehmer die durch die Verlegung oder Unterbrechung seines Urlaubs entstehenden Mehrkosten zu ersetzen. Umstritten ist, ob der Arbeitgeber auch die Kosten ersetzen muß, die nahen Familienangehörigen durch eine Verlegung oder **Unterbrechung des Urlaubs** entstehen.

Mit Zustimmung des Betriebs- bzw. Personalrats kann der Arbeitgeber für alle oder die meisten Arbeitnehmer **Betriebsferien** anordnen und den Betrieb für diese Zeit stillegen. Auch hierbei hat der Arbeitgeber die Interessen der Arbeitnehmer ausreichend zu berücksichtigen.

Tritt der Arbeitnehmer eigenmächtig einen vom Arbeitgeber nicht genehmigten Urlaub an, verletzt er damit seine arbeitsvertraglichen Pflichten. Von extremen Ausnahmefällen abgesehen, stellt eine **Selbstbeurlaubung** regelmäßig einen Grund für eine außerordentliche (fristlose) Kündigung dar. (BAG, 10. Januar 1994 – 2 AZR 521/93, Der Betrieb 1994, Seite 1042)

Eine **Urlaubssperre** kann im öffentlichen Dienst ein Dienststellenleiter bei Vorliegen einer unabweisbaren dienstlichen Notwendigkeit nach Auffassung des Bundesverwaltungsgerichts im Bereich des BPersVG ohne Zustimmung des Personalrats durchführen. (BVerwG, 19. Januar 93 – 6 P 19.90, Zeitschrift für Tarifrecht 1993, Seite 304)

3.2.11.2 *Urlaubsabgeltung*

Kann der Urlaub wegen Beendigung des Arbeitsverhältnisses ganz oder teilweise nicht mehr gewährt werden, so ist er abzugelten. Voraussetzung für eine **Urlaubsabgeltung** ist jedoch, daß der Arbeitnehmer **arbeitsfähig** ist.

Beispiel:

Paula Pech scheidet zum 30. November 1995 aus dem Arbeitsverhältnis aus. Im Jahre 1995 wurde ihr nicht ein Tag Erholungsurlaub gewährt. Vom 29. November 1995 bis 31. März 1996 ist sie arbeitsunfähig krank. Der Arbeitgeber braucht den Urlaub nicht abzugelten, da sie weder zum Zeitpunkt der Beendigung des Arbeitsverhältnisses noch innerhalb des gesetzlichen Übertragungszeitraums arbeitsfähig war. (BAG, 3. Mai 1994 – 9 AZR 522/92, Betriebs-Berater 1994, Seite 2281)

Achtung!

Nicht notwendig für die Urlaubsabgeltung ist, daß der Arbeitnehmer erwerbsfähig ist.

Beispiel:

Franz Froh scheidet nach einjähriger Arbeitsunfähigkeit zum 31. Dezember 1995 aus und ist weiterhin arbeitsunfähig. Über die Zuerkennung einer Erwerbsunfähigkeitsrente zum 1. Februar 1996 freut er sich so sehr, daß er trotz Fortbestehens seiner Erwerbsunfähigkeit für kurze Zeit seine Arbeitsfähigkeit wiedererlangt. Diese wiedererlangte Arbeitsfähigkeit läßt er sich vom Amtsarzt bestätigen. Mit der Bestätigung seiner im Übertragungszeitraum (Der Übertragungszeitraum endet gemäß § 7 Abs. 3 BUrlG am 31. März 1996.) zurückgekehrten Arbeitsfähigkeit kann er vom Arbeitgeber die Abgeltung des wegen Arbeitsunfähigkeit im Jahre 1995 nicht gewährten Erholungsurlaubs verlangen. (BAG, 8. Februar 1994 – 9 AZR 332/92, Betriebs-Berater 1994, Seite 1218)

3.2.11.3 *Urlaubsabgeltung im laufenden Arbeitsverhältnis*

Im bestehenden Arbeitsverhältnis wird die Abgeltung von Urlaubstagen als unzulässig angesehen. Eine Ausnahme von dieser Regel ist von Gesetzes wegen in § 12 Bundesurlaubsgesetz nur für Heimarbeiter vorgesehen. Bei Heimarbeitern wird der Urlaub nämlich nicht durch Freistellung, sondern durch einen Aufschlag auf die Vergütung in Höhe von 9,1 % gewährt.

Beispiel:

Die Arbeitsleistung eines Heimarbeiters ist dem Auftraggeber pro Woche DM 1091,– wert. Diese DM 1091,– darf der Auftraggeber dem Heimarbeiter jedoch nicht einfach auszahlen. Vielmehr erwartet der Gesetzgeber, daß er ihm nur DM 1000,– pro Woche zahlt und ihm dann einen Zuschlag in Höhe von DM 91,– gewährt. Daß dies im Ergebnis auch wieder DM 1091,– sind, spielt keine Rolle.

Bei Teilzeitkräften gehen Arbeitgeber häufig davon aus, daß ein Urlaubsentgelt bereits in die Vergütung eingerechnet wurde. Dies ist unzulässig. Zulässig ist es dagegen, eine Urlaubsabgeltung ratenweise mit dem laufenden Entgelt auszuzahlen. Dabei ist jedoch erforderlich, die Abgeltung deutlich als solche zu bezeichnen und sie getrennt in der Abrechnung auszuweisen. (BAG, 3. November 1965, NJW 1966, Seite 612)

3.2.11.4 *Urlaubsabgeltung bei außerordentlicher Kündigung*

Häufig wird übersehen, daß Arbeitnehmer, denen der Arbeitgeber fristlos kündigt, noch einen Resturlaubsanspruch haben. Dieser ist abzugelten, wenn die fristlose Kündigung sich später als nicht berechtigt herausstellt.

Beispiel:

Ein Arbeitgeber kündigt am 30. April 1996 zwei Mitarbeitern fristgemäß aus betriebsbedingten Gründen zum 30. Juni 1996. Beide reichen gegen die Kündigungen keine Kündigungsschutzklagen ein. Im Urlaubsplan ist vorgesehen, daß beide Mitarbeiter, denen unstreitig noch zwölf Tage Urlaub zustehen, vom 17. bis 29. Juni Urlaub haben.

Frage 1:

Wieviele Monatsgehälter erhalten beide Mitarbeiter, wenn nach den Kündigungen vom 30. April 1996 rechtlich nichts Bedeutendes mehr passiert?

Antwort:

Beide Mitarbeiter erhalten sechs Monatsgehälter.

Frage 2:

Ändert sich an diesem Ergebnis etwas, wenn der zweite Mitarbeiter den Arbeitgeber am 1. Juni so sehr ärgert, daß dieser ihm fristlos kündigt und diese Kündigung im Oktober 1996 für unwirksam erklärt wird?

Antwort:

Ja, der Mitarbeiter, der den Arbeitgeber am 1. Juni zusätzlich geärgert hat, erhält statt sechs sechseinhalb Monatsgehälter. Denn der Arbeitgeber muß ihm zusätzlich zur Vergütung von

Januar bis Juni noch für zwei Wochen Urlaubsabgeltung zahlen, da der Arbeitgeber dem Arbeitnehmer nach Ausspruch der fristlosen Kündigung nicht mehr wirksam Urlaub gewähren konnte.

Scherzhafte Regel: Ärgere deinen Arbeitgeber so oft es geht, dann hast du die Chance, dein Einkommen zu erhöhen.

Frage 3:

Läßt sich dieses für den Arbeitgeber unbefriedigende Ergebnis (Wer seinen Arbeitgeber zusätzlich ärgert, erhält zusätzliches Geld) vermeiden?

Antwort:

Ja, der Arbeitgeber hätte nicht fristlos kündigen dürfen. Er hätte vielmehr zum 15. Juni kündigen und den Arbeitnehmer unter Abänderung des Urlaubsplans vom 3. bis 15. Juni 1996 in Urlaub schicken müssen. Im für ihn günstigsten Fall, d. h. bei einer wirksamen außerordentlichen Kündigung, hätte er jetzt für fünfeinhalb Monate Entgelt zahlen müssen. Im ungünstigsten Fall, d. h. bei einer später festgestellten Unwirksamkeit der außerordentlichen Kündigung, hätte er nur für sechs Monate Entgelt zahlen müssen.

> **Regel:**
> Wenn der Arbeitgeber nicht ganz sicher ist, daß das Arbeitsgericht die Gründe für seine außerordentliche Kündigung akzeptieren wird, sollte er nie fristlos kündigen, sondern nur außerordentlich zum Ende des dem Mitarbeiter sofort zu gewährenden Erholungsurlaubs, hilfsweise selbstverständlich ordentlich zum nächstmöglichen Kündigungstermin.

3.2.11.5 *Nebentätigkeiten im Urlaub*

Gemäß § 8 Bundesurlaubsgesetz darf der Arbeitnehmer während des Urlaubs keine dem Urlaubszweck widersprechende Erwerbstätigkeit leisten. Übt er trotzdem eine dem Urlaubszweck widersprechende Erwerbstätigkeit aus, kann der

Arbeitgeber ihn abmahnen und ggf. von ihm Schadensersatz fordern. Unzulässig ist es dagegen, dem Mitarbeiter für die Zeit des gesetzlichen Mindesturlaubs das Urlaubsentgelt zu streichen, weil dieser sich während des Urlaubs nicht erholt, sondern gegen Entgelt gearbeitet hat.

Beispiel:

Willi Wild, städtischer Angestellter in Garmisch-Partenkirchen, fährt während seines vierwöchigen Winterurlaubs Schi. Ob während des Urlaubs eine meßbare Erholung eingetreten ist, konnte wissenschaftlich nicht geklärt werden. Später stellt sich heraus, daß die fünf jungen Damen, mit denen er zusammen beim Schifahren gesehen wurde, seine Schischülerinnen waren und ihm für seine Bemühungen ein Entgelt in Höhe von DM 1000,– zahlten. In § 47 Abs. 8 BAT ist vorgesehen, daß Wilds Arbeitgeber für die vier Wochen das Urlaubsentgelt zurückfordern kann, falls er sich für seine Schilehrertätigkeit nicht vorher eine Erlaubnis geholt hatte.

Frage:

Besteht die Forderung der Stadt Garmisch-Partenkirchen zu Recht?

Antwort:

Nein, § 47 Abs. 8 BAT wurde, soweit er den gesetzlichen Mindesturlaub betrifft, vom BAG bereits am 25. Februar 1988 wegen seiner Unvereinbarkeit mit § 3 Abs. 1 BUrlG für unwirksam erklärt. Diese Entscheidung wurde veröffentlicht im Betriebs-Berater 1988, Seite 2246.

Es ist anzunehmen, daß die Tarifvertragsparteien des öffentlichen Dienstes auf eine Anpassung ihres Tarifvertrages an geltendes Recht bisher aus arbeitsmarktpolitischen Gründen verzichtet haben.

In der Praxis bewirkt diese Bestimmung nämlich eine geniale Arbeitsbeschaffungsmaßnahme für Verbandsfunktionäre des öffentlichen Dienstes: Sobald der öffentliche Arbeitgeber die Zahlung des Urlaubsentgelts unter Berufung auf § 47 Abs. 8 BAT ablehnt, geht der Arbeitnehmer zu seinem Gewerk-

schaftssekretär. Dieser, hocherfreut, daß er wieder einmal einen bösen Arbeitgeber einer Gesetzesverletzung überführen kann, reicht eine Klage zum Arbeitsgericht ein. Auf diese Weise erhält auch der Vertreter des Kommunalen Arbeitgeberverbandes Arbeit...

3.2.11.6 *Krankheit im Urlaub*

Erkrankt ein Arbeitnehmer während des Urlaubs, so werden nur die Tage nicht auf den Jahresurlaub angerechnet, für die er durch ärztliches Attest seine Arbeitsunfähigkeit nachweist. Wichtig ist, daß sich der Urlaub nach einer Erkrankung nicht automatisch um die Tage der Arbeitsunfähigkeit verlängert. Vielmehr hat der Arbeitnehmer nach Wiedererlangung seiner Arbeitsfähigkeit, sofern nicht einzelvertraglich etwas anderes vereinbart wurde, nach Ablauf des vorgesehenen Urlaubszeitraums die Arbeit wieder aufzunehmen.

Hält sich der Mitarbeiter bei Eintritt der Arbeitsunfähigkeit im Ausland auf, muß er den Arbeitgeber gemäß § 5 Abs. 2 Entgeltfortzahlungsgesetz auf dem schnellstmöglichen Weg über seine Arbeitsunfähigkeit und deren voraussichtliche Dauer informieren. Weiterhin hat er dem Arbeitgeber eine Adresse zu übermitteln, unter der er während der Dauer seiner Arbeitsunfähigkeit erreichbar ist.

Durch diese Vorschrift soll der Arbeitgeber zumindest theoretisch in die Lage versetzt werden, den Arbeitnehmer am Urlaubsort durch einen Arzt untersuchen zu lassen. Nach einer Entscheidung des Europäischen Gerichtshofs muß der Arbeitgeber auch Attesten ausländischer Ärzte aus Ländern der Europäischen Union Glauben schenken. Ob dies auch dann gelten soll, wenn sich der Mißbrauch geradezu aufdrängt, ist derzeit noch zwischen dem Europäischen Gerichtshof und dem Bundesarbeitsgericht umstritten.

(BAG, 27. April 1994 – 5 AZR 747/93, Betriebs-Berater 1994, Seite 936)

Beispiel:

Eine vierköpfige bei einem Arbeitgeber beschäftigte Familie »erkrankt« seit Jahren jeweils gleichzeitig zum Ende des Ur-

*laubs in Sizilien. Ihre »Arbeitsunfähigkeit« weist sie dem Ar-
beitgeber jeweils durch Vorlage eines von einem sizilani-
schen Arzt ausgestellten Attestes nach.*

Frage:

*Muß der Arbeitgeber Entgeltfortzahlung leisten bzw. muß er
die durch die »Erkrankung« ausgefallenen Urlaubstage nach-
gewähren?*

Antwort EuGH:

*Ja, ausländische Atteste aus dem Gebiet der Europäischen
Union haben den gleichen Beweiswert wie Atteste von deut-
schen Ärzten. (EuGH, 3. Juni 1992 – C 45/90 – »Paletta«-
Entscheidung)*

Antwort BAG:

*Nein, es kann nicht sein, daß der Arbeitgeber auch in offen-
sichtlichen Mißbrauchsfällen solche Atteste akzeptieren muß.
(Vorlagebeschluß vom 27. April 1994, Betriebs-Berater 1994,
Seite 936)*

3.2.11.7 *Bildungsurlaub*

Bildungsurlaub braucht nur gewährt zu werden, wenn dies in
einem Landesgesetz ausdrücklich vorgesehen ist. Bisher gibt
es entsprechende Gesetze in Berlin, Bremen, Hamburg, Hes-
sen, Niedersachsen, Nordrhein-Westfalen und Rheinland-
Pfalz.

Besucht ein Arbeitnehmer eine Bildungsveranstaltung eines
anerkannten Bildungsträgers, ohne zuvor vom Arbeitgeber
zur Teilnahme an dieser Veranstaltung freigestellt worden zu
sein, hat er für diese Zeit keinen Anspruch auf Entgeltfortzahlung nach dem entsprechenden Arbeitnehmerweiterbil-
dungsgesetz. Der Arbeitnehmer kann auch nicht verlangen,
daß ihm für die Zeit der nicht genehmigten Teilnahme an der
Bildungsveranstaltung rückwirkend Erholungsurlaub gewährt
wird. (BAG, 21. Oktober 1993 – 9 AZR 429/91, Neue Zeitschrift für Arbeitsrecht 1994, Seite 454, und BAG, 25. Oktober 1994 – 9 AZR 339/93, Der Betrieb 1995, Seite 226)

Die Veranstaltung »Mit dem Fahrrad auf Gesundheitskurs«
stellt z. B. keine politische Weiterbildung im Sinne des Ar-
beitnehmerweiterbildungsgesetzes Nordrhein-Westfalen dar.
Ein Arbeitgeber hatte einem Diplom-Ingenieur, der im Stadt-
planungsamt beschäftigt war, die Freistellung für die Veranstaltung »Mit dem Fahrrad auf Gesundheitskurs« abgelehnt.
Der Arbeitnehmer nahm gleichwohl an der Veranstaltung teil
und verlangte nachträglich Schadensersatz dafür, daß er
wegen der Weigerung des Arbeitgebers seinen Erholungsurlaub für die Teilnahme an der Veranstaltung in Anspruch
nehmen mußte. Seine Klage wurde vom Bundesarbeitsgericht abgewiesen. Die Veranstaltung habe nicht der politischen Weiterbildung gedient sondern überwiegend dem
Gesundheits- und Fitneßtraining sowie gesunder Ernährung.
Da die vermittelten Kenntnisse auch nicht im weitesten
Sinne für den Arbeitgeber von Vorteil waren, habe auch
keine berufliche Weiterbildung vorgelegen. (BAG, 9. Mai
1995 – 9 AZR 185/94)

3.2.11.8 *Sonderurlaub nach dem Schwer-
behindertengesetz*

Wird ein Arbeitnehmer rückwirkend als Schwerbehinderter
mit einem Grad der Behinderung von mindestens 50 % anerkannt, kann er für das Jahr der Anerkennung Schwerbehin-
dertenzusatzurlaub nur dann beanspruchen, wenn er ihn in
diesem Jahr vorsorglich geltend gemacht hat. Die Unge-
wißheit über die Schwerbehinderung ist kein in der Person
des Arbeitnehmers liegender Grund für eine Übertragung des
Zusatzurlaubs auf den gesetzlichen oder tarifvertraglichen
Übertragungszeitraum. (BAG, 21. Februar 1995 – 9 AZR
675/93, Der Betrieb 1995, Seite 983)

Beispiel:

*Der Arbeitnehmer beantragt am 1. Dezember 1995 seine An-
erkennung als Schwerbehinderter. Am 1. Dezember 1997 wird
er rückwirkend zum 1. Dezember 1995 als Schwerbehinderter
anerkannt. Nur dann, wenn er jeweils in den Jahren 1995 und
1996 einen Antrag auf Schwerbehinderten-Sonderurlaub ge-*

stellt hat, kann er im Dezember 1997 von seinem Arbeitgeber noch die Gewährung des Sonderurlaubs für die Jahre 1995 und 1996 verlangen.

3.2.11.9 *Unbezahlter Sonderurlaub*

Vereinbaren die Arbeitsvertragsparteien einen unbezahlten Sonderurlaub, kann der Arbeitnehmer diesen Sonderurlaub nicht einseitig ohne Zustimmung des Arbeitgebers beenden. Allenfalls dann, wenn die vorzeitige Beendigung des Sonderurlaubs dem Arbeitgeber möglich und zumutbar ist und wenn der Grund für die Bewilligung des Sonderurlaubs weggefallen ist oder schwerwiegende negative Veränderungen in den wirtschaftlichen Verhältnissen des Arbeitnehmers eingetreten sind, könnte der Arbeitnehmer im Ausnahmefall einen Anspruch auf Zustimmung zur vorzeitigen Beendigung haben. (BAG, 6. September 1994 – 9 AZR/93, Betriebs-Berater 1995, Seite 465.) Ein Anspruch auf die Gewährung von unbezahltem Sonderurlaub besteht in der Regel nicht. Der Arbeitnehmer kann jedoch bei vorliegen eines wichtigen Grundes z. B. nach § 50 Bundes-Angestelltentarifvertrag einen Anspruch auf wohlwollende Prüfung seines Antrags haben. Sprechen betriebliche Gründe nicht entgegen, hat der Arbeitgeber im Ergebnis den Urlaub zu gewähren. Wichtige Gründe für die Beantragung von unbezahltem Sonderurlaub sind z. B. nach § 50 Bundes-Angestelltentarifvertrag die Erziehung eines Kindes oder die Aufnahme eines Studiums.

3.2.11.10 *Erziehungsurlaub*

Erziehungsurlaub kann nur beansprucht werden, wenn er rechtzeitig, d. h. 4 Wochen im voraus, unter Angabe des beanspruchten Zeitraums (maximal drei Jahre) beantragt wurde.

Weitere Voraussetzung ist, daß der Arbeitnehmer

- mit dem Kind, für das ihm die Personensorge zusteht, in einem Haushalt lebt oder
- als Nichtsorgeberechtigter mit seinem leiblichen Kind in einem Haushalt lebt und
- dieses Kind selbst betreut und erzieht und

- einen Wohnsitz oder seinen gewöhnlichen Aufenthalt in der Bundesrepublik Deutschland hat. Dabei spielt es keine Rolle, ob es sich bei dem Kind um ein Stiefkind, ein bereits adoptiertes Kind oder um ein Kind in Adoptivpflege handelt.

Kein Anspruch auf Erziehungsurlaub entsteht, wenn der mit dem Arbeitnehmer in einem Haushalt lebende Ehepartner nicht erwerbstätig ist, es sei denn, dieser ist arbeitslos oder befindet sich in der Ausbildung.

Beispiel:
Ihr Arbeitnehmer, der mit einer »Nur-Hausfrau« verheiratet ist, kann erst dann einen Erziehungsurlaub beanspruchen, wenn sich seine Ehefrau beim Arbeitsamt arbeitslos gemeldet oder eine Ausbildung angetreten hat.

Der Anspruch auf Erziehungsurlaub entsteht nicht, solange der andere Elternteil Erziehungsurlaub in Anspruch nimmt und die Betreuung und Erziehung des Kindes sicherstellen kann.

Solange für die Mutter des Kindes bis zum Ablauf von acht bzw. bei Früh- und Mehrlingsgeburten bis zum Ablauf von zwölf Wochen nach der Geburt ein Beschäftigungsverbot besteht, hat der Vater kein Recht, Erziehungsurlaub zu beanspruchen.

Tritt ein Arbeitnehmer Erziehungsurlaub an, ohne ihn vorher rechtzeitig unter Angabe der vorgesehenen Dauer beantragt zu haben, verletzt er damit seinen Arbeitsvertrag und macht sich ggf. schadensersatzpflichtig.

Der Arbeitgeber hat bei Vorliegen entgegenstehender betrieblicher Interessen das Recht, einen Antrag auf **Teilzeitarbeit** abzulehnen. Teilzeitarbeit ist während des Erziehungsurlaubs bis zu 19 Stunden wöchentlich zulässig. Lehnt der Arbeitgeber einen Antrag auf Teilzeitarbeit ab, kann der Arbeitnehmer sich arbeitslos melden und bei Vorliegen der sonstigen Anspruchsvoraussetzungen Arbeitslosengeld beanspruchen.

Sofern während des Erziehungsurlaubs keine Teilzeittätigkeit bis 19 Wochenstunden ausgeübt wird, darf der Arbeitgeber für jeden vollen Kalendermonat des Erziehungsurlaubs den für das Kalenderjahr vereinbarten Erholungsurlaub gemäß § 17 Abs. 1 BErzGG um ein Zwölftel **kürzen**.

Hat der Arbeitgeber dem Arbeitnehmer vor Antritt des Erziehungsurlaubs nach dieser Regel **zu viel Urlaub gewährt**, kann er den Urlaubsanspruch nach der Rückkehr aus dem Erziehungsurlaub entsprechend vermindern.

Beispiel:

Der volle tarifliche Jahresurlaub in Höhe von 30 Arbeitstagen wird im Januar und Februar 1996 gewährt. Vom 1. Juli 1996 bis zum 30. Juni 1997 nimmt der Arbeitnehmer Erziehungsurlaub.

Frage:

In welcher Höhe hat der Arbeitnehmer im Jahr 1997 Anspruch auf Gewährung von Erholungsurlaub?

Antwort:

Für 1997 besteht überhaupt kein Anspruch: 15 Tage werden gestrichen, weil der Arbeitnehmer 1997 sechs Monate Erziehungsurlaub hatte. Weitere 15 Tage entfallen, weil in dem Jahr vor Antritt des Erziehungsurlaubs mehr Urlaub gewährt wurde, als dem Arbeitnehmer zustanden.

Nimmt ein Arbeitnehmer Erziehungsurlaub in Anspruch, kann der Arbeitgeber Sonderzuwendungen mit Entgeltcharakter, d. h. Zahlungen, die wie ein 13. Monatsgehalt ausschließlich als Vergütung für geleistete Dienste anzusehen sind, anteilig für die Monate des Erziehungsurlaubs kürzen. Sonderzahlungen, die erwiesene Betriebstreue belohnen sollen, darf der Arbeitgeber nur dann anteilig kürzen, wenn dies ausdrücklich vereinbart wurde.

3.2.12 Feiertagsbezahlung

3.2.12.1 *Unentschuldigtes Fehlen*

Der Arbeitgeber braucht für Arbeitszeit, die infolge eines gesetzlichen Feiertages ausfällt, gemäß § 2 Abs. 3 Entgeltfortzahlungsgesetz nichts zu zahlen, wenn der Arbeitnehmer am letzten Arbeitstag vor oder am ersten Arbeitstag nach Feiertagen der Arbeit unentschuldigt fernbleibt. Wenn ein Arbeitnehmer vor oder nach einem gesetzlichen Feiertag einen Teil der Arbeitszeit unentschuldigt versäumt, verliert er den Anspruch auf Feiertagsbezahlung, wenn er an diesem Tag nicht wenigstens die Hälfte der für diesen Tag vorgesehenen Arbeitszeit erbringt. Wird die Arbeit zwischen zwei Feiertagen zum Zwecke einer längeren zusammenhängenden Freizeit vorgeleistet, entfällt der Anspruch für beide Feiertage, wenn der Arbeitnehmer vor oder nach den Feiertagen unentschuldigt fehlt.

Beispiel:

Die zwischen Weihnachten und Neujahr anfallende Arbeit war vorgeleistet worden. Ein Arbeitnehmer benötigte den 2. Januar, um sich von seinem Silvesterrausch auszuschlafen. Die Folge ist, daß er weder für die Weihnachtsfeiertage noch für den Neujahrstag Feiertagsbezahlung beanspruchen kann. (BAG Betriebs-Berater 1982, Seite 1730)

3.2.12.2 *Streik*

Während eines Streiks verliert der Arbeitnehmer seinen Vergütungsanspruch. Teilt eine Gewerkschaft dem Arbeitgeber mit, sie werde den Streik während der Pfingstfeiertage aussetzen und am Dienstag nach Pfingsten fortführen, erlangt der Arbeitnehmer für die Feiertage keinen Vergütungsanspruch, da der Streik von der Gewerkschaft nicht wirksam unterbrochen wurde. Eine Unterbrechung setzt einen Beschluß der Gewerkschaft voraus, der eine vorübergehende Wiederaufnahme der Arbeit zum Ziel hat. (BAG, 1. März 1995 – 1 AZR 786/94, Neue Zeitschrift für Arbeitsrecht 1995, Seite VI)

Während eines Streiks ist der Arbeitgeber berechtigt, einen bestreikten Betrieb oder Betriebsteil für die Dauer des Streiks ganz stillzulegen. Durch diese Stillegung werden die beiderseitigen Rechte aus dem Arbeitsverhältnis suspendiert. Dadurch verlieren auch die arbeitswilligen Arbeitnehmer ihren Anspruch auf Zahlung der Vergütung. Ein eventueller Notdienst ist zwischen dem Arbeitgeber und der Gewerkschaft zu vereinbaren. Einzelne Arbeitnehmer haben kein Recht, für den Notdienst eingeteilt zu werden. (BAG, 31. Januar 1995 – 1 AZR 142/94, Der Betrieb 1995, Seite 378)

3.2.13 Entgeltfortzahlung im Krankheitsfall

3.2.13.1 *Nachweis der Arbeitsunfähigkeit*

Gemäß § 3 Entgeltfortzahlungsgesetz muß der Arbeitgeber dem Arbeitnehmer für sechs Wochen Entgeltfortzahlung leisten, wenn dieser durch Arbeitsunfähigkeit infolge Krankheit an seiner Arbeitsleistung gehindert ist, ohne daß ihn ein Verschulden trifft.

Der Nachweis der Arbeitsunfähigkeit wird durch die Vorlage eines ärztlichen Attestes erbracht. Das Bundesarbeitsgericht ist der Auffassung, daß nach der Lebenserfahrung einem ärztlichen Attest ein hoher Beweiswert zukommt. Ebenfalls unter Berufung auf die Lebenserfahrung hatte das LAG München anders entschieden. Dem Arbeitgeber bleibt nichts anderes übrig, als sich zunächst einmal die Auffassung des Bundesarbeitsgerichts zu eigen zu machen. Hierbei ist jedoch zu beachten, daß der zunächst vorhandene hohe Beweiswert eines Attestes erschüttert werden kann.

3.2.13.1.1 *Erschütterung des Beweiswertes eines Attestes*

Der zunächst vorhandene hohe Beweiswert eines Attestes wird z. B. erschüttert

* wenn das Verhalten des Arbeitnehmers in Widerspruch zu seiner angeblichen Krankheit steht;
* wenn Atteste von Ärzten vorgelegt werden, die von ihrer Fachbezeichnung her für die behauptete Krankheit nicht zuständig sind;
* wenn Atteste bei einer längeren Arbeitsunfähigkeit von ständig wechselnden Ärzten vorgelegt werden;

- wenn die Arbeitsunfähigkeit, z. B. nach Ablehnung eines Urlaubsgesuchs, vorher angekündigt wird;
- wenn der Arbeitnehmer auffällig häufig nur für kurze Dauer arbeitsunfähig ist oder der Beginn der Arbeitsunfähigkeit häufig auf einen Arbeitstag am Beginn oder Ende einer Woche fällt (§ 275 Abs 1a) a) SGB V);
- wenn die Arbeitsunfähigkeit von einem Arzt festgestellt wurde, der durch die Häufigkeit der von ihm ausgestellten Bescheinigungen über Arbeitsunfähigkeit auffällig geworden ist. (§ 275 Abs 1a) b) SGB V)

3.2.13.1.2 *Konsequenzen einer Erschütterung des Beweiswertes eines Attestes*

Ist der Beweiswert eines Attestes erschüttert, stehen dem Arbeitgeber unter anderem folgende Reaktionsmöglichkeiten zur Verfügung

- Der Arbeitgeber stellt die Entgeltfortzahlung ein. Hat er zu unrecht eine Erschütterung des Beweiswertes angenommen, kann er jederzeit die Entgeltzahlung wieder aufnehmen. In einer Situation, die Grunwald in Der Spiegel 1991, Heft 18, Seite 53, mit den Worten beschreibt: »Jeder kennt mindestens ein Stinkschwein, daß sich auf Kosten der anderen ausruht«, ist nicht zu befürchten, daß er sich bei seinen anderen Arbeitnehmern durch eine, wie sich später herausstellt, ungerechtfertigte Einstellung der Entgeltfortzahlung unbeliebt macht – im Gegenteil.
- Kann er dem Arbeitnehmer nachweisen, daß dieser zu unrecht Entgeltfortzahlung in Anspruch genommen hat, kann er, ggf. nach einer Abmahnung, eine Kündigung aussprechen.
- In ganz hartnäckigen Fällen kann eine Strafanzeige gegen Arzt und Arbeitnehmer hilfreich sein. Selbst wenn die Staatsanwaltschaft der Anzeige mangels öffentlichem Interesse nicht nachgeht, ist es für den Arzt nicht angenehm, von der Polizei aufgefordert zu werden, zur Beihilfe zum Betrug Stellung zu nehmen.
- In leichteren Fällen hilft es auch, wenn der Arbeitgeber den Nachweis der Arbeitsunfähigkeit bereits vom ersten Tag an verlangt.

- Sehr bewährt hat sich auch die Einführung eines Kranken-gesprächs. D. h. der Arbeitnehmer, der durch häufige Fehl-zeiten aufgefallen ist, wird zu einem Gespräch eingeladen. An diesem Gespräch nimmt neben dem Arbeitnehmer sein unmittelbarer Vorgesetzter und ein Mitglied des Betriebs-bzw. Personalrats teil.
- Bewährt hat sich auch die Praxis, daß der Arbeitnehmer seine Arbeitsunfähigkeit nicht irgend jemandem, sondern seinem unmittelbaren Vorgesetzten zu melden hat.

3.2.13.1.3 *Hinterlegung des Sozialversicherungsausweises*

Die Pflicht zur Hinterlegung des Sozialversicherungsauswei-ses, mit der verhindert werden sollte, daß der Arbeitnehmer unter Vorlage seines Sozialversicherungsausweises während seiner angeblichen Arbeitsunfähigkeit ein zweites Arbeitsver-hältnis eingeht, hat sich als »stumpfe Waffe« erwiesen, da das Bundesarbeitsgericht am 14. Juni 1995 (5 AZR 143/94, Be-triebs-Berater 1995, Seite 2007) entschieden hat, daß die Nichtvorlage des Sozialversicherungsausweises dem Arbeit-geber kein endgültiges, sondern nur ein vorübergehendes Lei-stungsverweigerungsrecht gibt.

3.2.13.2 **Wiederholungserkrankungen**

Bei Wiederholungserkrankungen erhält der Arbeitnehmer erst dann wieder einen Anspruch auf Entgeltfortzahlung, wenn er

- vor der erneuten Arbeitsunfähigkeit mindestens sechs Monate nicht infolge derselben Krankheit arbeitsunfähig war oder
- seit Beginn der ersten Arbeitsunfähigkeit infolge derselben Krankheit eine Frist von zwölf Monaten abgelaufen ist.

Erkrankt der Arbeitnehmer jedoch an einer anderen Krank-heit, dann muß der Arbeitgeber erneut für sechs Wochen Ent-geltfortzahlung leisten.

Hiervon gibt es eine Ausnahme. Tritt eine Krankheit, die sich später als Fortsetzungskrankheit herausstellt, zu einer bereits bestehenden, zur Arbeitsunfähigkeit führenden Krankheit hinzu und dauert sie über deren Ende hinaus an, so ist sie für die Zeit, in der sie die alleinige Ursache der Arbeitsunfähigkeit war, als Teil der späteren Fortsetzungserkrankung zu werten. (BAG, 2. Februar 1994 – 5 AZR 345/93, Betriebs-Berater 1994, Seite 860)

Beispiel:

Ein Arbeitnehmer ist vom 21. Januar bis zum 2. März wegen einer Rippenfraktur abeitsunfähig erkrankt. In der Zeit vom 19. Februar bis zum 12. März tritt ein ebenfalls zur Arbeitsunfähigkeit führendes Handekzem hinzu. Wegen des Grundsatzes der Einheit des Verhinderungsfalles erhält der Arbeitnehmer bei dieser Mehrfacherkrankung nur für sechs Wochen Entgeltfortzahlung.

3.2.14 Sozialabgabenabzug

Der Arbeitgeber hat das Recht, dem Arbeitnehmer 50 % der Sozialabgaben vom vereinbarten Brutto-Entgelt abzuziehen. Dieses Recht besteht jedoch nur, solange der Arbeitnehmer noch Entgeltansprüche gegen seinen Arbeitgeber hat.

Beispiel:

Ein »freier« Mitarbeiter scheidet nach Auszahlung seiner Dezember-Vergütung zum 31. Dezember aus. Im Februar stellt sich heraus, daß der »freie« Mitarbeiter im sozialversicherungsrechtlichen Sinn als Arbeitnehmer anzusehen ist. Die Folge ist, daß der Arbeitgeber unter Umständen für mehrere Jahre die Arbeitgeber- und Arbeitnehmer-Anteile zur Sozialversicherung nachentrichten muß, ohne, daß er die Möglichkeit hat, wenigstens die Arbeitnehmeranteile vom Mitarbeiter zurückzuverlangen.

3.3   Veränderung des Arbeitsverhältnisses

Eine Änderung des Arbeitsverhältnisses ist insbesondere dann angezeigt, wenn der Marktwert der Leistungen des Arbeitnehmers nicht (mehr) den Gegenleistungen des Arbeitgebers entspricht. Je flexibler die Arbeitsvertragparteien das Arbeitsverhältnis gestalten, desto sicherer wird es tendenziell.

Beispiel:

Ein Arbeitnehmer leistet seine Arbeit an den Tagen, an denen Kunden des Arbeitgebers Arbeitsleistung abfragen. Nach dem Modell der Personalkostendeckelung erhält er einen fair kalkulierten Anteil vom Umsatz. Von der ersten 4 Millionen DM Jahresumsatz erhält er eine Umsatzbeteiligung in Höhe von z. B. 1,0 %. (= DM 40.000,–) Von dem Umsatz der über DM 4 Mio. aber unter DM 5 Mio liegt erhält er 1,2 % (= DM 12.000,–) und vom Umsatz, der über DM 5 Mio. erzielt wird 1,4 %. Natürlich wird der Arbeitgeber bei einer Umsatz- oder Gewinnbeteiligung der Arbeitnehmer gezwungen, Zahlen »auf den Tisch zu legen«. Dies mag ihm vielleicht im Einzelfall unangenehm sein. Andererseits ist es allemal besser, die Zahlen seinen Arbeitnehmern zu offenbaren als dem Konkursrichter.

Je unflexibler die Arbeitsverhältnisse jedoch gestaltet sind (starre auftragsunabhängige Arbeitszeiten, starre umsatz- und gewinnunabhängige Vergütungen), desto eher wird ein wirtschaftlich denkender Arbeitgeber versucht sein, den entsprechenden »Fixkostenblock« der »professionellen Personalentsorgung« zuzuführen.

Je nach dem Grad der »Freiwilligkeit« bieten sich dem Arbeitgeber verschiedene ggf. auch kombinierbare Möglichkeiten zur Anpassung eines Arbeitsverhältnisses an geänderte Marktbedingungen an.

3.3.1 Änderungsvertrag

Soweit die Veränderungswünsche des Arbeitgebers nicht vom Arbeitsvertrag abgedeckt sind und durch Ausübung seines Direktionsrechts realisiert werden können, kann der Arbeitgeber dem Arbeitnehmer den Abschluß eines Änderungsvertrages vorschlagen. Nimmt der Arbeitnehmer das Angebot auf Abschluß eines Änderungsvertrages nicht an, muß der Arbeitgeber eine Änderungskündigung in Erwägung ziehen.

3.3.2 Änderungskündigung

Nach dem »ultima ratio«-Prinzip darf der Arbeitgeber erst dann eine Beendigungskündigung in Betracht ziehen, wenn er sich zuvor davon überzeugt hat, daß der Arbeitnehmer weder einen Änderungsvertrag noch eine Änderungskündigung akzeptieren würde. Die Änderungskündigung stellt eine ganz normale Kündigung dar, die mit einem Angebot auf Fortsetzung des Arbeitsverhältnisses zu geänderten Konditionen verbunden ist. Der Arbeitnehmer hat das Recht, eine Änderungskündigung gemäß § 2 Kündigungsschutzgesetz unter Vorbehalt anzunehmen und anschließend die Berechtigung des Arbeitgebers zum Ausspruch der Änderungskündigung vom Arbeitsgericht überprüfen zu lassen. Durch die Annahme unter Vorbehalt erreicht der Mitarbeiter, daß er in jedem Fall einen Arbeitsplatz behält. Allerdings muß er in diesem Fall nach Ablauf der Kündigungsfrist zunächst einmal zu den neuen Konditionen arbeiten.

Eine Änderungskündigung kann sowohl in der Form einer ordentlichen als auch einer außerordentlichen Kündigung ausgesprochen werden.

Beispiel:

Ein Arbeitgeber vereinbart im Januar mit dem Betriebsrat, daß im März Kurzarbeit durchgeführt wird. Ein leitender Mitarbeiter, der eine sechsmonatige Kündigungsfrist hat, weigert sich, an der Kurzarbeit teilzunehmen, da der Betriebsrat für ihn keine verbindlichen Regelungen treffen kann. Daraufhin spricht der Arbeitgeber diesem leitenden Mitarbeiter eine fristlose Kündigung aus und bietet ihm gleichzeitig an, einen neuen Arbeitsvertrag mit einer Kurzarbeitsklausel abzuschließen. Auf diese Weise erreicht der Arbeitgeber, daß auch der leitende Mitarbeiter verpflichtet ist, Kurzarbeit zu leisten, wenn auch die nichtleitenden Mitarbeiter dazu verpflichtet sind. (Vgl. Bauer/Rennpferdt, BB 93, 1078)

3.4 Beendigung des Arbeitsverhältnisses

»Einen erfolgreichen Manager erkennt man daran, daß er in kurzer Zeit ohne öffentliches Aufsehen möglichst viele (entbehrliche) Mitarbeiter ›freisetzen‹ kann.«

PROF. DR. WOLFGANG OCKENFELS,
Universität Trier, in *Welt am Sonntag* vom 14. Januar 1996

Vor noch nicht allzulanger Zeit zahlten deutsche Arbeitgeber Kopfprämien für Personen, die bereit waren, mit ihnen einen Arbeitsvertrag abzuschließen. Schaut man sich heute die Arbeitsgerichte und die Kanzleien der Fachanwälte für Arbeitsrecht an, hat man den Eindruck, das wichtigste Recht des Arbeitgebers gegenüber seinem Arbeitnehmer sei es, sich von diesem trennen zu dürfen.

Als wichtigste Beendigungsinstrumente stehen dem Arbeitgeber zur Verfügung: die Anfechtung, die Befristung, die auflösende Bedingung oder Zweckbefristung, der Aufhebungsvertrag und die Kündigung.

3.4.1 Anfechtung

Zur Anfechtung des Arbeitsverhältnisses ist der Arbeitgeber berechtigt, wenn der Bewerber im Bewerbungsgespräch eine zulässige Frage unwahr beantwortet hat und der Arbeitgeber den Bewerber daraufhin eingestellt hatte, was er bei korrekter Beantwortung nicht getan hätte.

Beispiel:

Der Arbeitgeber fragt die Bewerberin, die sich auf eine Stelle als Kassiererin beworben hat, ob sie wegen Vermögensdelikten zu einer Freiheitsstrafe von mehr als 90 Tagen bzw. zu einer Geldstrafe von mehr als 90 Tagessätzen verurteilt wurde. Die Bewerberin verneint die Frage. Nach sieben Monaten stellt sich heraus, daß die Mitarbeiterin, die inzwischen schwanger ist, als Schwerbehinderte anerkannt und in den Betriebsrat gewählt worden ist, kurz vor der Bewerbung wegen einer bei einem früheren Arbeitgeber begangenen Unterschlagung zu 120 Tagessätzen Geldstrafe verurteilt wurde. Für eine Kündigung müßte der Arbeitgeber in diesem Fall die Zustimmung der Hauptfürsorgestelle, des Gewerbeaufsichtsamts und des Betriebsrats einholen. Für eine in diesem Fall zulässige Anfechtung braucht der Arbeitgeber dagegen von niemandem eine Zustimmung.

3.4.2 Befristung

Die Befristung ist im Gesetz klar und einfach geregelt. Gemäß § 620 BGB endet ein befristetes Arbeitsverhältnis zu dem Zeitpunkt, der im Vertrag vereinbart wurde. Ausgehend von dieser schlichten Regelung im Gesetz erkannte die Rechtsprechung sehr bald, daß der Arbeitgeber über eine Befristung dem Mitarbeiter seinen gesetzlichen Kündigungsschutz entziehen kann. Deswegen wurde die Befristung in all den Fällen für unwirksam erklärt, in denen der Arbeitgeber keinen sachlichen Grund für die Befristung angeben konnte.

3.4.2.1 *Sachlicher Grund*

Von der Rechtsprechung anerkannte sachliche Gründe für eine Befristung sind z. B. Urlaubs- und Krankheitsvertretungen, Aufgaben von begrenzter Dauer, Trainee-Ausbildungsverhältnisse, drittmittelfinanzierte Projekte, Aushilfs- und Saisonarbeitsverträge sowie die Erprobung des Arbeitnehmers.

Bei der Befristung zum Zwecke der Erprobung ist bei einem gewerblichen Arbeitnehmer eine Befristungsdauer von drei Monaten als angemessen anzusehen. Dies kann man daraus schließen, daß Tarifverträge für diese Personengruppe eine dreimonatige Probezeit vorsehen. Für Tarifverträge gilt nach der Rechtsprechung des Bundesarbeitsgerichts eine »Richtigkeitsvermutung«.

Beim durchschnittlichen Angestellten ist eine Erprobungszeit von sechs Monaten angemessen. Diese Frist ist z. B. aus § 1 Abs. 1 Kündigungsschutzgesetz und aus § 5 BAT zu entnehmen.

Bei einem hochqualifizierten Wissenschaftler, einem Bilanzbuchhalter oder einem Künstler kann im Einzelfall auch einmal eine Befristung zur Erprobung für neun oder zwölf Monate angemessen sein.

3.4.2.2 *Beschäftigungsförderungsgesetz*

In dem Maße, in dem die Rechtsprechung die Anforderungen an den sachlichen Grund für eine Befristung steigerte, nahmen die Arbeitgeber von befristeten Einstellungen Abstand. Das Ergebnis war, daß bis zum Jahr 1985 immer weniger Arbeitgeber den Mut fanden, befristete Arbeitsverträge abzuschließen. Denn bei nach Meinung des Gerichts fehlendem oder mangelhaftem sachlichen Grund für die Befristung wurde das Arbeitsverhältnis durch die Rechtsprechung entfristet mit der Folge, daß sich der Arbeitgeber nur noch über eine mühsame und häufig teure Kündigung vom Mitarbeiter wieder trennen konnte.

In dieser Situation führte der Gesetzgeber zum 1. Mai 1985 das Beschäftigungsförderungsgesetz ein. Nach diesem Gesetz war es nunmehr erlaubt, auch ohne sachlichen Grund bis 18 Monate befristete Arbeitsverhältnisse zu vereinbaren. Über diese Neuregelung freuten sich insbesondere die Arbeitgeber des öffentlichen Dienstes, die, da die meisten befristeten Arbeitsverträge im öffentlichen Dienst abgeschlossen wurden, davon ausgehen konnten, daß der Gesetzgeber das neue Gesetz nicht zuletzt auch für sie geschaffen hatte. Diese Hoffnung wurde allerdings später durch das Bundesarbeitsgericht enttäuscht.

3.4.2.2.1 *Vorrang tariflicher Regelungen*

Nach Meinung des Bundesarbeitsgerichts wollte der Gesetzgeber mit dem Beschäftigungsförderungsgesetz nämlich nicht in bestehende Tarifverträge eingreifen. Die Folge war, daß bei Arbeitsverhältnissen, auf die kraft beiderseitiger Verbandszugehörigkeit der Bundes-Angestelltentarifvertrag anzuwenden war, wegen einer Sonderregelung zu diesem Tarifvertrag (SR 2y) nach wie vor ein sachlicher Grund für die Befristung erforderlich war. Wichtig in diesem Zusammenhang ist, daß das BAG in einer Entscheidung aus dem Jahr 1988 ausdrücklich entschieden hat, daß ein Arbeitgeber bei fehlender Gewerkschaftsmitgliedschaft des Arbeitnehmers die SR 2y durch Vertrag wirksam ausschließen kann. Hierdurch ist er entgegen einem in der Praxis weit verbreiteten Irrtum auch nicht durch den Grundsatz der Gleichbehandlung gehindert. Denn dieser Grundsatz besagt lediglich, daß der Arbeitgeber gleiche Sachverhalte nicht ohne Grund ungleich behandeln darf. Im geschilderten Fall stellt jedoch die fehlende Gewerkschaftszugehörigkeit einen ausreichenden Grund für eine Differenzierung dar.

3.4.2.2.2 *Neueinstellung*

Eine durch das Beschäftigungsförderungsgesetz bis zur Dauer von achtzehn Monaten privilegierte Befristung ist bei einer Neueinstellung gegeben. Von einer Neueinstellung ist nicht auszugehen, wenn zwischen der Einstellung und einem vorhergehenden Arbeitsverhältnis zu demselben Arbeitgeber ein enger sachlicher Zusammenhang besteht.

Beispiel:

Ein Saison-Arbeitgeber entläßt einen Arbeitnehmer zum Ende der Saison. Nachdem sich beide einig sind, daß der Arbeitnehmer sechs Monate später zum Beginn der neuen Saison wieder eingestellt wird, behält der Arbeitgeber die Arbeitspapiere. Wegen des engen sachlichen Zusammenhangs mit dem vorhergehenden Arbeitsverhältnis stellt das zweite Arbeitsverhältnis keine Neueinstellung im Sinne des BeschFG dar. Im Gegenteil. Bei dieser Fallgestaltung könnte darüber nachgedacht werden, ob sich der Arbeitnehmer nicht eigentlich noch in einem rechtlich fortbestehenden Arbeitsverhältnis befindet, das nur vorübergehend für die Dauer der Saisonpause zum Ruhen gebracht wurde.

Problematisch ist die Befristung ohne sachlichen Grund in allen Fällen, in denen zwischen zwei Beschäftigungsverhältnissen zum gleichen Arbeitgeber weniger als vier Monate liegen. In diesem Fall geht der Gesetzgeber unwiderlegbar davon aus, daß eine Neueinstellung nicht vorliegt.

3.4.2.2.3 *Übernahme von Auszubildenden*

Einem Neueingestellten gleichgestellt wird ein Arbeitnehmer, der im unmittelbaren Anschluß an die Berufsausbildung nur vorübergehend weiterbeschäftigt werden kann, weil kein Arbeitsplatz für einen unbefristet einzustellenden Arbeitnehmer zur Verfügung steht.

Beispiel:

Ein Arbeitgeber hat zehn Lehrlinge ausgebildet. Nach Abschluß der Ausbildung werden die zehn Arbeitnehmer vom Arbeitgeber ohne einen Grund, der die Befristungen sachlich rechtfertigen würde, in ein befristetes Arbeitsverhältnis übernommen. Dabei übersieht der Arbeitgeber, daß für einen der Übernommenen ein unbefristeter Arbeitsplatz vorhanden gewesen wäre. Nach Ablauf der vorgesehenen Befristungsdauer klagen diese Mitarbeiter auf Entfristung ihrer Arbeitsverhältnisse und gewinnen ihren Prozeß mit der Begründung, daß die Voraussetzungen für eine befristete Übernahme ohne sachlichen Grund wegen des Vorhandenseins eines freien Arbeitsplatzes nicht vorlagen. Dieses Ergebnis hätte der Arbeitgeber nur vermeiden können, indem er nach Bekanntwerden der zehn Klagen einem der Kläger erfolgreich die unbefristete Beschäftigung auf dem freien Arbeitsplatz anbietet.

3.4.2.2.4 *Neugründungen*

Bei Arbeitgebern, die ihre selbständige Erwerbstätigkeit innerhalb der letzten sechs Monate aufgenommen haben oder weniger als 21 Arbeitnehmer beschäftigen, erhöht sich der Zeitraum für eine Befristung ohne sachlichen Grund von 18 auf 24 Monate.

3.4.2.3 **Öffentlicher Dienst**

Dem Vernehmen nach verhandeln die Tarifparteien des öffentlichen Dienstes derzeit über eine Anpassung der SR 2y an die Bestimmungen des Beschäftigungsförderungsgesetzes.

3.4.2.4 **Zweckbefristung**

Zulässig ist es auch, eine Zweckbefristung zu vereinbaren. Auch dabei ist jedoch sicherzustellen, daß der Arbeitnehmer frühzeitig erfährt, daß der Zweck seines Arbeitsverhältnisses erreicht ist. Kann der Arbeitgeber den Mitarbeiter nicht vier Wochen vor Zweckerreichung informieren, endet das Arbeitsverhältnis trotzdem. Allerdings muß dann der Arbeitgeber noch für vier Wochen das Gehalt zahlen.

Beispiel:

Architekt Baumann wird als Bauleiter eingestellt für die Dauer der Umbauarbeiten im Großklinikum X. Das Arbeitsverhältnis endet mit Ablauf des Tages, an dem die umgebauten Räume schlüsselfertig an die Klinikleitung übergeben werden. Der Arbeitgeber wird Baumann den genauen Übergabetermin mindestens vier Wochen im voraus mitteilen.

Unzulässig ist eine Zweckbefristung jedoch im Zusammenhang mit der Gewährung von Erziehungsurlaub.

Beispiel:

Frau Isermann wird ab 1. April 1996 eingestellt zur Aushilfe für die Dauer der Mutterschutzfrist der Frau Behrend und des sich eventuell anschließenden Erziehungsurlaubs.

Die Unzulässigkeit einer solchen Vereinbarung ergibt sich aus § 21 Abs. 3 Bundeserziehungsgeldgesetz. Dort heißt es: »Die Dauer der Befristung des Arbeitsvertrages muß kalendermäßig bestimmt oder bestimmbar sein.«

Die Befristung im vorgenannten Beispiel müßte deswegen etwa korrekt lauten.

Beispiel:

Frau Isermann wird vom 1. April 1996 bis zum 31. Mai 1999 befristet eingestellt. Sie vertritt Frau Behrend während der Mutterschutzfrist und während des anschließenden Erziehungsurlaubs. Beide Seiten haben das Recht, das Arbeitsverhältnis mit Monatsfrist zum Monatsende zu kündigen.

3.4.2.5 *Kündigung von befristeten Arbeitsverhältnissen*

Bei einer Befristung muß der Arbeitgeber beachten, daß ein befristeter Vertrag grundsätzlich ordentlich unkündbar ist. Von diesem Grundsatz darf nur abgewichen werden, wenn entweder a) im Arbeitsvertrag, b) im Tarifvertrag oder c) im Gesetz eine Kündigungsmöglichkeit vorgesehen ist.

Beispiele:

a) Vertrag: »Das befristete Arbeitsverhältnis ist von beiden Seiten mit Monatsfrist zum Monatsende kündbar.«

b) Tarifvertrag (Nr. 7 Absatz 3 der Sonderregelung 2y zum BAT): »Ein Arbeitsverhältnis, das mit Eintritt eines bestimmten Ereignisses oder mit Ablauf einer längeren Frist als einem Jahr enden soll, kann auch vorher gekündigt werden.«

c) Gesetz (§ 21 Abs. 4 Bundeserziehungsgeldgesetz): »Das befristete Arbeitsverhältnis kann unter Einhaltung einer Frist von drei Wochen gekündigt werden, wenn der Erziehungsurlaub ohne Zustimmung des Arbeitgebers vorzeitig beendet werden kann und der Arbeitnehmer dem Arbeitgeber die vorzeitige Beendigung seines Erziehungsurlaubs mitgeteilt hat; die Kündigung ist frühestens zu dem Zeitpunkt zulässig, zu dem der Erziehungsurlaub endet.«

3.5.2.6 *Kettenarbeitsverträge*

Je häufiger ein Arbeitgeber mit demselben Arbeitnehmer befristete Verträge abschließt, die unmittelbar aufeinander folgen, desto größer wird für ihn die Wahrscheinlichkeit, daß seine Befristungsgründe von der Rechtsprechung nicht mehr akzeptiert werden.

Beispiel:

Eine Sekretärin wird seit acht Jahren von einem Arbeitgeber, jeweils für ein Jahr befristet, beschäftigt. In diesem Fall dürfte es dem Arbeitgeber schwerfallen, einen sachlichen Grund für die Befristungen zu finden.

Zu beachten ist jedoch, daß es für die Beurteilung der sachlichen Begründung einer Befristung ausschließlich auf den sachlichen Grund für die letzte Befristung ankommt.

Beispiel:

Nach achtmaliger Befristung des Arbeitsverhältnisses für jeweils ein Jahr bietet der Arbeitgeber einer Sekretärin einen Arbeitsplatz in einem Betrieb an, der zum Ende des nächsten Jah-

res geschlossen wird. Wenn die Mitarbeiterin dieses Angebot akzeptiert, endet ihr Arbeitsverhältnis vereinbarungsgemäß, denn die Schließung eines Betriebes oder einer Abteilung stellt einen Grund dar, der eine Befristung sachlich rechtfertigt.

3.4.2.7 Befristung oder Aufhebungsvertrag

Im vorstehenden Beispiel könnten die Parteien des Arbeitsvertrages auch vereinbaren, daß das Arbeitsverhältnis z. B. zum 31. Dezember 1996 aufgehoben wird. Der Aufhebungsvertrag hat für den Arbeitgeber, jedenfalls bisher noch, gegenüber der Vertragsbefristung den Vorteil, daß ein sachlicher Grund nicht verlangt wird.

3.4.2.8 Befristung bis sechs Monate

Für eine an sich zulässige Befristung bis zu sechs Monaten besteht jedenfalls in Bezug auf männliche Arbeitnehmer rechtlich keine Notwendigkeit, da der vom Gesetzgeber gewollte, für den Arbeitgeber aber unangenehme Kündigungsschutz sowohl nach dem Kündigungsschutzgesetz als auch nach dem Schwerbehindertenschutzgesetz erst ab dem siebten Monat der Beschäftigung einsetzt. Wenn ein Arbeitgeber trotzdem ein Arbeitsverhältnis auf sechs Monate befristet, setzt er sich dem Vorwurf aus, daß er mit dieser Befristung den auch schon in den ersten sechs Monaten einsetzenden besonderen Kündigungsschutz schwangerer Frauen umgehen wollte. (LAG, Köln 26. Mai 1994 – 10 Sa 244/94) Zweckmäßig ist es deshalb, wenn der Arbeitgeber in den Arbeitsvertrag einen sachlichen Befristungsgrund aufnimmt.

Beispiel:

»Frau Wagner wird zum Zwecke der Erprobung vom 1. Januar bis zum 30. Juni 1996 eingestellt. Das Arbeitsverhältnis endet, ohne daß es einer Kündigung bedarf, am 30. Juni.« Jedenfalls dann, wenn der Arbeitgeber dem Gericht nachweist, daß die Arbeitsleistung von Frau Wagner durchschnittlichen Erwartungen nicht entsprach, wird er selbst dann keine Probleme mit der Beendigung des Arbeitsverhältnisses haben, wenn Frau Wagner seit Mai 1996 schwanger ist.

3.4.2.9 *Probezeit*

Neben der für den Arbeitgeber sinnvollen Befristung eines Arbeitsverhältnisses zum Zwecke der Erprobung können die Arbeitsvertragsparteien auch vereinbaren, daß die ersten sechs Monate als Probezeit gelten. Die Vereinbarung einer Probezeit bedeutet nach allgemeinem Verständnis, daß beide Parteien das Recht haben, das Arbeitsverhältnis ohne Grund innerhalb der gesetzlichen Mindestkündigungsfrist wieder zu beenden. Dies ist unproblematisch, sofern die vertraglich oder tarifvertraglich vereinbarte Probezeit die gesetzliche Probezeit von sechs Monaten nicht überschreitet.

Achtung Falle!

Problematisch ist es dagegen, wenn ein Arbeits- oder ein Tarifvertrag die Probezeit über sechs Monate hinaus verlängert.

Beispiel:

Ein Arbeitnehmer wird zum 1. Januar eingestellt. Am 2. Januar wird er auf Grund eines Verkehrsunfalls bis zum 10. Juni arbeitsunfähig. Der Tarifvertrag schreibt für diesen Fall vor, daß sich die Probezeit automatisch, ohne daß es einer Handlung der Vertragspartner bedarf, bis zum 31. Oktober verlängert. Im guten Glauben auf die Wirkung einer Probezeit (kurze Kündigungsfrist, kein Kündigungsgrund erforderlich) verzichtet der Arbeitgeber auf eine Kündigung vor dem 30. Juni. Wenn er dann im Juli erkennt, daß der Arbeitnehmer doch nicht für die vorgesehene Aufgabe geeignet ist, muß der Arbeitgeber erstaunt feststellen, daß sein Arbeitnehmer sich zwar einerseits noch in der tariflichen »Probezeit« befindet, andererseits aber bereits den vollen Kündigungsschutz nach dem Kündigungsschutzgesetz und ggf. nach dem Schwerbehindertenschutzgesetz erlangt hat.

Aus arbeitsrechtlicher Sicht wäre es deshalb für den Arbeitgeber wesentlich besser gewesen, über eine am 30. Juni ausgesprochene fristgemäße Kündigung zum 31. Juli das Arbeitsverhältnis zu beenden. Steht eine Kündigung des Arbeitsverhältnisses nicht zur Diskussion, weil der Arbeitnehmer z. B. ein langjährig gesuchter EDV-Spezialist mit guten Zeugnissen ist, kann der Arbeitgeber über eine Befristung des Arbeitsverhältnisses nachdenken. Sachlicher Grund wäre in diesem Fall die Erprobung des Arbeitnehmers.

Noch sicherer könnte der Arbeitgeber die Beendigung des Arbeitsverhältnisses durch einen z. B. zum 30. Oktober wirksam werdenden Aufhebungsvertrag erreichen. Stellt sich dann während dieser erweiterten Probezeit heraus, daß der Arbeitnehmer für die vorgesehene Stelle geeignet ist, wandeln die Vertragsparteien das befristete Arbeitsverhältnis einvernehmlich in ein unbefristetes um.

Statistisch gesehen wird die weit überwiegende Anzahl aller befristeten Arbeitsverhältnisse anschließend in ein unbefristetes Arbeitsverhältnis umgewandelt. Es wäre auch nicht sinnvoll, wenn ein Arbeitgeber ohne Not nach z. B. anderthalb Jahren einen perfekt eingearbeiteten leistungswilligen und motivierten Know-how-Träger über eine Befristung aus dem Betrieb ausscheiden lassen würde.

3.4.2.10 *Altersgrenze*

In vielen Tarifverträgen war vorgesehen, daß das Arbeitsverhältnis automatisch endet, wenn der Arbeitnehmer das 65. Lebensjahr vollendet. Durch eine Veränderung der alten Fassung des § 41 Abs. 4 SGB VI zum 1. Januar 1992 wurden diese Vereinbarungen für unwirksam erklärt bzw. sollten nur dann noch wirksam sein, wenn sie innerhalb der letzten drei Jahre beschlossen bzw. bestätigt wurden. Durch eine erneute Änderung des § 41 Abs. 4 SGB VI zum 1. August 1994 wurde es wieder zulässig, Klauseln zu vereinbaren, die das Arbeitsverhältnis auf die Vollendung des 65. Lebensjahres befristen.

Die vom Bundesverfassungsgericht am 14. März 1995 aufgeworfene, aber bisher vom BAG noch nicht geklärte Frage lautet: Sind durch die Neufassung des § 41 Abs. 4 SGB VI die bis zum 31. Dezember 1991 gültigen Vereinbarungen am 1. August 1991 automatisch wieder aufgelebt oder hätte es hierfür einer ausdrücklichen Willenserklärung der Tarifvertragsparteien bedurft?

Ein Arbeitgeber, der in dieser Hinsicht arbeitsrechtliche Probleme vermeiden möchte, sollte sich vorsorglich von seinen älteren Mitarbeitern innerhalb von drei Jahren vor dem vorgesehenen Ausscheiden diesen Termin schriftlich bestätigen lassen. Der Arbeitgeber könnte sich die Bestätigung im Anschluß an ein Gespräch geben lassen, in dem er mit seinem Mitarbeiter über den für diesen optimalen Zeitpunkt einer Beendigung dessen Berufstätigkeit gesprochen hat.

Im weitesten Sinn ist auch das Ausscheiden aus dem Beruf ein Teil der beruflichen Entwicklung, über die der Arbeitgeber sogar gemäß § 82 Abs. 2 Satz 1 BetrVG verpflichtet ist, mit seinem Mitarbeiter zu sprechen. Unter »erörtern« im Sinne dieses Vorschrift ist zu verstehen, daß der Arbeitgeber die Wünsche des Arbeitnehmers zur Kenntnis nimmt und wohlwollend prüft, welche Möglichkeiten er hat, diesen Wünschen zu entsprechen. Nachdem die Vollendung des 65. Lebensjahres kein gottgegebenes Datum für ein Ausscheiden aus dem Berufsleben ist, könnte der zu vereinbarende Zeitpunkt auch mehrere Monate oder Jahre vor oder nach dem 65. Lebensjahr liegen. Wichtig ist jedoch, daß dieses Datum vorsorglich schriftlich fixiert wird.

3.4.2.11 *Mitbestimmung*

Für die Befristung eines Arbeitsverhältnisses braucht der Arbeitgeber keine Zustimmung des Betriebsrats. Anders sieht die Sache z. B. nach dem Landespersonalvertretungsgesetz Nordrhein-Westfalen aus. Dort ist die Zustimmung des Personalrats Wirksamkeitsvoraussetzung für die Befristung. Hat der Personalrat nur der Einstellung, nicht jedoch der Befristung zugestimmt, kommt ein unbefristetes Arbeitsverhältnis zustande.

3.4.3   **Auflösende Bedingung**

Neben der Befristung ist die Vereinbarung einer auflösenden Bedingung eine Möglichkeit, ein Arbeitsverhältnis ohne Kündigung zu beenden. Für zulässig wird angesehen, daß die Parteien den Abschluß eines Arbeitsvertrages unter dem Vorbehalt vereinbaren, daß der Arbeitnehmer für die vorgesehene Tätigkeit gesundheitlich geeignet ist. Allerdings hat der Arbeitgeber, wenn sich die gesundheitliche Nichteignung erst nach einer mehrmonatigen Beschäftigung herausstellt, bei der Berufung auf die auflösende Bedingung die gesetzliche Mindestkündigungsfrist zu beachten.

3.4.4 Aufhebungsverträge

Aufhebungsverträge sind sozusagen der »Joker« unter den Beendigungstatbeständen. Für den Aufhebungsvertrag braucht der Arbeitgeber weder die Zustimmung des Betriebs- bzw. Personalrats noch die Zustimmung der Hauptfürsorgestelle noch die Zustimmung des Gewerbeaufsichtsamtes.

3.4.4.1 *Bedenkzeit und Widerrufsrecht*

Das LAG Hamburg hatte die Auffassung vertreten, daß es unzulässige Rechtsausübung darstelle, wenn sich ein Arbeitgeber auf einen Aufhebungsvertrag beruft, der ohne Einräumung einer Widerrufsfrist bzw. ohne Einräumung einer Bedenkzeit abgeschlossen wurde. Das Bundesarbeitsgericht ist dieser Meinung nicht gefolgt und hat am 30. September 1993 (2 AZR 268/93, Der Betrieb, Seite 279) entschieden, daß Aufhebungsverträge auch ohne Einräumung von Bedenkzeiten und Widerrufsfristen wirksam abgeschlossen werden können.

3.4.4.2 *Tarifverträge*

Manche Tarifverträge sehen für den Abschluß eines Aufhebungsvertrages Widerrufs- oder Rücktrittsrechte vor. In diesen Fällen empfiehlt es sich für den Arbeitgeber, ausdrücklich eine Verzichtsklausel in den Aufhebungsvertrag aufzunehmen. (BAG, Neue Zeitschrift für Arbeitsrecht 1986, Seite 28)

Beispiel:

»Dem Arbeitnehmer ist bekannt, daß ihm nach dem für das Arbeitsverhältnis anwendbaren Tarifvertrag das Recht zu-

steht, einen Aufhebungsvertrag innerhalb von drei Tagen zu widerrufen. Auf dieses tarifvertragliche Widerrufsrecht verzichtet der Arbeitnehmer hiermit ausdrücklich.«

3.4.4.3 Aufhebungsverträge mit älteren Arbeitnehmern

Bei Aufhebungsverträgen mit älteren Arbeitnehmern ist zu beachten, daß der Arbeitgeber bei ungeschickter Gestaltung des Aufhebungsvertrages der Bundesanstalt für Arbeit unter Umständen gemäß § 128 AFG für zwei Jahre das an den Arbeitnehmer gezahlte Arbeitslosengeld erstatten muß. Einzelheiten zu diesem Erstattungsanspruch finden sich im Kapitel »Ihre Rechte gegen die Bundesanstalt für Arbeit«.

3.4.4.4 Fälligkeit der Abfindung

Ist im Aufhebungsvertrag nichts anderes vereinbart, ist eine Abfindung sofort zur Zahlung fällig. Ist dies nicht gewollt, ist der Aufhebungsvertrag entsprechend zu gestalten.

Beispiel:

»Der Arbeitgeber zahlt dem Arbeitnehmer eine Abfindung in Höhe von DM .... Diese Abfindung ist fällig am ....«

3.4.4.5 Ausländische Arbeitnehmer

Beim Abschluß eines Aufhebungsvertrages mit einem ausländischen Arbeitnehmer ist darauf zu achten, daß der ausländische Arbeitnehmer über ausreichende Kenntnisse der deutschen Sprache verfügt. (BAG, 9. August 1984 – 2 AZR 400/83) Im Zweifelsfall sollten Sie bei Abschluß eines Aufhebungsvertrages mit einem ausländischen Arbeitnehmer immer einen Dolmetscher hinzuziehen bzw. den schriftlichen Aufhebungsvertrag in dessen Muttersprache unterzeichnen lassen.

3.4.4.6 Minderjährige

Ein Minderjähriger darf nur dann selbständig einen Aufhebungsvertrag abschließen, wenn er von seinem gesetzlichen Vertreter gemäß § 113 Abs. 1 BGB ermächtigt wurde, ein

Dienst- oder Arbeitsverhältnis einzugehen. Wenn sie sich nicht ganz sicher sind, daß eine solche Ermächtigung erteilt wurde, sollten Sie den Aufhebungsvertrag immer mit dem gesetzlichen Vertreter des Minderjährigen abschließen.

3.4.4.7 *Schriftform*

Aufhebungsverträge sind, falls tariflich nichts anderes geregelt ist, in der Regel auch wirksam, wenn sie mündlich abgeschlossen werden. Aus Beweisgründen sollten sie jedoch immer schriftlich abgeschlossen werden.

Hat der Arbeitgeber es versäumt, den Inhalt des zunächst mündlich geschlossenen Aufhebungsvertrages unverzüglich nach der Einigung mit dem Arbeitnehmer schriftlich niederzulegen und vom Arbeitnehmer abzeichnen zu lassen, kann es für ihn unter Umständen günstiger sein, auf die Schriftform zu verzichten.

Beispiel:

Am 10. Mai vereinbart der Personalleiter mündlich mit dem Arbeitnehmer, daß dessen Arbeitsverhältnis zum 30. Juni endet. Am 13. Mai erhält der Arbeitnehmer ein fünfseitiges schriftliches Angebot auf Auflösung seines Arbeitsverhältnisses. Am 14. Mai reut den Arbeitnehmer der Abschluß des Aufhebungsvertrages. Er teilt dem Arbeitgeber deshalb mit, daß er dessen Angebot vom 13. Mai nicht annehme und gerne weiterbeschäftigt werden möchte.

Hätte der Arbeitgeber es bei der mündlichen Vereinbarung vom 10. Mai, die er durch das Zeugnis seines Personalleiters hätte beweisen können, belassen, wäre das Arbeitsverhältnis zum 30. Juni beendet worden. Durch den Versand des Angebotes vom 13. Mai bringt der Arbeitgeber zum Ausdruck, daß das Arbeitsverhältnis noch gar nicht beendet wurde.

3.4.4.8 *Freistellung*

Bei einer Freistellung des Arbeitnehmers bis zum Ablauf des Arbeitsvertrages sollten sie berücksichtigen, daß der Arbeitnehmer häufig noch über Resturlaubsansprüche verfügt. Wenn Sie vermeiden wollen, daß der Arbeitnehmer nach einer Freistellung noch die Abgeltung seines Resturlaubs verlangt, sollten Sie die Freistellung nur unter Anrechnung auf den Erholungsurlaub gewähren.

Beispiel:

»Der Arbeitnehmer wird bis zum Ende des Arbeitsverhältnisses unter Anrechnung auf den Erholungsurlaub freigestellt.«

3.4.4.8.1 *Widerruf*

Möchte sich der Arbeitgeber das Recht vorbehalten, die Freistellung jederzeit zu beenden, muß dies in der Vereinbarung zum Ausdruck kommen.

Beispiel:

»Der Arbeitnehmer wird vorläufig bis zum Ende des Arbeitsverhältnisses unter Anrechnung auf den Erholungsurlaub freigestellt. Der Arbeitgeber hat das Recht, die Freistellung jederzeit zu widerrufen.«

3.4.4.8.2 *Zwischenverdienst*

Häufig wird der Arbeitnehmer erst nach Ablauf der Freistellung eine neue Stelle antreten. Sollten Sie gegen die vorzeitige Aufnahme einer beruflichen Tätigkeit keine Einwände haben, sollte geregelt werden, ob das erzielte Einkommen auf das fortgezahlte Entgelt anzurechnen ist.

Beispiel:

»Der Arbeitnehmer wird unter Fortzahlung seiner Vergütung bis zum Ablauf des Arbeitsvertrages von der Arbeitsleistung freigestellt. Der Arbeitgeber ist damit einverstanden, daß der Arbeitnehmer vor Ablauf des Arbeitsvertrages ein neues Arbeitsverhältnis bei einem anderen Arbeitgeber eingeht. In diesem Fall endet die Entgeltfortzahlungspflicht des Arbeitgebers.«

3.4.4.9 **Dienstwagen**

Wenn Sie dem Arbeitnehmer einen Dienstwagen auch zur privaten Nutzung zur Verfügung gestellt haben, sollten Sie im

Aufhebungsvertrag regeln, zu welchem Zeitpunkt der Dienstwagen zurückzugeben ist.

Beispiel:

»Der Arbeitnehmer verpflichtet sich, den Dienstwagen spätestens am 28. Juni 1996 bis 15.00 zurückzugeben.«

3.4.4.10 *Rückzahlung von Darlehen*

Hat der Arbeitnehmer vom Arbeitgeber ein Darlehen erhalten, empfiehlt es sich, eine Regelung über die weitere Behandlung dieses Darlehens in den Aufhebungsvertrag aufzunehmen.

3.4.4.11 *Nachvertragliches Wettbewerbsverbot*

Zum nachvertraglichen Wettbewerbsverbot und zur Vereinbarung einer Vertragsstrafe für den Fall einer Verletzung des Wettbewerbsverbotes vgl. die Kapitel »Für den Arbeitgeber vorteilhafte Vertragsgestaltung« und »Beendigung des Arbeitsverhältnisses«.

3.4.4.12 *Betriebliche Altersversorgung*

Ansprüche aus einer betrieblichen Altersversorgung sind gemäß § 1 des Gesetzes zur Verbesserung der betrieblichen Altersversorgung erst dann unverfallbar, wenn entweder

- der Arbeitnehmer bei der Beendigung seines Arbeitsverhältnisses mindestens seit zwölf Jahren beschäftigt war und die Versorgungszusage mindestens seit drei Jahren bestand oder
- die Versorgungszusage für ihn mindestens zehn Jahre bestanden hat oder
- der Arbeitnehmer auf Grund einer Vorruhestandsregelung ausscheidet und deswegen die Wartezeit und die sonstigen Voraussetzungen für den Bezug von Leistungen aus der betrieblichen Altersversorgung nicht mehr erfüllen kann.

In allen anderen Fällen braucht der Arbeitgeber keine Leistungen aus der betrieblichen Altersversorgung zu erbringen. Hat der Arbeitgeber für den Arbeitnehmer Beiträge in eine Lebensversicherung eingezahlt, sollte geprüft werden, ob es sinnvoll ist, die Ansprüche aus dieser Lebensversicherung auf den Arbeitnehmer zu übertragen.

3.4.4.13 *Zeugnis*

Zur Vermeidung späterer Streitigkeiten sollte im Aufhebungsvertrag auch der Wortlaut des späteren Zeugnisses geregelt werden.

Beispiel:

»Der Arbeitgeber verpflichtet sich, dem Arbeitnehmer ein Zeugnis auszustellen, das dem als Anlage beigefügten Entwurf entspricht.« (Vgl. auch Kapitel »Beendigung des Arbeitsverhältnisses«)

3.4.4.14 *Schweigepflicht*

Sofern der Arbeitgeber den Arbeitnehmer nicht bereits im Arbeitsvertrag ausdrücklich zur Verschwiegenheit verpflichtet hat (vgl. Kapitel »Für den Arbeitgeber vorteilhafte Vertragsgestaltung«) sollte er in den Aufhebungsvertrag eine entsprechende Klausel aufnehmen.

Beispiel:

»Der Arbeitnehmer verpflichtet sich über alle betriebsinternen Angelegenheiten, die ihm während des Arbeitsverhältnisses bekanntgeworden sind, insbesondere über Geschäfts- und Betriebsgeheimnisse, auch nach Beendigung des Arbeitsverhältnisses Stillschweigen zu bewahren.«

3.4.4.15 *Herausgabepflichten*

Hat der Arbeitnehmer vom Arbeitgeber zur Erfüllung seiner Aufgaben Unterlagen (Handbücher, Visitenkarten, Werbematerialien, etc.) erhalten, sollte im Aufhebungsvertrag geregelt werden, bis zu welchem Zeitpunkt diese zurückzugeben sind.

3.4.4.16 *Belehrung über sozialrechtliche Folgen*

Über die sozialrechtlichen Folgen eines Aufhebungsvertrages hat sich der Arbeitnehmer grundsätzlich selbst zu informieren. (BAG, 13. November 1984 – 3 AZR 255/84)

Ausnahmsweise hat jedoch der Arbeitgeber dann eine Aufklärungspflicht, wenn der Arbeitnehmer aufgrund besonderer Umstände nach Treu und Glauben darauf vertrauen durfte, daß der Arbeitgeber ihn über besondere Nachteile des Aufhebungsvertrages informieren würde. (BAG, 3. Juli 1990 – 3 AZR 382/89, Neue Zeitschrift für Arbeitsrecht 1990, Seite 971)

Beispiel:
Der Arbeitgeber schließt mit dem Arbeitnehmer einen Aufhebungsvertrag ab, ohne ihn auf den kurz bevorstehenden Eintritt der Unverfallbarkeit dessen Versorgungsanwartschaft hinzuweisen. Für den dadurch eintretenden Versorgungsschaden hat der Arbeitgeber einzustehen.

Ob und gegebenenfalls in welchem Umfang der Arbeitgeber den Arbeitnehmer vor Abschluß eines Aufhebungsvertrages darüber informieren muß, welche Auswirkungen der Aufhebungsvertrag auf seinen Anspruch auf Arbeitslosengeld hat, ergibt sich aus den Umständen des Einzelfalles. Einer eventuellen Informationspflicht hat der Arbeitgeber jedenfalls dann genügt, wenn er den Arbeitnehmer auf eine mögliche Sperrfrist bezüglich des Arbeitslosengeldes hingewiesen hat. (BAG, 10. März 1988 – 8 AZR 420/85, Neue Zeitschrift für Arbeitsrecht 1988, Seite 837)

Vorteilhaft für den Arbeitgeber ist es, wenn der Arbeitnehmer ihm gegenüber ausdrücklich auf eventuelle Informationsrechte verzichtet.

Beispiel:
»Der Arbeitnehmer verzichtet auf Hinweise des Arbeitgebers auf mögliche Konsequenzen, die sich für den Arbeitnehmer aus diesem Aufhebungsvertrag ergeben können.«

3.4.4.17 *Ausgleichsklausel*

Der Arbeitgeber sollte sich im Aufhebungsvertrag bestätigen lassen, daß der Arbeitnehmer keine weiteren Ansprüche gegen ihn hat.

»Mit Abschluß dieses Aufhebungsvertrages sind sämtliche Ansprüche des Arbeitnehmers aus dem Arbeitsverhältnis, seiner Beendigung und für die Zeit nach Beendigung erledigt und abgegolten, soweit sich aus dieser Vereinbarung nichts anderes ergibt.«

Der Arbeitgeber seinerseits sollte eine solche Klausel bezüglich seiner Ansprüche gegen den Arbeitnehmer nur dann unterschreiben, wenn er sich überzeugt hat, daß er tatsächlich keinerlei Ansprüche mehr gegen seinen Arbeitnehmer hat. Andernfalls sollte er sich die Geltendmachung der Ansprüche vorbehalten.

Beispiel:

»Mit Abschluß dieses Aufhebungsvertrages sind sämtliche Ansprüche aus dem Arbeitsverhältnis, seiner Beendigung und für die Zeit nach Beendigung erledigt und abgegolten, soweit sich aus dieser Vereinbarung nichts anderes ergibt. Hiervon ausgenommen sind die Schadensersatzansprüche, die dem Arbeitgeber zustehen aus ....«

3.4.4.18 *Salvatorische Klausel*
Für den Fall, daß einzelne Bestimmungen des Aufhebungsvertrages unwirksam sein sollten, empfiehlt sich die Vereinbarung einer salvatorischen Klausel.

Beispiel:

»Sollten einzelne Bestimmungen dieses Aufhebungsvertrages unwirksam sein, werden die übrigen Bestimmungen davon nicht berührt. Die Vertragsparteien verpflichten sich, die unwirksamen Bestimmungen durch zulässige Vereinbarungen zu ersetzen, die den unwirksamen Bestimmungen möglichst nahe kommen.«

3.4.5 **Arbeitsvertragsbruch**
Ist ein Arbeitnehmer längere Zeit nicht zur Arbeit erschienen, kann das Arbeitsverhältnis in der Regel durch eine ver-

haltensbedingte Kündigung beendet werden. Häufig wird jedoch übersehen, daß das Arbeitsverhältnis bereits vorher durch Vertragsbruch beendet worden sein könnte. In diesen Fällen empfiehlt es sich, dem Arbeitnehmer zunächst einmal den Vertragsbruch zu bestätigen und ihm die Arbeitspapiere auszuhändigen. Ab diesem Zeitpunkt arbeitet die Zeit für Sie. Widerspricht der Arbeitnehmer nämlich nicht alsbald Ihrer Darstellung, so ist sein Anspruch auf seinen Arbeitsplatz verwirkt.

Beispiel:

Max Müßig, der am 1. August tariflich unkündbar werden würde, hat am 10. Juli zuletzt gearbeitet. Seitdem hat er sich nicht gemeldet. Der Arbeitgeber vermutet, daß er sich, um sich der Unterhaltspflicht für seine Kinder zu entziehen, ins Ausland abgesetzt hat. Am 20. Juli läßt ihm deshalb der Arbeitgeber die Arbeitspapiere zusammen mit einer Bestätigung der Kenntnisnahme des Arbeitvertragsbruchs zum 1. August unter seiner letzten Anschrift zustellen. Würde Müßig im Dezember an seinen Arbeitsplatz zurückkehren, wäre sein Anspruch auf seinen Arbeitsplatz verwirkt. Die Verwirkung wäre in diesem Fall zu begründen mit der Zusendung der Arbeitspapiere (Umstandsmoment) und mit dem fünfmonatigen Untätigbleiben. (Zeitmoment) Höchstvorsorglich sollte der Arbeitgeber natürlich außerordentlich, hilfsweise ordentlich kündigen.

3.4.6   Kündigung

3.4.6.1 *Vorbemerkungen zur Kündigung*

Im »normalen« Leben ist es wichtig, einfühlsam, nett und freundlich zu seinen Mitmenschen zu sein. Im Arbeitsrecht ist dies anders. Wenn Sie vor dem Bundesarbeits- bzw. Bundessozialgericht im Zusammenhang mit Kündigungen und Aufhebungsverträgen arbeits- und sozialrechtlich Erfolg haben wollen, müssen sie hart, brutal und unerbittlich sein.

Beispiel betriebsbedingte Kündigung 1a:

Fridolin Fröhlich hat einen Betrieb mit 100 Mitarbeitern. Alle Mitarbeiter sind ledig, seit zehn Jahren bei ihm beschäftigt, und haben keine Kinder. 49 davon sind vierzig, 50 sind dreißig und einer zwanzig Jahre alt. Die Zeiten sind schlecht, Fröhlich alt. Fröhlich möchte am liebsten seinen Betrieb schließen und zum 31. Dezember 1996 allen 100 Mitarbeitern kündigen und das Betriebsgelände gewinnbringend verkaufen.

Dann überlegt er sich aber, daß er als sozial denkender Arbeitgeber mit viel Mühe den Betrieb bei halber Belegschaft noch drei Jahre fortführen kann. Er kündigt deshalb nur den 50 Dreißigjährigen und verkauft nur die Hälfte seines Betriebsgeländes. Die 50 Dreißigjährigen reichen Kündigungsschutzklage ein und gewinnen alle ihren Kündigungsschutzprozeß.

Begründung: Fröhlich hat Fehler bei der Sozialauswahl gemacht. Er hätte den Zwanzigjährigen zuerst entlassen müssen. Alle 50 Mitarbeiter können geltend machen, daß sie einen höheren sozialen Schutz genießen als der Zwanzigjährige. Bei 50 Kündigungsschutzprozessen machen allein die von Fröhlich zu tragenden Anwaltskosten leicht einen sechsstelligen Betrag aus. Nachdem er die Hälfte seines Betriebsgeländes bereits verkauft und damit faktisch keine Beschäftigungsmöglichkeit mehr für die 50 Gekündigten hat, kann er aus seinem Sparstrumpf nochmals ein Vielfaches der Prozeßkosten für Schadensersatzleistungen aus dem Gesichtspunkt des Annahmeverzuges bereitstellen.

Ergebnis: Der freundliche sozial denkende Arbeitgeber ist in diesem Fall der Dumme.

Beispiel betriebsbedingte Kündigung 1b:

Berthold Bullenbeißer befindet sich in der gleichen Situation wie Fröhlich. Ihm sind die sozialen Belange seiner Mitarbeiter gleichgültig. Er kündigt allen Mitarbeitern, stellt auf ein halbes Jahr befristet den im 20. Semester befindlichen cand. jur. Dauerbrenner zur Abwehr eventueller Kündigungsschutzprozesse ein und genießt anschließend seinen Lebensabend.

Ergebnis: Der brutale unsozial denkende Bullenbeißer gewinnt jeden Prozeß, falls bei dieser Fallgestaltung überhaupt jemand klagt. Möglicherweise bekommen die Mitarbeiter von ihrer Rechtsschutzversicherung wegen mangelnder Erfolgsaussicht schon gar keine Deckungszusage und verzichten deshalb auf einen Prozeß.

Beispiel Angabe des Kündigungsgrundes 2a:
Fröhlich hat etwas gegen homosexuelle Mitarbeiter. Er kündigt deshalb einem neu eingestellten Mitarbeiter in der Probezeit. Text: »Hiermit kündige ich Ihr Arbeitsverhältnis innerhalb der sechsmonatigen Probezeit. Und damit Sie sich über den Kündigungsgrund nicht den Kopf zerbrechen müssen, sage ich Ihnen auch den Kündigungsgrund: Ich habe Ihnen gekündigt, weil sie homosexuell sind.« Der homosexuelle Mitarbeiter reicht, obwohl er in den ersten sechs Monaten seines Arbeitsverhältnisses noch nicht unter das Kündigungsschutzgesetz fällt, Kündigungsschutzklage ein.

Ergebnis: Fröhlich hat seinen Mitarbeiter in dessen Menschenrechten verletzt und verliert den Prozeß.

Beispiel 2b:
Bullenbeißer ist in der gleichen Situation wie Fröhlich. Sein Text lautet: »Hiermit kündige ich Ihr Arbeitsverhältnis innerhalb der sechsmonatigen Probezeit.«

Ergebnis: Bullenbeißer gewinnt, spätestens wenn ihm vor Gericht einfällt, daß hauptsächlich die erheblichen Leistungsmängel seines Mitarbeiters der Grund für die Kündigung waren, den Prozeß.

Faustregel:
Der Arbeitgeber sollte sich im Kündigungsschreiben im Zweifel lieber kurz fassen. Der Satz »Hiermit kündigen wir Ihnen zum ....« ist vollkommen ausreichend.

Hier ein Original-Beispiel aus einer Gastwirtschaft, wie man es jedenfalls nicht machen sollte:

»Oktober 1995

Sehr geehrte Mitarbeiterin,

wir danken Ihnen für die langjährige treue Mitarbeit.

In den letzten drei Monaten haben Sie häufig nicht so gearbeitet, wie wir es von Ihnen erwartet haben, deswegen mußten wir Sie am 20. Juli und am 30. September abmahnen.

Weil wir als Gastronomiebetrieb in einem Ausflugsgebiet im Winter kein Geschäft machen, kündigen wir Ihnen hiermit betriebsbedingt.

Wir freuen uns, Sie im Frühjahr wieder als unsere Mitarbeiterin begrüßen zu dürfen.

Mit freundlichen Grüßen«

Beispiel Entlassung älterer Arbeitnehmer 3a:

Fröhlich beschäftigt 100 Mitarbeiter. Davon sind 30 älter als 56. Er möchte zehn Mitarbeitern entlassen und bietet ihnen den Abschluß eines Aufhebungsvertrages an. Von diesen zehn Mitarbeitern sind vier unter 56, sechs sind über 56 Jahre alt. Einer der unter 56jährigen, Jakob Jünger, bittet Fröhlich unter Hinweis auf seine drei kleinen Kinder und sein noch nicht abgezahltes Häuschen, auf die Entlassung zu verzichten. Fröhlich, der ein gutes Herz hat, gibt nach und beschäftigt Jünger weiter. Nach einiger Zeit verlangt das Arbeitsamt von ihm nach § 128 Arbeitsförderungsgesetz das Arbeitslosengeld für die sechs über 56jährigen zurück.

Das Arbeitsamt hat recht. Fröhlich hätte erst bei zehn Entlassungen sechs ältere Mitarbeiter entlassen dürfen. (§ 128 Abs. 1 Ziffer 6 Arbeitsförderungsgesetz (AFG))

Beispiel Entlassung älterer Arbeitnehmer 3b:

Auch Bullenbeißer beschäftigt 100 Mitarbeiter. Davon sind 30 älter als 56. Er möchte neun Mitarbeiter entlassen. Drei dieser neun Mitarbeiter sind unter 56, sechs sind über

56 Jahre alt. Bullenbeißer hat gelernt, daß es nach deutschem Sozialrecht wichtig ist, möglichst gemein zu seinen Mitarbeitern zu sein. Er entläßt nicht nur die neun Arbeitnehmer, sondern, obwohl es aus betrieblichen Gründen gar nicht notwendig gewesen wäre, entläßt er die seit fünf Monaten beschäftigte Frau Jünger gleich mit.

Ergebnis: Bullenbeißer bekommt keinen Erstattungsbescheid vom Arbeitsamt. Er hat schließlich, wie § 128 Abs. 1 Ziffer 6 AFG es verlangt, »die Zahl der Beschäftigten um mindestens 10 vom Hundert vermindert«.

Faustregel:

Um die von § 128 Arbeitsförderungsgesetz für eine Befreiung von der Erstattungspflicht geforderten Mindest-Entlassungs-Quoten von mindestens drei, zehn oder zwanzig Prozent in jedem Fall zu erreichen, sollte der Arbeitgeber im Zweifelsfall lieber einige Mitarbeiter zu viel als zu wenig entlassen.

3.4.6.2 *Arten der Kündigung*

3.4.6.2.1 *Ordentliche Kündigung*

Die ordentliche Kündigung beendet unter Einhaltung der gesetzlichen oder (tarif-)vertraglichen Frist ein auf unbestimmte Zeit eingegangenes Arbeitsverhältnis oder, sofern dies im Vertrag, im Tarifvertrag oder im Gesetz vorgesehen ist, auch ein befristetes Arbeitsverhältnis.

3.4.6.2.2 *Außerordentliche Kündigung*

Ohne Einhaltung einer Frist kann der Arbeitgeber ein Arbeitsverhältnis gemäß § 626 BGB kündigen, wenn Tatsachen vorliegen, auf Grund derer dem Arbeitgeber unter Berücksichtigung des Einzelfalles und unter Berücksichtigung der Interessen beider Vertragspartner die Fortsetzung des Arbeitsverhältnisses bis zum Ablauf der Kündigungsfrist bzw. bis zum Ende der Befristung nicht zuzumuten ist.

3.4.6.2.2.1 AUSSCHLUSSFRIST

Die außerordentliche Kündigung ist innerhalb einer Ausschlußfrist von zwei Wochen nach sicherer Kenntnis der
maßgebenden Kündigungstatsachen auszusprechen. Hat der
Arbeitgeber zunächst nur einzelne Anhaltspunkte für eine
außerordentliche Kündigung, so hat er seine weiterführenden
Ermittlungen in der Regel spätestens innerhalb einer Woche
abzuschließen. (BAG, Betriebs-Berater 1972, Seite 1408 =
Der Betrieb 1972, Seite 2119) Die Einwochenfrist zur Aufklärung des Sachverhalts ist möglichst auch dann einzuhalten,
wenn der Arbeitnehmer erkrankt ist. In diesem Fall muß der
Arbeitgeber versuchen, die eventuell erforderliche Anhörung
des Arbeitnehmers innerhalb einer Woche ab Kenntnis der ersten Anhaltspunkte für eine außerordentlichen Kündigung
vorzunehmen.

3.4.6.2.2.2 DAUERGRÜNDE

Bei sogenannten Dauergründen kann der Arbeitgeber die
außerordentliche Kündigung innerhalb zwei Wochen nach der
letzten Pflichtverletzung aussprechen. Dabei kann er seine
Kündigung auch auf die Ereignisse stützen, die länger als
zwei Wochen zurückliegen.

Beispiel:

*Ein Arbeitnehmer beantragt Urlaub für die Zeit vom 1. bis
31. Juli. Der Arbeitgeber lehnt den Urlaubswunsch aus betrieblichen Gründen ab. Der Arbeitnehmer tritt gleichwohl
am 1. Juli seinen Urlaub an und kehrt erst am 1. August an
seinen Arbeitsplatz zurück. In diesem Fall beginnt die zweiwöchige Ausschlußfrist gemäß § 626 BGB erst mit der letzten
Pflichtverletzung, dem unentschuldigten Fehlen am 31. Juli,
zu laufen.*

3.4.6.2.2.3 KENNTNIS DES KÜNDIGUNGSBERECHTIGTEN

Als Kündigungsberechtigter im Sinne von § 626 Abs. 2 BGB
ist bei Unternehmen, die von natürlichen Personen betrieben
werden, der Inhaber anzusehen. Bei juristischen Personen

reicht es aus, wenn einer von mehreren Gesamtvertretern von den maßgeblichen Tatsachen Kenntnis erlangt.

Beispiel:

Eine Gesellschaft mit beschränkter Haftung wird von zwei Geschäftsführern gemeinsam vertreten. Auch wenn ein einzelner Geschäftsführer nicht zur Kündigung berechtigt ist, reicht die Kenntnis eines Geschäftsführers aus, um die zweiwöchige Ausschlußfrist des § 626 Abs. 2 BGB beginnen zu lassen. (BAG, Der Betrieb 1985, Seite 237 = Neue Zeitschrift für Arbeitsrecht 1985, Seite 250)

Die Zweiwochenfrist nach § 626 Abs. 2 BGB beginnt aber auch dann zu laufen, wenn ein Vorgesetzter des Arbeitnehmers Kenntnis vom Kündigungssachverhalt erlangt, und der Arbeitnehmer davon ausgehen konnte, daß dieser den Arbeitgeber über seine Kenntnisse informieren würde. (BAG Neue Zeitschrift für Arbeitsrecht 1984, Seite 228)

3.4.6.2.2.4 BEWEISLAST

Der Arbeitgeber ist dafür darlegungs- und beweispflichtig, daß er von den für die Kündigung maßgebenden Tatsachen erst innerhalb der letzten zwei Wochen vor Ausspruch der Kündigung Kenntnis erlangt hat. (BAG Der Betrieb 1972, Seite 2406) Ggf. hat er genau darzulegen und zu beweisen, an welchen Tagen er welche Informationen erhalten hat und auf Grund welcher weiterer Aufklärungsmaßnahmen er die Kündigung nicht früher aussprechen konnte.

3.4.6.2.2.5 AUSLAUFFRIST

Die außerordentliche Kündigung kann fristlos oder mit einer Auslauffrist ausgesprochen werden.

Beispiel:

Ein langjährig beschäftigter Kassierer hat Firmengelder unterschlagen. Der Arbeitgeber kündigt am 15. Juni außerordentlich. Um der Kündigung den Makel der fristlosen Kündigung zu nehmen, kündigt der Arbeitgeber mit sofortiger Frei-

stellung, ggf. unter Anrechnung des Resturlaubsanspruchs, zum 30. Juni.

Wichtig beim Ausspruch einer außerordentlichen Kündigung mit Auslauffrist ist, daß der Arbeitgeber deutlich macht, daß es sich trotz Einhaltung einer Frist um eine außerordentliche Kündigung handelt.

3.4.6.2.2.6 WICHTIGER GRUND

Wichtige Gründe für den Ausspruch einer außerordentlichen Kündigung können, ggf. sogar ohne vorherige bzw. weitere Abmahnung, im Einzelfall sein:

- die unzulässige Abwerbung von Arbeitskollegen,
- die Erstattung einer Strafanzeige gegen den Arbeitgeber,
- die Nichtanzeige von Straftaten durch Vorgesetzte und Arbeitnehmer mit Überwachungs- und Kontrollaufgaben,
- Mißbrauch der Entgeltfortzahlung im Krankheitsfall
- die Teilnahme an einem rechtswidrigen Streik,
- Arbeit für ein Konkurrenzunternehmen während des Arbeitsverhältnisses,
- beharrliche Arbeitsverweigerung,
- schwere Straftaten gegen den Arbeitgeber wie Körperverletzung, Betrug, etc.,
- Annahme von Schmiergeld,
- Unpünktlichkeit trotz wiederholter Abmahnung,
- eigenmächtiger Urlaubsantritt.

3.5.6.2.3 *Änderungskündigung*

Bei einer Änderungskündigung wird eine ordentliche oder außerordentliche Kündigung ausgesprochen und gleichzeitig ein genau bestimmtes Angebot unterbreitet, das Arbeitsverhältnis nach Ablauf der Kündigungsfrist, bzw. bei einer außerordentlichen Änderungskündigung sofort zu geänderten Bedingungen fortzusetzen.

3.4.6.2.3.1 VORRANG DER ÄNDERUNGSKÜNDIGUNG

Die Änderungskündigung geht der Beendigungskündigung vor. (BAG 27. September 1984, Neue Zeitschrift für Arbeitsrecht 1985, Seite 455) Der Arbeitgeber hat vor Ausspruch einer Beendigungskündigung in jedem Fall zu prüfen, ob er dem Arbeitnehmer einen beiden Seiten zumutbaren freien Arbeitsplatz zu geänderten Arbeitsbedingungen anbieten kann. Ist solch ein freier Arbeitsplatz vorhanden, muß der Arbeitgeber dem Arbeitnehmer ein entsprechendes Änderungsangebot unterbreiten und ihm eine Woche Überlegungsfrist einräumen.

Erst wenn der Arbeitnehmer das Angebot vorbehaltlos und endgültig ablehnt, ist der Arbeitgeber berechtigt, eine Beendigungskündigung auszusprechen. Ansonsten darf der Arbeitgeber nur eine Änderungskündigung aussprechen. Unterläßt es der Arbeitgeber, dem Arbeitnehmer vor Ausspruch einer Beendigungskündigung ein zumutbares und mögliches Änderungsangebot zu unterbreiten, ist seine Kündigung schon allein aus diesem Grund als sozial nicht gerechtfertigt anzusehen, wenn der Arbeitnehmer im Kündigungsschutzprozeß behauptet, er hätte ein entsprechendes Angebot zumindest unter Vorbehalt angenommen.

3.4.6.2.3.2 ANNAHME

Der Arbeitnehmer kann das Angebot des Arbeitgeber vorbehaltlos annehmen. Die Annahme des Änderungsangebotes kann auch durch schlüssiges Verhalten, z. B. durch widerspruchslose Weiterarbeit zu den geänderten Konditionen, erfolgen. (BAG Neue Zeitschrift für Arbeitsrecht 1987, Seite 94)

3.4.6.2.3.3 ANNAHME UNTER VORBEHALT

Gemäß § 2 KSchG kann der Arbeitnehmer das Angebot des Arbeitgebers unter dem Vorbehalt annehmen, daß die Änderung der Arbeitsbedingungen nicht sozial ungerechtfertigt ist. Diesen Vorbehalt muß der Arbeitnehmer dem Arbeitgeber innerhalb der Kündigungsfrist, spätestens jedoch innerhalb von drei Wochen nach Zugang der Kündigung erklären.

3.4.6.2.3.3.1 Arbeit zu neuen Konditionen

Nach Ablauf der Kündigungsfrist hat der Arbeitnehmer dann bis zur rechtskräftigen Entscheidung seiner, innerhalb von drei Wochen ab Erhalt der Änderungskündigung einzureichenden, Änderungsschutzklage zu den geänderten Konditionen weiterzuarbeiten.

Beispiel:

Der Arbeitgeber spricht dem in München beschäftigten Arbeitnehmer eine ordentliche betriebsbedingte Änderungskündigung zum 30. Juni aus. Er bietet ihm gleichzeitig an, ab 1. Juli in der Außenstelle Bitterfeld für 90% seines Gehalts weiterzuarbeiten.

Durch die Annahme des Arbeitgeber-Angebots unter Vorbehalt sichert sich der Arbeitnehmer in jedem Fall den Erhalt eines Arbeitsplatzes. Bei der gerichtlichen Überprüfung der Änderungskündigung ist nicht nur die Sozialwidrigkeit der Änderung der Arbeitsbedingungen zu überprüfen sondern auch sämtliche sonstigen Gründe für eine Unwirksamkeit der Kündigung, wie z. B. die fehlende oder nicht ordnungsgemäße Anhörung des Betriebs- bzw. Personalrates.

3.4.6.2.3.3.2 Prüfungsmaßstab

Prüfungsmaßstab bei der Änderungsschutzklage ist, ob die Änderung durch betriebs-, personen- oder verhaltensbedingte Gründe gerechtfertigt und dem Arbeitnehmer zumutbar ist.

3.4.6.2.3.4 ABLEHNUNG

Lehnt der Arbeitnehmer das Angebot des Arbeitgeber endgültig und vorbehaltlos ab, verliert er seinen Arbeitsplatz, wenn das Arbeitsgericht im Kündigungsschutzprozeß später feststellt, daß die angebotenen Änderungen durch betriebs-, personen- oder verhaltensbedingte Gründe bedingt waren und dem Arbeitnehmer auch zumutbar gewesen wären.

3.4.6.2.4 *Teilkündigung*

Eine Teilkündigung ist grundsätzlich unzulässig, da alle Vereinbarungen des Arbeitsvertrages in einem ausgewogenen Zusammenhang stehen, der nicht nachträglich einseitig durch die Kündigung einzelner Bestimmungen gestört werden darf. (BAG Der Betrieb 1983, Seite 1368)

Zulässig ist eine Teilkündigung, die man besser als den »vereinbarten bzw. vorbehaltenen Widerruf von Leistungen« bezeichnen sollte, jedoch dann, wenn dies ausdrücklich vereinbart wurde.

Beispiel:

»Der Arbeitnehmer erhält zu seinem Tarifgehalt eine freiwillige, jederzeit mit Monatsfrist zu kündigende übertarifliche Zulage in Höhe von DM 300,–.«

3.4.6.2.5   Bedingte und vorsorgliche Kündigung

Weil im Arbeitsverhältnis zum jedem Zeitpunkt klare Verhältnisse bestehen sollten, ist die Kündigung grundsätzlich bedingungsfeindlich.

Beispiel:

Der Arbeitgeber kündigt unter der Bedingung, daß der im nächsten Monat erwartete Großauftrag nicht eintreffen sollte. Diese Kündigung ist unwirksam.

Ausnahmsweise ist eine unter einer Bedingung erklärte Kündigung wirksam, wenn der Eintritt der Bedingung ausschließlich vom Willen des Arbeitnehmers abhängt.

Beispiel:

Der Arbeitgeber spricht eine Kündigung unter dem Vorbehalt aus, daß der unentschuldigt fehlende Arbeitnehmer auch am nächsten Werktag die Arbeit nicht wieder aufnimmt. In diesem Fall ist die Wirksamkeit der Kündigung allein vom Willen des Arbeitnehmers abhängig und deshalb zulässig. (LAG Baden-Württemberg, Der Betrieb 1966, Seite 908)

Ist der Arbeitgeber sich nicht ganz sicher, daß das Arbeitsgericht seine Gründe für eine außerordentliche Kündigung akzeptiert, sollte er immer vorsorglich mit der außerordentlichen Kündigung eine ordentliche Kündigung aussprechen. Entsprechend muß der Betriebsrat auch zu beiden Kündigungen angehört werden.

Der Vorteil einer hilfsweise (»höchstvorsorglich«) ausgesprochenen ordentlichen Kündigung besteht auch noch darin, daß der Arbeitgeber nur bei einer ordentlichen, nicht jedoch bei einer außerordentlichen Kündigung, das Recht hat, das Arbeitsverhältnis gemäß § 9 Abs. 1 KSchG durch Urteil auflösen zu lassen, falls eine den Betriebszwecken dienliche weitere Zusammenarbeit nach Ausspruch einer sozialwidrigen Kündigung nicht mehr zu erwarten ist.

3.4.6.2.6 *Verdachtskündigung*

3.4.6.2.6.1 Objektiv bestimmte Tatsachen

Der auf objektiv bestimmte Tatsachen begründete Verdacht gegen einen Arbeitnehmer, eine strafbare Handlung begangen zu haben, reicht als Grund für eine außerordentliche oder ordentliche Kündigung eines Arbeitsverhältnisses aus, wenn gerade dieser Verdacht das für die Fortsetzung des Arbeitsverhältnisses notwendige Vertrauen des Arbeitgebers in die Redlichkeit des Arbeitnehmers zerstört und zu einer unerträglichen Belastung des Arbeitsverhältnisses geführt hat. (BAG, Neue Zeitschrift für Arbeitsrecht 1985, Seite 623) Auf die subjektive Vorstellung des kündigenden Arbeitgebers kommt es nicht an. Vielmehr ist ein Verdacht nur dann als Kündigungsgrund objektiv geeignet, der einen verständigen und gerecht abwägenden Arbeitgeber zum Ausspruch der Kündigung veranlassen würde. (BAG in Arbeitsrechtliche Praxis § 626 – Verdacht strafbarer Handlungen – Nr. 9)

3.4.6.2.6.2 Dringender Tatverdacht

Ein dringender Tatverdacht ist anzunehmen, wenn eine auf Indizien gestützte große Wahrscheinlichkeit besteht, daß der Arbeitnehmer die vorgeworfene schwere Pflichtverletzung bzw. Straftat begangen hat. Nicht erforderlich ist, daß der Arbeitnehmer durch eigenes schuldhaftes Verhalten den Verdacht herbeigeführt hat. (BAG, Arbeitsrechtliche Praxis § 1 KSchG Nr. 39) Das Arbeitsgericht ist bei seiner Beurteilung nicht an den Ausgang eines Strafverfahrens gebunden. Nur dann, wenn sich aus den Urteilsgründen des Strafverfahrens die Unschuld des Arbeitnehmers ergibt, ist dies für das arbeitsgerichtliche Verfahren von Bedeutung.

3.4.6.2.6.3 ERHEBLICHES FEHLVERHALTEN

Der Verdacht muß sich auf ein schweres, für das Arbeitsverhältnis erhebliches Fehlverhalten stützen, das selbst einen Kündigungsgrund darstellen würde.

3.4.6.2.6.4 ANHÖRUNG DES ARBEITNEHMERS

Vor Ausspruch einer Verdachtskündigung muß der Arbeitgeber alles ihm Zumutbare getan haben, um den Verdacht aufzuklären. Dazu gehört insbesondere auch die Anhörung des Arbeitnehmers. Unterläßt der Arbeitgeber vor Ausspruch einer Verdachtskündigung die Anhörung des Arbeitnehmers, ist die Kündigung bereits aus diesem Grunde unwirksam. (BAG, 11. April 1985, Arbeitsrechtliche Praxis § 102 BetrVG Nr. 39)

Die Aufklärungspflicht des Arbeitgebers geht jedoch nicht so weit, daß er verpflichtet ist, gegen den Arbeitnehmer ein Ermittlungsverfahren bei der Staatsanwaltschaft zu beantragen (BAG 2 AZR 111/89, unveröffentlicht). Der Arbeitgeber ist berechtigt, nicht jedoch verpflichtet den Ausgang eines Strafverfahrens abzuwarten, wenn er vorher die Schwere des Verdachts aus eigener Kenntnis nicht beurteilen kann. (BAG, Arbeitsrechtliche Praxis § 626 BGB – Verdacht strafbarer Handlungen – Nr. 1)

3.4.6.2.6.5 VERSETZUNGSMÖGLICHKEIT

Aus dem Grundsatz des Ultima-ratio-Prinzip folgt, daß der Arbeitgeber erst dann eine Verdachtskündigung aussprechen darf, wenn er geprüft hat, ob die Kündigung durch eine Versetzung auf einen anderen Arbeitsplatz im Betrieb vermieden werden kann.

3.4.6.2.6.6 INTERESSENABWÄGUNG

Schließlich hat der vernünftig und gerecht denkende Arbeitgeber vor Ausspruch der Verdachtskündigung noch eine umfassende abschließende Interessenabwägung vorzunehmen, bei der das Gewicht des Verdachts, die Dauer der Betriebszugehörigkeit, das Lebensalter, das bisherige dienstliche Verhalten und die Stellung des Arbeitnehmers im Betrieb zu berücksichtigen sind.

3.4.6.2.6.7 BEURTEILUNGSZEITPUNKT

Maßgeblicher Beurteilungszeitpunkt für die Berechtigung des Arbeitgebers zum Ausspruch einer Verdachtskündigung ist nicht der Tag der Kündigung sondern der Zeitpunkt der letzten mündlichen Verhandlung im Kündigungsschutzprozeß.

3.5.6.2.6.8 ANHÖRUNG DES BETRIEBSRATS

Der Betriebsrat ist ausdrücklich zur Kündigungsart »Verdachtskündigung« zu hören. Sollte der Arbeitgeber den Betriebsrat z. B. zu einer Kündigung wegen erwiesenem Diebstahl angehört haben, kann er seine Kündigung, falls sich der Diebstahl im Kündigungsschutzprozeß nicht beweisen läßt, nicht hilfsweise auf eine Verdachtskündigung stützen, da er den Betriebsrat nicht entsprechend angehört hat.

3.5.6.3 *Kündigungserklärung*

3.5.6.3.1 *Inhalt, Kündigungstermin, Form*

Die Kündigungserklärung muß eindeutig, zweifelsfrei und unmißverständlich den Beendigungswillen des Arbeitgebers zum Ausdruck bringen. Dabei hat der Arbeitgeber auch den Termin anzugeben, zu dem das Arbeitsverhältnis enden soll. Ist ein Kündigungstermin weder aus dem Kündigungsschreiben noch aus den zur Kündigungserklärung führenden Umständen zu entnehmen, ist regelmäßig von einer ordentlichen Kündigung zum nächstmöglichen Termin auszugehen. Sofern im Arbeitsvertrag, im Tarifvertrag oder in einer Betriebsvereinbarung nichts anderes vereinbart wurde, kann eine Kündigung auch mündlich ausgesprochen werden.

3.4.6.3.2 *Kündigungsfristen*

Seit dem 15. Oktober 1993 sind die Kündigungsfristen für Arbeiter und Angestellte durch § 622 BGB wie folgt vereinheitlicht worden:

(1) Das Arbeitsverhältnis eines Arbeiters oder eines Angestellten (Arbeitnehmers) kann mit einer Frist von vier Wochen zum Fünfzehnten oder zum Ende eines Kalendermonats gekündigt werden.

(2) Für eine Kündigung durch den Arbeitgeber beträgt die Kündigungsfrist, wenn das Arbeitsverhältnis in dem Betrieb oder Unternehmen
1. zwei Jahre bestanden hat, einen Monat zum Ende eines Kalendermonats,
2. fünf Jahre bestanden hat, zwei Monate zum Ende eines Kalendermonats,
3. acht Jahre bestanden hat, drei Monate zum Ende eines Kalendermonats,
4. zehn Jahre bestanden hat, vier Monate zum Ende eines Kalendermonats,
5. zwölf Jahre bestanden hat, fünf Monate zum Ende eines Kalendermonats,
6. fünfzehn Jahre bestanden hat, sechs Monate zum Ende eines Kalendermonats,
7. zwanzig Jahre bestanden hat, sieben Monate zum Ende eines Kalendermonats.
Bei der Berechnung der Beschäftigungsdauer werden Zeiten, die vor der Vollendung des fünfundzwanzigsten Lebensjahres des Arbeitnehmers liegen, nicht berücksichtigt.

(3) Während einer vereinbarten Probezeit, längstens für die Dauer von sechs Monaten, kann das Arbeitsverhältnis mit einer Frist von zwei Wochen gekündigt werden.

(4) Von den Absätzen 1 bis 3 abweichende Regelungen können durch Tarifvertrag vereinbart werden. Im Geltungsbereich eines solchen Tarifvertrages gelten die abweichenden tarifvertraglichen Bestimmungen zwischen

nicht tarifgebundenen Arbeitgebern und Arbeitnehmern, wenn ihre Anwendung zwischen ihnen vereinbart ist.

(5) Einzelvertraglich kann eine kürzere als die in Absatz 1 genannte Kündigungsfrist nur vereinbart werden,

1. wenn ein Arbeitnehmer zur vorübergehenden Aushilfe eingestellt ist; dies gilt nicht, wenn das Arbeitsverhältnis über die Zeit von drei Monaten hinaus fortgesetzt wird;

2. wenn der Arbeitgeber in der Regel nicht mehr als zwanzig Arbeitnehmer ausschließlich der zu ihrer Berufsbildung Beschäftigten beschäftigt und die Kündigungsfrist vier Wochen nicht unterschreitet. Bei der Feststellung der Zahl der beschäftigten Arbeitnehmer sind nur Arbeitnehmer zu berücksichtigen, deren regelmäßige Arbeitszeit wöchentlich zehn Stunden oder monatlich fünfundvierzig Stunden übersteigt.

Die einzelvertragliche Vereinbarung längerer als der in den Absätzen 1 bis 3 genannten Kündigungsfristen bleibt hiervon unberührt.

(6) Für die Kündigung des Arbeitsverhältnisses durch den Arbeitnehmer darf keine längere Frist vereinbart werden als für die Kündigung durch den Arbeitgeber.

3.4.6.3.3 *Angabe des Kündigungsgrundes*

Wenn im Einzelvertrag, im Tarifvertrag oder in einer Betriebsvereinbarung nichts anderes geregelt ist, kann der Arbeitgeber eine Kündigung ohne Angabe des Grundes aussprechen. Für die außerordentliche Kündigung ist in § 626 Abs. 2 BGB vorgesehen, daß der Arbeitgeber (erst) auf Verlangen dem Arbeitnehmer den Kündigungsgrund unverzüglich schriftlich mitteilen muß.

3.4.6.3.4 *Ort und Zeit der Kündigungserklärung*

Die Kündigung darf grundsätzlich zu jeder Zeit und an jedem Ort ausgesprochen werden. D. h. zulässig ist es auch, die Kündigung am Wochenende (BAG, Betriebs-Berater 1985, Seite 1913), am Feiertag, während des Urlaubs oder während der Arbeitsunfähigkeit des Arbeitnehmers auszusprechen. Unwirksam ist die Kündigung dagegen dann, wenn sie zur Unzeit (z. B. am Heiligen Abend) oder am unpassenden Ort (z. B. auf der Toilette) ausgesprochen wurde und der Arbeitnehmer sie nach einer vom Einzelfall abhängigen Erklärungsfrist zurückweist.

3.4.6.3.5 *Vertretung des Arbeitgebers*

Der Inhaber eines Unternehmens, der alleinvertretungsberechtigte Geschäftsführer einer GmbH, der Vorstand einer Aktiengesellschaft oder eines Vereins, der Personalleiter (BAG, Neue Zeitschrift für Arbeitsrecht 1990; Seite 63), der im Handelsregister eingetragene Prokurist, sowie sonstige Personen, deren Kündigungsberechtigung durch Aushang oder in der Betriebsordnung bekannt gemacht wurde, sind in der Regel ohne weiteres befugt Kündigungen auszusprechen. Daneben kann derjenige kündigen, der im Einzelfall hierzu bevollmächtigt wurde.

Beispiel:
Die Sekretärin des Vorstands spricht eine Kündigung aus, nachdem sie vom Vorstand hierzu telefonisch bevollmächtigt wurde. Diese Kündigung ist wirksam.

Ist dem Arbeitnehmer die Kündigungsbefugnis des Kündigenden nicht bekannt und hätte sie ihm auch nicht durch Aushang oder durch Eintrag in das Handels- bzw. Vereinsregister bekannt sein müssen, kann er die Kündigung gemäß § 174 BGB unverzüglich zurückweisen, falls der Kündigende ihm nicht eine Vollmachtsurkunde im Original vorlegt. Die Zurückweisung muß nicht sofort erfolgen. Wenn ein Arbeitnehmer sich vor der Zurückweisung noch von seinem Rechtsanwalt oder von seinem Gewerkschaftssekretär beraten läßt, gilt die Zurückweisung der Kündigung jeweils nach den Umständen des Einzelfalls auch noch nach einer Woche als unverzüglich erfolgt. (BAG, 31. August 1979 – 7 AZR 674/77)
Bei einer Zurückweisung der Kündigung durch einen Rechtsanwalt oder einen Gewerkschaftssekretär ist darauf zu achten,

daß auch diese für die Zurückweisung eine schriftliche Vollmacht im Original vorlegen müssen. Andernfalls kann der Arbeitgeber die Zurückweisung zurückweisen.

Beispiel:

Der Rechtsanwalt eines Arbeitnehmer schreibt an den Arbeitgeber: »Unter anwaltlicher Versicherung ordnungsgemäßer Bevollmächtigung weise ich hiermit Ihre Kündigung wegen Nichtbeifügung einer schriftlichen Vollmacht im Original gemäß § 174 BGB zurück.« Auf dieses Schreiben antwortet der Arbeitgeber wie folgt: »§ 174 BGB haben Sie zwar gefunden, richtig verstanden haben Sie ihn jedoch noch nicht, denn sonst hätten Sie ihre Vollmacht nicht anwaltlich versichert, sondern durch Vorlage einer Vollmachtsurkunde im Original nachgewiesen. Da Sie keine Vollmachtsurkunde im Original vorgelegt haben, weisen wir hiermit Ihre Zurückweisung zurück.«

3.4.6.3.6   *Zugang der Kündigung*

3.4.6.3.6.1 ERKLÄRUNG GEGENÜBER ANWESENDEN

Die Kündigung geht in dem Augenblick zu, in dem sie z. B. am Arbeitsplatz ausgehändigt bzw. mündlich ausgesprochen wird. Bei ausländischen Arbeitnehmern ohne ausreichende deutsche Sprachkenntnisse wird die Kündigung zu dem Zeitpunkt wirksam, zu dem sie eine mündliche oder schriftliche Übersetzung der Kündigung erreicht.

3.4.6.3.6.2 ERKLÄRUNG GEGENÜBER ABWESENDEN

Ist der Arbeitnehmer nicht am Arbeitsplatz erreichbar, muß der Arbeitgeber dafür sorgen, daß die Kündigung in den Machtbereich (Briefkasten bzw. Postfach und Wohnung) des Empfängers gelangt. Die Kündigung gilt dann als zugegangen, wenn der Arbeitnehmer unter gewöhnlichen Umständen von ihrem Inhalt Kenntnis nehmen kann. Ist das Kündigungsschreiben in den Machtbereich gelangt, ist es unerheblich, ob der Empfänger tatsächlich keine Kenntnis von dem Kündigungsschreiben nehmen kann, weil er sich am Tag des Zugangs sich nicht in seiner

Wohnung aufhält. (BAG, Neue Zeitschrift für Arbeitsrecht 1988, Seite 875)

Sollen bei der Zustellung der Kündigung Fristen gewahrt werden, empfiehlt sich die Zustellung durch einen Boten. Abzuraten ist von der Zustellung durch einfachen oder eingeschriebenen Brief, da der Arbeitgeber in der Regel den fristgemäßen Zugang nicht beweisen bzw. bei Abwesenheit des Arbeitnehmers beim ersten Zustellungsversuch nicht sicherstellen kann.

Zulässig ist es auch, das Kündigungsschreiben durch den Gerichtsvollzieher zustellen zu lassen. Trifft der Gerichtsvollzieher den Arbeitnehmer in seiner Wohnung nicht an, oder verweigert dieser die Annahme der Kündigung, kann der Gerichtsvollzieher eine Ersatzzustellung vornehmen, indem er das Kündigungsschreiben auf der Geschäftsstelle des Amtsgerichts, beim zuständen Postamt oder beim Gemeinde- oder Polizeivorsteher niederlegt und dem Empfänger darüber gemäß § 182 ZPO eine Nachricht zukommen läßt.

Ist der Arbeitnehmer unbekannt verzogen und konnte die neue Anschrift weder über das Einwohnermeldeamt noch über die Post ermittelt werden, kann der Arbeitgeber die Kündigung gemäß §§ 203 ZPO durch Aushang beim Amtsgericht öffentlich zustellen lassen.

Beim Einwurf des Kündigungsschreibens in den Briefkasten des Arbeitnehmers ist, falls bei der Zustellung der Kündigung Fristen zu wahren sind, darauf zu achten, daß das Schreiben vor den allgemeinen Postzustellungszeiten zugeht, da sonst der Arbeitnehmer sich darauf berufen kann, daß er seinen Briefkasten bereits vorher geleert und deshalb das Kündigungsschreiben erst am nächsten Tag erhalten hatte. (BAG, Neue Zeitschrift für Arbeitsrecht 1984, Seite 31)

Weigert sich ein Arbeitnehmer, ein Kündigungsschreiben anzunehmen, gilt es gleichwohl als zugegangen. Weigert sich der Ehegatte eines Arbeitnehmers, ein Kündigungsschreiben anzunehmen, kommt es darauf an, ob der Arbeitnehmer auf die Willensentscheidung des Ehegatten Einfluß genommen hatte.

Beispiel:

Ein Arbeitnehmer droht seiner Ehefrau Schläge an für den Fall, daß sie ein für ihn bestimmtes Kündigungsschreiben annimmt. In diesem Fall gilt die Kündigung trotzdem als zugegangen.

Neben erwachsenen Familienangehörigen kann der Arbeitgeber Kündigungsschreiben auch Lebensgefährten, Zimmervermietern und Hausangestellten des Arbeitnehmers aushändigen. Hausbewohner, Nachbarn und Rechtsanwälte sind ohne entsprechende Empfangsvollmacht nicht zur Entgegennahme von Kündigungsschreiben berechtigt. Stellt der Arbeitgeber das Kündigungsschreiben einer Person zu, die nicht zur Entgegennahme bevollmächtigt war, geht die Kündigung erst dann zu, wenn sie tatsächlich übergeben wird oder tatsächlich in den Machtbereich des Empfängers gelangt.

Der Arbeitgeber kann ein Kündigungsschreiben selbst dann unter der Wohnanschrift des Arbeitnehmers zustellen lassen, wenn er weiß, daß der Arbeitnehmer sich urlaubsbedingt im Ausland aufhält. (BAG, Neue Zeitschrift für Arbeitsrecht 1988, Seite 875)

3.4.6.3.7 *Rücknahme von Kündigungen*

Die Kündigung kann als einseitige, empfangsbedürftige Willenserklärung nicht zurückgenommen werden. Die Rücknahmeerklärung ist aber als Angebot auf Fortsetzung des alten oder auf Abschluß eines neuen Arbeitsverhältnisses anzusehen.

3.4.6.4 **Die Anhörung des Betriebsrats**

Der Betriebsrat ist vor jeder Kündigung umfassend anzuhören. Eine ohne bzw. mit nicht ausreichender Anhörung des Betriebsrates ausgesprochene Kündigung ist unheilbar unwirksam. (BAG, Betriebs-Berater 1974, Seite 836)

Zur ordnungsgemäßen Anhörung des Betriebsrats gehören

• der Name des zu kündigenden Arbeitnehmers,
• seine sozialen Daten (Alter, Dauer der Betriebszugehörig-

keit, Familienstand, Kinderzahl, Schwerbehinderteneigenschaft, etc.),
- der Kündigungstermin und die zu beachtenden Kündigungsfristen,
- die Art der beabsichtigten Kündigung (ordentliche oder außerordentliche Kündigung, Änderungskündigung, Verdachtskündigung),
- detaillierte Angabe aller Kündigungsgründe,
- bei einer Änderungskündigung gehört zu einer ordnungsgemäßen Anhörung auch die Mitteilung des Änderungsangebotes.

Die Anhörung kann mündlich oder schriftlich erfolgen. Wichtig ist nur, daß der Betriebsrat umfassend informiert wird. Aus Beweisgründen sollte die Anhörung jedoch schriftlich erfolgen. Der Satz »Sollten sie weitere Fragen haben, sagen Sie bitte Bescheid«, kann, abgesehen davon, daß er dem Betriebsrat die Kooperationsbereitschaft des Arbeitgebers signalisiert, im Anhörungsschreiben weggelassen werden: Entweder die Anhörung ist vollständig. Dann ist dieser Satz überflüssig. Oder die Anhörung ist nicht vollständig, dann hilft auch dieser Satz nicht. Bei der Anhörung kommt es nämlich nicht darauf an, ob der Arbeitgeber den Betriebsrat ausreichend informieren wollte, sondern allein darauf, ob er ihn ausreichend informiert hat.

Bei der Anhörung des Betriebsrats ist der Arbeitgeber nicht verpflichtet, dem Betriebsrat das Beweismaterial vorzulegen, auf das er seine Kündigung stützen will. (BAG, 26. Januar 1995 – 2 AZR 386/94, Der Betrieb 1995, Seite 1134)

Zur ordnungsgemäßen Anhörung des Betriebsrats gehören auch die Tatsachen, die gegen eine Kündigung sprechen. Verschweigt der Arbeitgeber solche Tatsachen, trägt er die Beweisführungslast dafür, daß er den Betriebsrat nicht bewußt irreführen wollte (BAG, 22. September 1994 – 2 AZR 31/94, Der Betrieb 1995, Seite 477). Durch das Vorenthalten von für die Kündigung wichtigen Informationen verletzt der Arbeitgeber darüberhinaus seine Pflicht zur vertrauensvollen Zusammenarbeit.

Der Betriebsrat hat bei einer außerordentlichen Kündigung drei, bei einer ordentlichen Kündigung sieben Tage Zeit für seine Stellungnahme. Äußert sich der Betriebsrat innerhalb der genannten Fristen nicht, gilt seine Zustimmung zur Kündigung als erteilt. Bei der Einwochenfrist wird vertreten, daß die Frist nicht wie im BGB vorgesehen um 24.00 Uhr endet, sondern mit Dienstschluß. Dies ist für den Arbeitgeber z. B. dann vorteilhaft, wenn er den Tag des Fristablaufs noch für die Kündigung nutzen kann.

Beispiel:

Ein Arbeitnehmer hat eine dreimonatige Kündigungsfrist zum Quartalsende. Der Arbeitgeber hört den Betriebsratsvorsitzenden am Freitag um 10.30 Uhr zur Kündigung an. Der darauffolgende Freitag ist der 31. März. Endet die Anhörungsfrist mit Dienstschluß an diesem Freitag, kann der Arbeitgeber noch am Freitag zum 30. Juni kündigen. Würde die Frist erst am Freitag um Mitternacht enden, könnte der Arbeitgeber erst zum 30. September ordentlich kündigen.

Die Einwochen- bzw. Dreitagefrist des § 102 Abs. 2 BetrVG braucht der Arbeitgeber nicht abzuwarten, wenn der Betriebsrat vor Ablauf dieser Fristen erkennbar abschließend zur Kündigung Stellung genommen hat, insbesondere der beabsichtigten Kündigung ohne jeden Vorbehalt zugestimmt hat. Eine abschließende Stellungnahme vor Ablauf der im Gesetz vorgesehenen Fristen wird der Arbeitgeber in kritischen Situationen vom Betriebsrat jedoch nur dann erwarten können, wenn er seinerseits den Betriebsrat fair zu behandeln pflegt. (vgl. »vertrauensvolle Zusammenarbeit« im Kapitel »Die Rechte des Arbeitgebers gegenüber dem Betriebsrat«)

Bei einer Kündigung innerhalb der ersten sechs Monate, für die der Arbeitgeber keinen Kündigungsgrund benötigt, hat der Arbeitgeber, falls er für die Kündigung tatsächlich keinen Grund hat, dem Betriebsrat die subjektiven Motive für die Kündigung offenzulegen. (BAG, 18. Mai 1994 – 2 AZR 920/93, Der Betrieb 1994, Seite 1984)

Die fünf Gründe, die den Betriebsrat berechtigen, einer Kündigung zu widersprechen, sind in § 102 Abs. 3 BetrVG abschließend aufgezählt. Kein Widerspruchsgrund im Sinne des § 102 Abs. 3 BetrVG ist deshalb gegeben, wenn der Betriebsrat geltend macht, der Arbeitsplatz des Arbeitnehmers sei gar nicht weggefallen. (LAG München, 2. März 1994 – 5 Sa 908/93, Betriebs-Berater 1994, Seite 1287)

Hat der Betriebsrat einer Kündigung frist- und ordnungsgemäß widersprochen, und hat der Arbeitnehmer gegen die Kündigung Kündigungsschutzklage erhoben, muß der Arbeitgeber den Arbeitnehmer auf dessen Verlangen nach Ablauf der Kündigungsfrist bis zum rechtskräftigen Abschluß des Rechtsstreits bei unveränderten Arbeitsbedingungen weiterbeschäftigen. Von dieser Weiterbeschäftigungspflicht kann sich der Arbeitgeber jedoch durch eine beim Arbeitsgericht zu beantragende einstweilige Verfügung befreien lassen, wenn

1. die Klage des Arbeitnehmers keine hinreichende Aussicht auf Erfolg bietet oder mutwillig erscheint oder
2. die Weiterbeschäftigung des Arbeitnehmers zu einer unzumutbaren wirtschaftlichen Belastung des Arbeitgebers führen würde oder
3. der Widerspruch des Betriebsrats offensichtlich unbegründet war.

3.4.6.5 *Abfindungen*

Ist die Kündigung des Arbeitgebers sozial gerechtfertigt (siehe nachfolgende Abschnitte), hat der Arbeitgeber also einen guten Grund für seine Kündigung, kann er das Arbeitsverhältnis ohne Zahlung einer Abfindung beenden, es sei denn, er hätte sich in einem Tarifvertrag oder in einem Sozialplan zur Zahlung einer Abfindung verpflichtet.

Beispiel:

Handwerksmeister Kühne kündigt seinen zwanzig Gesellen, die ihm 30 Jahre lang treu gedient haben, weil er sich entschlossen hat, seinen Beruf aufzugeben. In diesem Fall hat er das Recht, alle Arbeitsverhältnisse zu beenden. Mit zwanzig

Arbeitnehmern ist sein Betrieb gemäß § 111 Abs. 1 BetrVG noch nicht sozialplanpflichtig. Er braucht deshalb nicht eine Mark Abfindung zu zahlen.

3.4.6.6 **Betriebsbedingt kündigen**

Zum Ausspruch einer betriebsbedingten Kündigung ist der Arbeitgeber gemäß § 1 Abs. 2 Satz 1 KschG berechtigt, wenn diese Kündigung durch dringende betriebliche Erfordernisse bedingt ist, die der Weiterbeschäftigung des Arbeitnehmers in einem Betrieb entgegenstehen. Bei der betriebsbedingten Kündigung hat der Arbeitgeber darzulegen und im Bestreitensfall zu beweisen,

- daß der Arbeitsplatz des Arbeitnehmers weggefallen ist und
- daß er bei der Auswahl des zu Kündigenden soziale Gesichtspunkte ausreichend berücksichtigt hat.

Auch für die betriebsbedingte Kündigung gilt nach unserer Rechtsordnung leider: Je rücksichtsloser ein Arbeitgeber beim Abbau von Arbeitsplätzen vorgeht, desto weniger arbeitsrechtliche Probleme hat er.

3.4.6.6.1 *Stillegung eines Konzerns*

Entschließt sich ein Arbeitgeber, einen ganzen Konzern stillzulegen, kann er, abgesehen von einem eventuell durchzuführenden Interessenausgleich und Sozialplan, alle Arbeitnehmer, einschließlich der Schwangeren, Schwerbehinderten und Betriebsratsmitglieder, ohne Probleme entlassen.

3.4.6.6.2 *Stillegung eines Unternehmens*

Die Stillegung eines Unternehmens ist arbeitsrechtlich auch noch einfach. Wurde der Arbeitnehmer nicht ausnahmsweise für eine Tätigkeit im Konzern eingestellt, kann der Arbeitgeber auch in diesem Fall alle Arbeitnehmer arbeitsrechtlich problemlos entlassen. Eine Weiterbeschäftigungspflicht im Konzern, ggf. auch im Ausland kommt dann in Betracht, wenn sich der Arbeitgeber im Arbeitsvertrag einen entsprechenden Einsatz des Arbeitnehmers vorbehalten hat.

Beispiel:

Ein international tätiges Brokerhaus in Frankfurt kann bei entsprechender Vereinbarung im Arbeitsvertrag einen Devisenhändler aus betriebsbedingten Gründen nicht entlassen, wenn in London der Arbeitsplatz eines Devisenhändlers unbesetzt ist.

3.4.6.6.3 *Stillegung eines Betriebes*

Arbeitsrechtlich relativ unproblematisch ist auch noch die Stillegung eines ganzen Betriebes zu bewerkstelligen. In diesem Fall hat der Arbeitgeber lediglich zu prüfen, ob im Unternehmen freie Arbeitsplätze vorhanden sind. Ist dies nicht der Fall, bzw. hat er alle freien Arbeitsplätze im Unternehmen bereits mit Arbeitnehmern aus dem zu schließenden Betrieb besetzt, kann er auch in diesem Fall allen Arbeitnehmern kündigen.

Schließt er gleichzeitig mehrere Betriebe seines Unternehmens, so hat er bei der Besetzung von freien Stellen im Unternehmen die sozialen Belange der Arbeitnehmer gemäß § 315 BGB zu berücksichtigen. Ob dabei auch eine Sozialauswahl nach den strengen Regeln des § 1 Abs. 2 Satz 2 Nr. 1b KSchG in Verbindung mit § 1 Abs. 3 KSchG vorzunehmen ist, hat das BAG in seiner Entscheidung vom 15. Dezember 1994 (2 AZR 320/94, Der Betrieb 1995, Seite 878) ausdrücklich offengelassen. Trotzdem ist der Arbeitgeber gut beraten, wenn er sich schon einmal vorsorglich mit diesem Gedanken anfreundet.

3.4.6.6.4 *Schließung eines Betriebsteils*

Arbeitsrechtlich die größten Probleme hat der Arbeitgeber, der einen Betriebsteil schließen möchte. Wegen der mit einer Teil-Betriebsschließung verbundenen Unsicherheiten kann davon ausgegangen werden, daß die vom Gesetzgeber und vom Bundesarbeitsgericht aufgestellten Regeln für eine betriebsbedingte Kündigung verfassungswidrig sind.

Beispiel:

Der Arbeitgeber kündigt betriebsbedingt dem Arbeitnehmer A. Im Kündigungsschutzprozeß wird er dann von den Richtern der ersten Kammer des Arbeitsgerichts belehrt, daß die Kündigung des A sozial nicht gerechtfertigt ist, da der Arbeitnehmer B einen geringeren sozialen Schutz besitzt. Kündigt er anschließend dem Arbeitnehmer B, kann es ihm passieren, daß die Richter der zweiten Kammer des Arbeitsgerichts der Auffassung sind, daß B einen höheren sozialen Schutz genießt als A. Das Ergebnis ist, daß der Arbeitgeber beide Kündigungsschutzprozesse verliert, obwohl für alle Beteiligten erkennbar und unstreitig ist, daß dringende betriebliche Erfordernisse für eine Personalreduzierung vorliegen.

Zum Thema Verfassungswidrigkeit der Regeln für die betriebsbedingte Kündigung vgl. Meisel in Der Betrieb 1991, Seite 97, und Preis in Sammlung Arbeitsrechtlicher Entscheidungen 1990, Seite 215.

Wagt der Arbeitgeber sich trotzdem in das Abenteuer einer Teilbetriebsstillegung, hat er dabei folgendes zu beachten:

3.4.6.6.4.1 UNTERNEHMERENTSCHEIDUNG

Die schärfste »Waffe« des Arbeitgebers bei einer betriebsbedingten Kündigung ist seine Unternehmerentscheidung. Diese Entscheidung muß im Zeitpunkt des Zugangs der Kündigung ernsthaft gewollt und endgültig sein. Gut ist es, wenn der Arbeitgeber im Streitfall seine Unternehmerentscheidung z. B. durch Vorlage eines Protokolls über einen Gesellschafterbeschluß oder durch entsprechende Aktenvermerke, die er an leitende Mitarbeiter geschrieben hat, belegen kann.

Die Entscheidung des Arbeitgebers, einen Betrieb oder einen Betriebsteil zu schließen, unterliegt, abgesehen von den in der Praxis praktisch nicht anzutreffenden Fällen der Sittenwidrigkeit und Willkür, keiner gerichtlichen Überprüfung. (BAG, Betriebs-Berater 1989, Seite 2190) D. h. selbst dann, wenn die Entscheidung des Arbeitgebers unklug, unnötig oder unwirtschaftlich sein sollte, hat der Arbeitnehmer die Entscheidung seines Arbeitgebers zu akzeptieren. (BAG, Neue Zeitschrift für Arbeitsrecht 1986, Seite 824) Der Arbeitgeber hat also insbesondere das Recht, bei einem Auftragsmangel frei zu entscheiden,

- ob er Kurzarbeit einführt,
- ob er auf Vorrat produzieren läßt oder
- ob er sein Personal reduziert.

Zur freien Unternehmerentscheidung gehört auch die Nicht-annahme von neuen Aufträgen und das Ausgliedern von Unternehmensfunktionen.

Beispiele:
- *Auflösung der Versandabteilung und Beauftragung eines Speditionsunternehmens.*
- *Auflösung der Putzabteilung und Beauftragung eines Reinigungsunternehmens.*
- *Auflösung der Personal- und Rechtsabteilung und Beauftragung von freien Rechtsanwälten und Unternehmensberatern.*
- *Auflösung der Einkaufsabteilung in einem Krankenhaus und Vergabe eines entsprechenden Auftrages an eine zu diesem Zweck gegründete »Einkaufs- und Dienstleistungs-GmbH«.*
- *Auflösung der Küchenabteilung und der Wäscherei in einem Krankenhaus und Vergabe entsprechender Aufträge an Catering-Unternehmen und Wäscherei-Unternehmen.*

Wird der Unternehmer durch außerbetriebliche Umstände zur betriebsbedingten Kündigung gezwungen, kann er seine Unternehmerentscheidung unter den Vorbehalt stellen, daß sich die außerbetrieblichen Umstände nicht in absehbarer Zeit zu seinen Gunsten ändern. (BAG, Neue Zeitschrift für Arbeitsrecht 1987, Seite 700).

Beispiel:
Der Unternehmer faßt am 30. Juni den Entschluß, seinen Betrieb zum 31. Dezember zu schließen, falls er nicht im Juli den von ihm erhofften Großauftrag erhält.

Aus der Unternehmerentscheidung muß sich zwingend ergeben, daß die Entlassung des Arbeitnehmer das einzige Mittel zur Verwirklichung des frei gewählten unternehmerischen Ziels ist. Es reicht nicht aus, daß die vorgesehene Maßnahme an sich geeignet ist, den erstrebten Zweck zu erreichen. Unter mehreren möglichen Maßnahmen muß vielmehr diejenige ausgewählt werden, die den Arbeitnehmer am wenigsten belastet. (BAG, Neue Zeitschrift für Arbeitsrecht 1990, Seite 734)

3.4.6.6.4.2 BETRIEBSBEDINGTE GRÜNDE

Die betriebsbedingten Gründe können auf außer- oder innerbetrieblichen Ursachen beruhen. (BAG, Betriebs-Berater 1990, Seite 1834)

3.4.6.6.4.2.1 Außerbetriebliche Ursachen

Außerbetriebliche Ursachen können z. B. sein:

- Auftragsmangel,
- Umsatzrückgang,
- Absatzschwierigkeiten,
- Energie- und Rohstoffmangel.

Unrentabilität eines Betriebes oder Betriebsteils und Gewinnverfall sind nicht ohne weiteres als dringende betriebliche Erfordernisse anzusehen, da sie auf den unterschiedlichsten Gründen beruhen können und sich nicht unmittelbar auf Arbeitsplätze und Arbeitsmenge auswirken müssen. (BAG, Der Betrieb 1986, Seite 2442)

Beispiel:

Eine Rechtsanwaltskanzlei, die pro Jahr 400 Kündigungsschutzprozesse für leitende Arbeitnehmer führt, dürfte rentabler arbeiten als eine andere Kanzlei, die mit etwa gleichem Personalaufwand 400 Zeugnisberichtigungsprozesse für Geringverdiener führt.

Bei allen, teilweise auch schwer nachzuweisenden, außerbetrieblichen Ursachen für eine betriebsbedingte Kündigung sollte der Unternehmer die Kündigung immer durch eine unanfechtbare Unternehmerentscheidung absichern.

Beispiel:

Aus dem Protokoll der Gesellschafterversammlung vom 15. Juni ergibt sich eindeutig, daß der Betrieb zum 31.Dezember geschlossen wird. Weiterhin ergibt sich aus dem Protokoll, daß der Geschäftsführer beauftragt wurde, alle Arbeitsverhältnisse sowie die Miet- und Leasingverträge zum 31. Dezember zu kündigen.

3.4.6.6.4.2.2 Innerbetriebliche Ursachen

Als innerbetriebliche Ursachen sind z. B. anzusehen:

- die erfolgte oder beabsichtigte Betriebsstillegung, d. h. die Aufgabe des Betriebszwecks und Auflösung der zwischen Arbeitgeber und Arbeitnehmern bestehenden Betriebs- und Produktionsgemeinschaft. (BAG, Der Betrieb 1987, Seite 1896)
- Betriebseinschränkungen, d. h. die Stillegung einzelner Anlagen oder die Auflösung von Organisationseinheiten sofern sie sich auf dem Arbeitsplatz des gekündigten Arbeitnehmers auswirken.
- schlichte Stellenstreichungen. Ist der Arbeitgeber der Auffassung, daß Arbeiten, die bisher von zehn Arbeitnehmern erledigt wurden, künftig bei verdichteter Arbeitsleistung genausogut von sieben Arbeitnehmern erledigt werden können, kann er durch eine entsprechende Unternehmerentscheidung ein dringendes betriebliches Erfordernis für den Wegfall von drei Arbeitsplätzen schaffen.
- Rationalisierungsmaßnahmen. Auch durch vermehrten Maschineneinsatz, durch Einführung effektiverer Fertigungstechniken und durch Einführung einer rationelleren Arbeitsorganisation zu Erzielung eines höheren Effektivitätsgrades kann der Arbeitgeber dringende betriebliche Erfordernisse für betriebsbedingte Kündigungen schaffen. (BAG Neue Zeitschrift für Arbeitsrecht 1987, Seite 776)

3.4.6.6.4.3   WEGFALL DES ARBEITSPLATZES

Die außer- oder innerbetrieblichen Ursachen müssen zum Wegfall von Arbeitsplätzen im Betrieb führen. Auf die Beschäftigungslage im Unternehmen oder gar im Konzern kommt es dabei nicht an. (BAG, Neue Zeitschrift für Arbeitsrecht 1985, Seite 489) Der Arbeitgeber muß ggf. lediglich nachweisen, daß freie Arbeitsplätze im Unternehmen nicht (mehr) vorhanden waren. Nur bei einer entsprechenden vertraglichen Vereinbarung muß der Arbeitgeber im Ausnahmefall freie Arbeitsplätze im Konzern bei seiner Entscheidung berücksichtigen.

3.4.6.6.4.4 DRINGENDE BETRIEBLICHE ERFORDERNISSE

Die Gründe, die ein betriebsbedingte Kündigung bedingen, müssen dringend sein, d. h. die Kündigung muß im Interesse des Betriebes notwendig und unvermeidbar sein. Dies ist dann nicht der Fall, wenn der Arbeitgeber die Kündigung durch andere zumutbare Maßnahmen auf organisatorischem, technischem oder wirtschaftlichem Gebiet vermeiden kann. (BAG, Neue Zeitschrift für Arbeitsrecht 1990, Seite 65)

Das Streben nach Kosteneinsparung ist für ein Wirtschaftsunternehmen stets ein dringendes betriebliches Erfordernis. (LAG Köln, 31. August 1994 – 7 Sa 654/94, Zeitschrift für Tarifrecht 1995, Seite 137)

Im Einzelfall wird der Arbeitgeber zu prüfen haben, ob die Kündigung beispielsweise durch folgende Maßnahmen vermieden werden kann:

- Abbau von Überstunden. Werden in der Abteilung, der der zu kündigende Arbeitnehmer angehört, Überstunden geleistet, ist regelmäßig kein dringender Grund für eine betriebsbedingte Kündigung gegeben. Anders sieht es natürlich aus, wenn die Überstunden in einem Bereich des Betriebes geleistet werden, in dem der Arbeitnehmer sinnvollerweise gar nicht eingesetzt werden kann.
- Im Einzelfall kann auch die Einführung von Kurzarbeit ein geeignetes Mittel zur Vermeidung einer betriebsbedingten Kündigung sein. (LAG Schleswig-Holstein, Der Betrieb 1989, Seite 1193)
- Eine mögliche »Arbeitsstreckung« dürfte nur in Ausnahmefällen und nur bei einer überdurchschnittlich günstigen Kostenstruktur des Betriebes das dringende betriebliche Erfordernis entfallen lassen.

- Die objektiv mögliche und zumutbare Weiterbeschäftigung des Arbeitnehmers auf einem anderen freien Arbeitsplatz in demselben oder in einem anderen Betrieb des Unternehmens (BAG, Betriebs-Berater 1986, Seite 2270). Bei Arbeitsplätzen in anderen Betrieben desselben Unternehmens ist entscheidend, daß es sich hierbei um freie oder zumindest demnächst frei werdende Arbeitsplätze handelt (BAG, 15. Dezember 1994 – 2 AZR 327/94, Der Betrieb 1995, Seite 979). Der Arbeitgeber ist nicht verpflichtet in anderen Betrieben durch Austauschkündigungen freie Arbeitsplätze zu schaffen (LAG Düsseldorf, Betriebs-Berater 1983, Seite 1730). Zu berücksichtigen sind alle gleichwertigen Arbeitsplätze und solche mit für den Arbeitnehmer schlechteren Arbeitsbedingungen. Da der Arbeitnehmer keinen Anspruch auf Beförderung hat, sind höherwertige Arbeitsplätze nicht zu berücksichtigen. (BAG, Betriebs-Berater 1990, Seite 705)
- Im Einzelfall kann auch die Umschulung des Arbeitnehmers eine geeignete Maßnahme zur Vermeidung einer betriebsbedingten Kündigung sein. Voraussetzung ist jedoch, daß die Umschulung dem Arbeitgeber vom zeitlichen und finanziellen Umfang her zumutbar ist.
- Wenn der Arbeitgeber einen Halbtagsarbeitsplatz in einen Ganztagsarbeitsplatz umwandeln möchte, muß er bevor er dem Arbeitnehmer kündigt, der aus familiären Gründen keine Ganztagsstelle annehmen kann, prüfen, ob nicht die Einstellung einer zweiten Halbtagskraft möglich ist. (LAG Rheinland-Pfalz, Neue Zeitschrift für Arbeitsrecht 1989, Seite 273)

3.4.6.6.4.5   INTERESSENABWÄGUNG

In seltenen Ausnahmefällen kann eine Interessenabwägung bei aufgrund schwerwiegender persönlicher Umstände besonders schutzbedürftigen Arbeitnehmern dazu führen, daß der Zeitpunkt der Kündigung zu verschieben ist.

3.4.6.6.4.6   DARLEGUNGS- UND BEWEISLAST

Der Arbeitgeber muß im Kündigungsschutzprozeß darlegen und im Bestreitensfall auch beweisen, daß die Kündigung gemäß § 1 Abs. 2 KSchG durch dringende betriebliche Erfordernisse bedingt ist und eine Weiterbeschäftigung des Arbeitnehmers nicht möglich oder nicht zumutbar ist.

Dabei hat der Arbeitgeber insbesondere darzulegen und ggf. zu beweisen

- seine Unternehmerentscheidung. Diese sollte z. B. durch Protokolle oder schriftliche Rationalisierungskonzepte nachgewiesen werden. Kann der Arbeitgeber den Nachweis nicht führen, ist seine Kündigung unwirksam. (BAG, Betriebs-Berater 1986, Seite 2129)
- die inner- und außerbetrieblichen Ursachen, die die Unternehmerentscheidung bedingen. Dabei reicht es nicht aus, wenn der Arbeitgeber die Ursachen nur schlagwortartig beschreibt, z. B. »katastrophaler Umsatzeinbruch« oder »Gewinnminderung«. Notwendig ist vielmehr, daß der Arbeitgeber konkrete Tatsachen vorträgt und angibt, ob das Interesse an der Arbeitskraft des Arbeitnehmers durch eine innerbetriebliche Maßnahme oder aufgrund eines außerbetrieblichen Anlasses wegfällt. Seine Angaben haben so genau zu sein, daß der Arbeitnehmer konkret dazu Stellung nehmen kann und das Gericht die Möglichkeit erhält, die Gründe zuverlässig zu überprüfen. (BAG, Betriebs-Berater 1986, Seite 135)
- die Kausalität der inner- und außerbetrieblichen Ursachen für den Arbeitsplatzwegfall. Auch dieser Nachweis ist durch den Vortrag von nachprüfbaren konkreten Tatsachen zu erbringen, aus denen zu entnehmen ist, ob der Arbeitsplatz mittelbar oder unmittelbar durch den außerbetrieblichen Anlaß oder durch die innerbetriebliche Maßnahme betroffen ist.

3.4.6.6.5 *Sozialauswahl*

Gemäß § 1 Abs. 3 Satz 1 KschG hat der Arbeitgeber bei betriebsbedingten Kündigungen soziale Gesichtspunkte ausreichend zu berücksichtigen. D. h. der Arbeitgeber muß prüfen, welcher von mehreren vergleichbaren und in der Einsatzmöglichkeit austauschbaren Arbeitnehmern einen höheren sozialen Schutz als andere Arbeitnehmer besitzt und deswegen nicht gekündigt werden darf. Unabhängig von der sozialen Schutzbedürftigkeit kann bzw. muß der Arbeitgeber Arbeitnehmer kündigen, die noch nicht länger als sechs Monate beschäftigt wurden.

Die Prüfung der Sozialauswahl wird in drei Stufen vorgenommen.

3.4.6.6.5.1 STUFE 1: FESTLEGUNG DER GRUPPE DER AUSTAUSCHBAREN ARBEITNEHMER

Als austauschbar gelten Arbeitnehmer, die sich aufgrund ihrer Ausbildung und aufgrund ihres Arbeitsgebietes auf derselben hierarchischen Ebene des Betriebes ohne größere Einarbeitungszeit gegenseitig vertreten können. Die tarifliche Eingruppierung und die Berufsbezeichnung können insbesondere bei einfacheren Tätigkeiten ein erstes Indiz für die Austauschbarkeit darstellen.

Nicht in die Gruppe der austauschbaren Arbeitnehmer aufzunehmen sind diejenigen, die über einen besonderen gesetzlichen, tariflichen oder einzelvertraglichen Kündigungsschutz verfügen. Über einen besonderen gesetzlichen Kündigungsschutz verfügen z. B. Mitglieder des Betriebsrats und der Jugendvertretung. Auch Arbeitnehmer, denen nur mit behördlicher Zustimmung gekündigt werden darf, sind jedenfalls solange die Zustimmung nicht erteilt wurde, ebenfalls nicht in die Sozialauswahl einzubeziehen.

Ein besonderer tariflicher Kündigungsschutz besteht z. B. für Angestellte des öffentlichen Dienstes in den alten Bundesländern, die mindestens 15 Jahre beschäftigt sind und das 40. Lebensjahr erreicht haben. Ob auch der einzelvertragliche Ausschluß der ordentlichen Kündigung den Arbeitgeber berechtigt, einen Arbeitnehmer aus der Sozialauswahl herauszunehmen, ist umstritten, muß aber im Ergebnis bejaht werden.

Beispiel:

Ein Arbeitgeber beschäftigt 100 Arbeitnehmer. Bedingt durch einen dramatischen Umsatzeinbruch hat er nur noch Arbeit für 50 Arbeitnehmer. Er bietet den Arbeitnehmern, die bereit

sind ihren Arbeitsplatz mit einem Kollegen zu teilen, den Aus-
schluß der ordentlichen betriebsbedingten Kündigung für
zwei Jahre an. Ein junger sozial denkender Arbeitnehmer mit
kurzer Betriebszugehörigkeit, ledig und ohne Kinder, geht auf
dieses Angebot ein.

Als dann einige Zeit später der Arbeitgeber wider Erwarten
weitere Arbeitsplätze abbauen muß, konkurriert der sozial
denkende junge Arbeitnehmer mit einem länger beschäftigten
älteren Arbeitnehmer, der nicht bereit war, auf das Angebot
des Arbeitgebers einzugehen. Auch wenn im Einzelfall ein
Mißbrauch dieser Gestaltungsmöglichkeit nicht ausgeschlos-
sen werden kann, es wird auch vertreten, daß hier ein Vertrag
zu Lasten Dritter vorliegt, muß in diesem Fall der einzelver-
traglich vereinbarte Ausschluß der ordentlichen Kündigung
den jüngeren Arbeitnehmer vor einer betriebsbedingten Kün-
digung schützen.

Ohne Änderungskündigung nicht austauschbar sind Voll-
zeitbeschäftigte mit Teilzeitbeschäftigten und umgekehrt.
(Vgl. Meisel in Der Betrieb 1991, Seite 94.) Anderer
Ansicht ist in diesem Fall das LAG Köln. (20. August
1993 – 12 Sa 380/93, Neue Zeitschrift für Arbeitsrecht 1994,
Seite 317)

3.4.6.6.5.2 STUFE 2: SOZIALE GESICHTSPUNKTE

Bei der Gewichtung der Auswahlkriterien soll der Arbeitgeber nach Auffassung des Bundesarbeitsgerichts einen gewissen Beurteilungsspielraum haben. Hilfreich sind in der
Praxis oft Auswahlrichtlinien, die der Arbeitgeber gemäß
§ 95 BetrVG mit dem Betriebsrat vereinbart hat.

Als Auswahlkriterien kommen insbesondere in Betracht:

3.4.6.6.5.2.1 Betriebszugehörigkeit

Die Betriebszugehörigkeit ist das Sozialauswahlkriterium, das
vorrangig vor allen anderen Kriterien bei der Sozialauswahl
zu berücksichtigen ist. (BAG, Neue Zeitschrift für Arbeitsrecht 1990, Seite 729)

3.4.6.6.5.2.2 Lebensalter

An zweiter Stelle ist das Lebensalter des Arbeitnehmers in die Sozialauswahl einzubeziehen.

3.4.6.6.5.2.3 Unterhaltsverpflichtungen

In der Gewichtung an dritter Stelle rangieren die Unterhaltsverpflichtungen des Arbeitnehmers. Dabei sollte jedoch nicht nur die Anzahl der Unterhaltsberechtigten von Bedeutung sein, sonder ggf. auch die Höhe der Unterhaltszahlungen.

Beispiel:
Von zwei austauschbaren Arbeitnehmern mit ansonsten gleichen Sozialdaten hat einer ein Kind und der andere drei Kinder.

Frage: Welcher Arbeitnehmer ist zuerst zu entlassen?

Antwort:
Der Arbeitnehmer mit drei Kindern ist zuerst zu entlassen.

Begründung:
Der Arbeitnehmer mit drei Kindern überweist für jedes seiner drei Kinder, die in der Türkei leben, monatlich DM 300,–. Das eine Kind des anderen Arbeitnehmers erhält monatlich DM 2.000,–. Die höhere Unterhaltsleistung ist dadurch bedingt, daß dieses Kind in Deutschland studiert und behindert ist.

3.4.6.6.5.2.4 Berufstätigkeit des Ehegatten

Die Berufstätigkeit des Ehegatten kann bei der Sozialauswahl allenfalls insoweit von Bedeutung sein, als dadurch die Unterhaltsbelastung des Arbeitnehmers vermindert wird. Eine pauschale Berücksichtigung einer »Doppelverdiener-Eigenschaft« würde sicherlich eine mittelbare Frauendiskriminierung darstellen, da es mehr Frauen gibt, deren Ehemänner berufstätig sind, als Männer, deren Ehefrauen einen Arbeitsplatz haben.

3.4.6.6.5.2.5 Arbeitsmarktchancen

Die Chancen des Arbeitnehmer, auf dem Arbeitsmarkt sind ein taugliches Kriterium bei der Sozialauswahl.

3.4.6.6.5.2.6 Vermögensverhältnisse

Die Vermögensverhältnisse eines Arbeitnehmers können bei der Sozialauswahl nur bedingt berücksichtigt werden, da sonst unter Umständen derjenige bei einer betriebsbedingten Kündigung bevorzugt werden würde, der aufgrund seines leichtsinnigen Umgangs mit Geld vermögenslos ist, während der Arbeitnehmer, der sich ein Wohnhaus zusammengespart hat, zu entlassen wäre.

3.4.6.6.5.2.7 Gesundheitszustand

Krankheiten, deren Ursachen und Folgen sowie die krankheitsbedingte Verminderung der Erwerbschancen des Arbeitnehmers sind bei der Sozialauswahl zu berücksichtigen.

3.4.6.6.5.2.8 Punkteschemata

Um die getroffene Sozialauswahl für die Arbeitnehmer und für das Arbeitsgericht nachvollziehbar zu machen, sollte der Arbeitgeber sich aus den für die Durchführung der Sozialauswahl veröffentlichten Punktesystemen das heraussuchen, das seinen Bedürfnissen am besten entspricht.

Vom LAG Hamm (Betriebs-Berater 1981, Seite 1770) stammt folgendes Punktesystem:

- Lebensalter:

bis zu 20 Jahren	0 Punkte
bis zu 30 Jahren	1 Punkt
bis zu 40 Jahren	2 Punkte
bis zu 50 Jahren	3 Punkte
über 50 Jahre	5 Punkte

- Betriebszugehörigkeit
  je volles Jahr der
  Betriebszugehörigkeit   4 Punkte

- Unterhaltsberechtigte Kinder
  je Kind   5 Punkte

- Schwerbehinderung   10 Punkte
- Doppelverdiener   –10 Punkte

Als Vorlage für eine auf die konkreten betrieblichen Verhältnisse abzustimmende Auswahlrichtlinie kann das bei Neyses (Der Betrieb 1983, Seite 2415) veröffentlichte Muster verwendet werden:

Zwischen der Firma ....

und dem Betriebsrat dieser Firma

wird gemäß § 95 BetrVG folgende Kündigungsrichtlinie vereinbart:

1. Diese Richtlinie findet nur Anwendung bei betriebsbedingten Kündigungen.
2. Die Auswahl beschränkt sich auf diejenigen Arbeitnehmer des Betriebs, die eine gleichartige Tätigkeit ausüben und daher untereinander austauschbar sind.
3. Die Auswahl wird vorgenommen nach folgendem Auswahlschema:

    a) soziale Auswahl   **maximal 160 Punkte**

    Lebensalter   **maximal 40 Punkte**
    bis zu 20 Jahren   0 Punkte
    für jedes weitere Lebensjahr   1 Punkt

    Betriebszugehörigkeit   **maximal 40 Punkte**
    je volles Beschäftigungsjahr   1 Punkt

    Unterhaltsbelastung   **maximal 40 Punkte**
    verheiratet mit einem voll
    berufstätigen Partner   0 Punkte
    alleinstehend   5 Punkte
    verheiratet mit einem nicht
    bzw. nicht voll berufstätigen
    Partner   bis zu 10 Punkte
    je unterhaltsberechtigter Person   bis zu 7 Punkte

    Sonstige soziale Gesichtspunkte   **maximal 40 Punkte**
    dauernde Pflegebedürftigkeit
    einer unterhaltsberechtigten
    Person   bis zu 10 Punkte

Schwerbehinderung des Arbeitnehmers	bis zu 10 Punkte
Erwerbsminderung des Arbeitnehmers von mindestens 20 % infolge Arbeitsunfall oder Berufskrankheit	bis zu 10 Punkte
sonstige Gründe für eine besondere Schutzbedürftigkeit	bis zu 10 Punkte

b) berechtigte betriebliche Belange

Der Arbeitnehmer ist unverzichtbar	160 Punkte
Erbringen hervorragender Leistungen	10 bis 20 Punkte
Vorliegen besonderer fachlicher Qualifikation	10 bis 20 Punkte
vorbildliches Verhalten gegenüber Vorgesetzten, Kollegen und Unterstellten	10 bis 20 Punkte
außergewöhnliche Zuverlässigkeit	10 bis 20 Punkte
Die Voraussetzungen einer krankheitsbedingten Kündigung liegen vor	Abzug von 160 Punkten

4. Die endgültige Entscheidung erfolgt unter Abwägung aller sozialen Gesichtspunkte und berechtigten betrieblichen Bedürfnisse, auch wenn diese nicht in dem Auswahlschema aufgeführt sind.

5. Die Betriebsvereinbarung tritt am .... in Kraft. Sie kann mit einer Frist von 6 Monaten zum Jahresende gekündigt werden.

3.4.6.6.5.2.9 Wertende Gesamtschau

Nach Durchführung einer groben Vorauswahl anhand eines Punkteschemas hat der Arbeitgeber noch eine alle Besonderheiten des Einzelfalls berücksichtigende umfassende Interessenabwägung und eine wertende Gesamtschau durchzuführen.

3.4.6.6.5.3 STUFE 3: BETRIEBLICHE BEDÜRFNISSE

Eine Sozialauswahl, bei der grundsätzlich betriebliche Interessen keine Rolle spielen, (BAG, Der Betrieb 1983, Seite 1822) braucht der Arbeitgeber gemäß § 1 Abs. 3 Satz 2 KSchG nicht vorzunehmen, wenn betriebstechnische, wirtschaftliche oder sonstige berechtigte betriebliche Bedürfnisse die Weiterbeschäftigung eines oder mehrerer bestimmter Arbeitnehmer bedingen und damit der Auswahl nach sozialen Gesichtspunkten entgegenstehen. Hierbei reicht es aus, daß die Weiterbeschäftigung eines Arbeitnehmers erforderlich ist. Für die Herausnahme eines Arbeitnehmers aus der Gruppe der zu Kündigenden ist nicht mehr erforderlich, daß der Arbeitgeber ansonsten in eine »gewisse Zwangslage« gerät. Als berechtigte betriebliche Bedürfnisse sind z. B. anzusehen:

- Das Interesse des Arbeitgebers am Erhalt einer ausgewogenen Altersstruktur. (BAG, 28. September 1961, Der Betrieb 1961, Seite 1651, und ArbG Elmshorn, 17. Dezember 1993 – 2c Ca 1160/93, Betriebs-Berater 1994, Seite 791)
- Das Interesse des Arbeitgebers an der Weiterbeschäftigung eines ganz erheblich leistungsstärkeren Arbeitnehmers.
- Das Interesse des Arbeitgebers an der Weiterbeschäftigung von vielseitig, insbesondere auch für Spezialaufgaben einsetzbaren Arbeitnehmern mit besonders hoher fachlicher Qualifikation. (BAG, Betriebs-Berater 1984, Seite 671)

Beispiel 1:

Ein Arbeitgeber hat sich entschlossen, die Zahl seiner Schlosser zu reduzieren. Zur Auswahl stehen ein jüngerer vielseitig einsetzbarer Montageschlosser und ein älterer nicht als Montageschlosser einsetzbarer Betriebsschlosser. In dieser Situation darf der Arbeitgeber den älteren Betriebsschlosser entlassen.

Beispiel 2:

Ein Arbeitgeber, der Geschäftsbeziehungen nach Rußland unterhält, will die Zahl seiner Sekretariatsmitarbeiter vermindern. In diesem Fall darf er die Sekretärin aus der Sozialaus-

wahl herausnehmen, die als einzige die notwendigen Russich-
kenntnisse besitzt

3.4.6.6.5.4 DARLEGUNGS- UND BEWEISLAST

Darlegungs- und beweispflichtig für eine fehlerhafte Sozialauswahl ist der **Arbeitnehmer.** Der Arbeitgeber braucht im
Kündigungschutzprozeß nach der Regel der abgestuften Dar-
legungs- und Beweislast zur sozialen Rechtfertigung der Kündigung zunächst nichts vorzutragen. Erst wenn der Arbeitnehmer substantiiert die Fehlerhaftigkeit der Sozialauswahl geltend macht und Namen und Sozialdaten der Kollegen nennt,
die seiner Meinung nach einen geringeren sozialen Schutz besitzen als er, muß er die Gründe und Bewertungsmaßstäbe angeben, die ihn zu der getroffenen sozialen Auswahl veranlaßt
haben. Dies muß der Arbeitgeber auch dann tun, wenn der
Arbeitnehmer zunächst nur pauschal die Richtigkeit des Sozialauswahl beanstandet.

Die Darlegungs- und Beweislast für das Vorliegen von wichtigen betriebstechnischen, wirtschaftlichen oder sonstigen
Gründen, die die Weiterbeschäftigung weniger schutzbedürf-
tiger Arbeitnehmer gemäß § 1 Abs. 3 Satz 2 KSchG notwendig machen, trägt der Arbeitgeber.

3.4.6.6.5.5 WEITERBESCHÄFTIGUNGS- BZW. WIEDEREINSTELLUNGSPFLICHT

Bei der Prüfung der sozialen Rechtfertigung einer betriebsbedingten Kündigung ist auf den Zeitpunkt des Kündigungszu-
gangs abzustellen. Falls später der Grund für eine betriebsbedingte Kündigung, z. B. nach einer Verbesserung der Auf-
tragslage, wegfällt, bleiben die ausgesprochenen Kündigungen trotzdem wirksam. (LAG Hamburg, Der Betrieb 1991,
Seite 1180)

Nach dem aus § 242 BGB zu entnehmenden Grundsatz von
Treu und Glauben, der auf dem Anstandsgefühl aller billig
und gerecht Denkenden beruht, kann sich im Einzelfall unter
Umständen ein Wiedereinstellungs- bzw. Weiterbeschäfti-
gungsanspruch des gekündigten Arbeitnehmers ergeben
(BAG, Der Betrieb 1984, Seite 2354) sofern der Arbeitgeber

noch keine Ersatzkraft eingestellt und auch sonst keine Dispositionen getroffen hat die eine Wiedereinstellung oder Weiterbeschäftigung des Arbeitnehmers unmöglich machen oder mit betrieblichen Schwierigkeiten verbunden sind. (LAG Düsseldorf, Betriebs-Berater 1976, Seite 1226) Wenn die ursprünglich ausgesprochenen Kündigungen sozial gerechtfertigt waren, braucht der Arbeitgeber bei der Wiedereinstellung einzelner Arbeitnehmer keine Sozialauswahl vorzunehmen sondern kann vielmehr nach dem Grundsatz der Vertragsfreiheit aus den Bewerbern frei wählen. (BAG, Neue Zeitschrift für Arbeitsrecht 1984, Seite 226)

3.4.6.6.5.6 BETRIEBSÜBERGANG

Hat ein Arbeitnehmer dem Übergang seines Arbeitsverhältnisses auf einen Betriebs(teil)übernehmer nicht zugestimmt, kann er sich auf eine fehlerhafte Sozialauswahl nur berufen, wenn für den Widerspruch ein sachlicher Grund vorliegt. Der Widersprechende handelt rechtsmißbräuchlich, wenn er ohne objektive Veranlassung seinen vorhandenen Arbeitsplatz aufs Spiel setzt. Ein Widerspruchsgrund ist allerdings dann gegeben, wenn der bislang in einem mittelständigen Unternehmen beschäftigte Arbeitnehmer die Arbeit in einem nicht sozialplanpflichtigen Kleinbetrieb fortsetzen soll. (LAG Hamm, 19. Juli 1994 – 6 Sa 30/94, Der Betrieb 1994, Seite 2242)

3.5.6.7   *Personenbedingt kündigen*

Der Arbeitgeber ist nach Durchführung einer umfassenden Interessenabwägung berechtigt, eine personenbedingte Kündigung auszusprechen, wenn der Arbeitnehmer aufgrund mangelnder körperlicher oder geistiger Eignung oder infolge des Verlustes bestimmter für die Arbeit notwendiger Qualifikationen nicht mehr in der Lage ist, die vertraglich geschuldete Leistung zu erbringen.

3.4.6.7.1   *Interessenabwägung*

Bei der Interessenabwägung ist u. a. zu berücksichtigen,

• ob bzw. wie lange das Arbeitsverhältnis zunächst ungestört verlaufen ist,

- ob dem Arbeitgeber die Mängel des Arbeitnehmers bereits in den ersten sechs Monaten des Arbeitsverhältnisses, in denen der Arbeitnehmer noch keinen Kündigungsschutz hatte, bekannt waren und er trotz dieser Kenntnis das Arbeitsverhältnis vorbehaltlos fortgesetzt hat,
- ob es möglich ist, den Arbeitnehmer nach zumutbaren Umschulungs- oder Fortbildungsmaßnahmen oder zu geänderten Arbeitsbedingungen auf einem anderen Arbeitsplatz mit geringeren Anforderungen, einer geringeren Vergütung oder einer geringeren wöchentlichen Arbeitszeit weiterzubeschäftigen. (BAG, Betriebs-Berater 1977, Seite 1098)

Weiterhin sind bei der Interessenabwägung zu berücksichtigen

- die Ursachen des Kündigungsgrundes und
- die Auswirkungen des Kündigungsgrundes auf die Einsetzbarkeit des Arbeitnehmers, auf das Arbeitsergebnis und auf die betriebliche Zusammenarbeit (LAG Hamm Betriebs-Berater 1981, Seite 733),
- die Möglichkeit der Versetzung des Arbeitnehmers auf einen anderen Arbeitsplatz in demselben Betrieb oder in einem anderen Betrieb des Unternehmens.

3.4.6.7.2   *Einzelfälle*

3.4.6.7.2.1   KÜNDIGUNG WEGEN KRANKHEIT

Der Hauptanwendungsfall der personenbedingten Kündigung ist die Kündigung wegen Krankheit. Diese wird nochmals aufgeteilt in die **Kündigung wegen häufiger Kurzerkrankung**, **wegen lang anhaltender Krankheit** und wegen **Dauerleiden** mit krankheitsbedingter Minderung der Leistungsfähigkeit oder betriebsschädlichen Auswirkungen.

Zu beachten ist allerdings, daß der Arbeitgeber bei einer teilweisen Arbeitsunfähigkeit des Arbeitnehmers nicht zur Kündigung berechtigt ist, falls der Arbeitnehmer trotz entsprechender Atteste weiterhin korrekt seine Arbeitsleistung erbringt. Erst wenn der Arbeitgeber erkennt, daß der Arbeitnehmer sehenden Auges seine Gesundheit ruiniert, darf er ihn durch eine Kündigung davon abhalten. (LAG Rheinland-Pfalz, Betriebs-Berater 1988, Seite 2033) Mit der krankheitsbedingten Kündigung braucht der Arbeitgeber auch nicht zu warten, bis die Krankheit ausgeheilt ist. Entgegen eines weit verbreiteten Irrtums ist es sehr wohl möglich, ein Arbeitsverhältnis zu kündigen, während sich der Arbeitnehmer im Krankenstand befindet. Die Kündigung wird auch nicht deswegen ausgesprochen, weil der Arbeitnehmer in der Vergangenheit arbeitsunfähig war, sondern weil er voraussichtlich auch in Zukunft häufig arbeitsunfähig sein wird.

Bei der Prüfung der Zulässigkeit einer krankheitsbedingten Kündigung kommt es auf den Zeitpunkt des Zugangs der Kündigung an. Sollte sich nach Ausspruch der Kündigung der Gesundheitszustand des Arbeitnehmers bessern, ist dies in der Regel für die Kündigung ohne Bedeutung.

Beispiel:

Ein Arbeitnehmer mit häufigen Kurzerkrankungen weigert sich, sich einer Behandlung zu unterziehen. Nachdem er die Kündigung erhalten hat, entschließt er sich doch noch zu einer Operation, die seine Gesundheit wiederherstellt. Obwohl er daraufhin keinerlei Fehlzeiten mehr hat, verliert er den Kündigungsschutzprozeß.

Die Kündigung wegen Krankheit wird in den drei Stufen 1. negative Zukunftsprognose, 2. Beeinträchtigung betrieblicher Interessen und 3. Interessenabwägung geprüft:

3.4.6.7.2.1.1 1. Stufe: Negative Zukunftsprognose

3.4.6.7.2.1.1.1 Häufige Kurzerkrankungen

Ein Arbeitnehmer hat bei häufigen Kurzerkrankungen eine negative Zukunftsprognose, wenn zum Zeitpunkt der Kündigung objektive Tatsachen vorliegen, die die Besorgnis bezüglich weiterer Erkrankungen im bisherigen Umfang rechtfertigen. Bei häufigen Kurzerkrankungen in der Vergangenheit kann der Arbeitgeber davon ausgehen, daß der Arbeitnehmer auch in Zukunft häufig krank sein wird. Will der Arbeitnehmer diese Vermutung entkräften, muß er ggf. seinen Arzt als

Zeugen benennen und ihn von der ärztlichen Schweigepflicht entbinden.

Der Arbeitnehmer hat auch dann noch eine negative Zukunftsprognose, wenn seine Krankheit zwar grundsätzlich heilbar ist, er sich jedoch angesichts des mit der Behandlung verbundenen hohen Risikos weigert, sich einer Behandlung zu unterziehen.

3.4.6.7.2.1.1.2 Lang andauernde Krankheit

Bei einer lang andauernden Krankheit liegt eine negative Zukunftsprognose vor, wenn

- der Arbeitnehmer schon längere Zeit, d. h. mehr als sechs Wochen (LAG Düsseldorf, Betriebs-Berater 1976, Seite 646: mehr als zwei bis drei Monate) arbeitsunfähig krank gewesen ist und/oder
- das Ende der Arbeitsunfähigkeit nicht abzusehen oder mit einer langfristigen Fortdauer der Arbeitsunfähigkeit zu rechnen ist.

Der Arbeitgeber ist für die Tatsachen darlegungs- und beweispflichtig, aus denen sich das Vorliegen einer lang anhaltenden Krankheit und die langfristige Fortdauer derselben ergeben. Nachdem er auch bei der langanhaltenden Krankheit häufig keine genauen Kenntnisse über diese Krankheit besitzt, kann er sich auch hier seine negative Zukunftsprognose mit der bisherigen Dauer der Arbeitsunfähigkeit begründen. (BAG, Betriebs-Berater 1983, Seite 899) Auch hier hat der Arbeitnehmer die Möglichkeit, eine negative Zukunftsprognose durch ein medizinisches Gutachten zu entkräften.

3.4.6.7.2.1.1.3 Dauerleiden

Im Gegensatz zur Kündigung wegen lang anhaltender Krankheit, bei der eine Wiedererlangung der Arbeitsunfähigkeit möglich ist, ist bei der Kündigung wegen eines Dauerleidens zu erwarten, daß der Arbeitnehmer nicht mehr arbeitsfähig werden wird. Bei der Kündigung wegen Dauerleiden ist eine erhebliche Beeinträchtigung der betrieblichen Interessen nicht erforderlich. (LAG Hamm, Neue Zeitschrift für Arbeitsrecht

1990, Seite 482) Ist bei einem Arbeitnehmer die ordentliche Kündigung ausgeschlossen, kann der Arbeitgeber außerordentlich kündigen. Allerdings muß er dabei die ordentliche Kündigungsfrist einhalten. Darlegungs- und beweispflichtig für das Vorliegen eines Dauerleidens ist der Arbeitgeber.

Abgesehen von Arbeitsverhältnissen im Gesundheitsbereich berechtigt eine HIV-Infektion der Arbeitgeber nicht zu einer krankheitsbedingten Kündigung, da davon ausgegangen werden kann, daß die HIV-Infektion allein noch zu keiner Beeinträchtigung der Arbeitsleistung des Arbeitnehmers führt. Sofern nicht ausnahmsweise die Voraussetzungen einer Druckkündigung (siehe Kapitel Druckkündigung) vorliegen, kann der Arbeitgeber erst nach tatsächlichem Ausbruch der AIDS-Erkrankung eine Kündigung wegen dauernder Arbeitsunfähigkeit in Erwägung ziehen.

3.4.6.7.2.1.2 2. Stufe: Erhebliche Beeinträchtigung betrieblicher Interessen

Eine erhebliche Beeinträchtigung betrieblicher Interessen ist anzunehmen, wenn es durch die Fehlzeiten des Arbeitnehmers zu Betriebsablaufstörungen oder zu erheblichen wirtschaftlichen Belastungen des Arbeitgebers gekommen ist.

3.4.6.7.2.1.2.1 Betriebsablaufstörungen

Als erhebliche durch die Fehlzeiten des Arbeitnehmers verursachte Störungen des Betriebsablaufs wurden von der Rechtsprechung anerkannt:

- Produktionsausfälle und Maschinenstillstände. (LAG Hamm, Betriebs-Berater 1981, Seite 733)
- zusätzlicher Arbeitsaufwand und Produktionsrückgang durch die Neuverteilung der Arbeit des erkrankten Arbeitnehmers. (LAG Hamm, Der Betrieb 1982, Seite 283)
- Nichtausführung der Arbeiten des erkrankten Arbeitnehmers. (LAG Düsseldorf, Der Betrieb 1980, Seite 1078)
- Störungen des Betriebsablaufs bei starker wechselseitiger Abhängigkeit der Arbeitsplätze, die eine verläßliche Besetzung der Arbeitzplätze erfordert. (BAG, Der Betrieb 1977, Seite 2455)

- Unkalkulierbarkeit der Einsatzmöglichkeiten eines häufig arbeitsunfähigen Arbeitnehmers die eine vernünftige Personalplanung unmöglich macht. (LAG Rheinland-Pfalz, Betriebs-Berater 1981, Seite 1151)
- Übermäßige Belastung von Kollegen und Vorgesetzten durch ständig notwendige Überbrückungsmaßnahmen und durch die Notwendigkeit einer wiederholten Einarbeitung von Ersatzkräften.
- Unzufriedenheit und Verärgerung bei den Arbeitskollegen, die die Arbeiten des Erkrankten bei verdichteter Arbeitsleistung miterledigen müssen. (LAG Schleswig-Holstein, Der Betrieb 1960, Seite 1339, und LAG Baden-Württemberg, Der Betrieb 1980, Seite 1852)

Bevor der Arbeitgeber die geschilderten Störungen zum Anlaß für eine Kündigung nimmt, hat er zu prüfen, ob er die Störungen nicht durch geeignete **Überbrückungsmaßnahmen** beseitigen oder mildern kann. Als zumutbare Überbrückungsmaßnahmen kommen ggf. in Betracht:

- die Einführung von Über- oder Mehrarbeit,
- der Einsatz eines Mitarbeiters aus der Personalreserve (BAG, Neue Zeitschrift für Arbeitsrecht 1989, Seite 923),
- die vorübergehende Einstellung von Aushilfskräften

Ist es dem Arbeitgeber nicht möglich, die durch die Krankheit des Arbeitnehmers eintretenden Betriebsablaufstörungen durch Überbrückungsmaßnahmen zu beseitigen, hat er vor einer Kündigung noch zu prüfen, ob es möglich ist, den Arbeitnehmer nach zumutbaren Umschulungs- und Fortbildungsmaßnahmen auf einem anderen Arbeitsplatz weiterzubeschäftigen. (BAG, Betriebs-Berater 1977, Seite 1098)

3.4.6.7.2.1.2.2 Wirtschaftliche Belastungen

Eine erhebliche Beeinträchtigung betrieblicher Interessen kann auch dadurch eintreten, daß der Arbeitgeber für die Fehlzeiten des Arbeitnehmers unverhältnismäßig hohe Entgeltfortzahlungskosten aufzuwenden hat. Von außergewöhnlich hohen Entgeltfortzahlungskosten kann ausgegangen werden, wenn der Arbeitgeber für mehr als sechs Wochen pro Jahr Entgelt fortzuzahlen hat, ohne hierfür eine adäquate Gegenleistung zu erhalten. Dabei kommt es nicht auf die finanziellen Verhältnisse des Arbeitgebers insgesamt an, sondern nur auf die Kosten des einzelnen Arbeitsverhältnisses. (BAG, 29. Juli 1993 – 2 AZR 155/93, Der Betrieb 1993, Seite 2439)

Neben den reinen Entgeltfortzahlungskosten sind auch die Kosten zu berücksichtigen, die dem Arbeitgeber entstehen durch

- Überstundenzuschläge (LAG Düsseldorf, Betriebs-Berater 1981, Seite 1274)
- Zahlungen, die ohne tatsächliche Arbeitsleistung allein aufgrund des Bestehens des Arbeitsverhältnisses zu erbringen sind, wie Weihnachtsgeld, Urlaubsgeld etc. (LAG Berlin, Der Betrieb 1983, Seite 561)
- zusätzliche Kosten durch den Einsatz von Leiharbeitnehmern und durch die Vergabe von Lohnaufträgen an Drittfirmen.

Nicht mitzählen darf der Arbeitgeber allerdings Entgeltfortzahlungskosten, die durch Betriebsunfälle oder durch einmalige Erkrankungen entstanden sind. (BAG, 14. Januar 1993 – 2 AZR 343/92, Neue Zeitschrift für Arbeitsrecht 1994, Seite 309)

3.4.6.7.2.1.3 3. Stufe: Interessenabwägung

Vor Ausspruch einer krankheitsbedingten Kündigung hat der Arbeitgeber noch eine umfassende abschließende Interessenabwägung vorzunehmen. Dabei ist zu prüfen, ob die aufgetretenen Beeinträchtigungen vom Arbeitgeber billigerweise noch hingenommen werden müssen. Insbesondere ist zu berücksichtigen, ob die Erkrankungen auf betriebliche Ursachen zurückzuführen sind, und ob bzw. wie lange das Arbeitsverhältnis zunächst ungestört verlaufen ist, ferner sind das Alter, der Familienstand und schwierige soziale Verhältnisse des Arbeitnehmers zu berücksichtigen. Zugunsten des Arbeitgebers ist bei der Interessenabwägung die Höhe seiner

Aufwendungen für die Bereithaltung einer Personalreserve zu berücksichtigen.

3.4.6.7.2.2 ALKOHOLABHÄNGIGKEIT

Wird ein Arbeitnehmer wiederholt in alkoholisiertem Zustand am Arbeitsplatz angetroffen, kann der Arbeitgeber nach entsprechender Abmahnung das Arbeitsverhältnis durch eine verhaltensbedingte Kündigung beenden. Beruft sich der Arbeitnehmer jedoch auf seine Alkoholabhängigkeit, hat der Arbeitgeber die Regeln der Kündigung wegen Krankheit zu beachten. In diesem Fall ist eine Kündigung erst dann möglich, wenn er dem Arbeitnehmer einmal die Möglichkeit einer Entziehungskur eingeräumt hat. Wird der Arbeitnehmer nach seiner Teilnahme an einer Entziehungskur rückfällig oder bricht er die Entziehungskur ab, kann der Arbeitgeber kündigen. Entsprechendes gilt für eine Kündigung wegen Drogenabhängigkeit.

3.4.6.7.2.3 FEHLENDE ARBEITSERLAUBNIS

Besitzt ein ausländischer Arbeitnehmer die nach § 19 Abs. 1 AFG erforderliche Arbeitserlaubnis nicht mehr, kann der Arbeitgeber das Arbeitsverhältnis, wenn die zuständige Behörde die Arbeitserlaubnis endgültig verweigert hat, personenbedingt kündigen. Nur im Ausnahmefall kann von einem Arbeitgeber erwartet werden, daß er mit der Kündigung wartet, bis auch über die vom Arbeitnehmer gegen den ablehnenden Bescheid der Behörde eingelegten Rechtsmittel rechtskräftig entschieden wurde.

3.4.6.7.2.4 ARBEITSVERWEIGERUNG AUS GEWISSENGRÜNDEN

Weigert sich ein Arbeitnehmer aus Gewissensgründen, die ihm übertragenen Aufgaben zu erledigen, kann dies im Einzelfall, falls der Arbeitgeber keine Möglichkeit hat, den Arbeitnehmer anderweitig einzusetzen, ein Grund für eine personenbedingte Kündigung sein.

3.4.6.7.2.5 Verlust von für die Arbeitsleistung notwendigen Qualifikationen

Auch der Verlust von für die Erbringung der Arbeitsleistung erforderlichen Qualifikationen berechtigen den Arbeitgeber zum Ausspruch einer personenbedingten Kündigung.

Beispiele:

* *Verlust der Ausbildereigenschaft bei einem Betriebsausbilder,*
* *Verlust des Führerscheins bei einem Kraftfahrer,*
* *Nichterteilung eines Gesundheitszeugnisses bei Arbeitnehmern in gastronomischen Betrieben und im medizinischen Bereich.*

3.4.6.7.2.6 Wehrdienst

Bei türkischen Arbeitnehmern hat das Bundesarbeitsgericht entschieden, daß der Arbeitgeber nicht kündigen darf, wenn der Arbeitnehmer für zwei Monate an einem verkürzten Grundwehrdienst teilnimmt. (BAG, Betriebs-Berater 1984, Seite 1491) Dauert der Wehrdienst eines ausländischen Arbeitnehmers länger als zwei Monate, kann der Arbeitgeber personenbedingt kündigen, wenn die wehrdienstbedingte Abwesenheit zu einer erheblichen Beeinträchtigung betrieblicher Interessen führt und nicht durch zumutbare personelle oder organisatorische Maßnahmen überbrückt werden kann.

3.4.6.7.2.7 Gefährdung von Betriebsgeheimnissen

Eine personenbedingte Kündigung kommt auch in Betracht, wenn ein Arbeitnehmer enge freundschaftliche oder verwandtschaftliche Verhältnisse zum Inhaber eines Konkurrenzunternehmens oder zu dessen Mitarbeitern unterhält und konkrete Anhaltspunkte für die Gefahr eines Verrats von Betriebs- oder Geschäftsgeheimnissen besteht. Zu einem tatsächlichen Verrat braucht es dabei noch nicht gekommen zu sein.

3.4.6.7.2.8 Druckkündigung

Denkbar ist es, daß eine Kündigung aus personenbedingten Gründen auch dann sozial gerechtfertigt ist, wenn Kunden oder Kollegen die Weiterarbeit mit einem Arbeitnehmer aufgrund dessen persönlicher Eigenheiten ablehnen und dieser Druck auf den Arbeitgeber so stark wird, daß ihm die Fortsetzung des Arbeitsverhältnisses nicht mehr zuzumuten ist. Vor Ausspruch der Druckkündigung hat der Arbeitgeber jedoch alle Möglichkeiten zur Minderung des Druckes auszuschöpfen. Insbesondere hat er auch eine Versetzung des Arbeitnehmers auf einen anderen Arbeitsplatz oder in eine andere Abteilung zu prüfen.

3.4.6.8 *Verhaltensbedingt kündigen*

Zu einer verhaltensbedingten Kündigung ist der Arbeitgeber ggf. nach Abmahnung berechtigt, wenn ein Arbeitnehmer Pflichten aus seinem Arbeitsvertrag verletzt und aufgrund einer Interessenabwägung dem Arbeitgeber die Fortsetzung des Arbeitsverhältnisses auch zu geänderten Arbeitsbedingungen nicht mehr zumutbar ist.

3.4.6.8.1 *Pflichtverletzung*

Als Grund für eine verhaltensbedingten Kündigung ist grundsätzlich jede schuldhafte, d. h. mindestens fahrlässig begangene Verletzung der Pflichten aus dem Arbeitsvertrag geeignet. Je nach den Umständen des Einzelfalles können z. B. folgende Vorkommnisse eine verhaltensbedingte Kündigung rechtfertigen:

- Beleidigung von Vorgesetzten und Kollegen,
- Beteiligung an Schlägereien in Betrieb,
- Arbeit für ein Konkurrenzunternehmen,
- Verrat von Betriebsgeheimnissen,
- Vortäuschen einer Krankheit,
- Abwerben von Arbeitskollegen oder Handelsvertretern,
- Teilnahme an einen rechtswidrigen Streik,
- beharrliche Arbeitsverweigerung,
- Selbstbeurlaubung,
- häufiges Zuspätkommen zur Arbeit,
- Verstöße gegen ein im Betrieb bestehendes Rauch- oder Alkoholverbot.

Auch außerdienstliches Verhalten kann den Arbeitgeber berechtigen, eine personenbedingte Kündigung auszusprechen, falls das außerdienstliche Verhalten Auswirkungen auf das Arbeitsverhältnis hat.

Beispiele:

Ein Kassierer wird wegen eines in seiner Freizeit begangenen Ladendiebstahls verurteilt.

Ein Kraftfahrer verursacht nach Dienstschluß in alkoholisiertem Zustand einen schweren Verkehrsunfall.

3.4.6.8.2 *Abmahnung*

Der Arbeitgeber kann die verhaltensbedingte Kündigung ohne vorherige Abmahnung aussprechen, wenn der Arbeitnehmer wissen mußte, daß der Arbeitgeber sein Verhalten nicht akzeptieren würde. D. h. in all den Fällen, in denen der Arbeitnehmer gegen seinen Arbeitgeber strafbare Handlungen (Diebstahl, Körperverletzung, Unterschlagung, Betrug, etc.) begeht, braucht keine Abmahnung ausgesprochen zu werden, sondern kann beim erstmaligen Auftreten des Fehlverhaltens gleich gekündigt werden. Eine Ausnahme hiervon bilden die sogenannten Bagatellfälle.

Beispiel:

Nach zwanzig Jahren unbeanstandeter Tätigkeit führt der Arbeitnehmer ohne Erlaubnis auf Kosten des Arbeitgeber ein kurzes Ortsgespräch. In diesen Fall wäre es notwendig gewesen, daß der Arbeitgeber den Arbeitnehmer zunächst einfach an seine Pflichten erinnert. Im Wiederholungsfall könnte er ggf. eine Abmahnung aussprechen und erst dann, wenn auch diese Abmahnung keine Wirkung zeigt, könnte er über eine Kündigung nachdenken.

3.4.6.8.2.1 KONKRETE RÜGE

Die Abmahnung besteht aus der Rüge eines konkreten Fehlverhaltens.

Beispiel:

»Sie haben am 1. Februar 1996 durch den Einsatz einer nicht geprüften privaten Diskette mit Computerspielen Ihren Arbeitsplatzcomputer mit dem Computervirus XY infiziert« ist besser als *»Wir sind schon lange nicht mehr mit Ihnen zufrieden.«*

3.4.6.8.2.2 Ergänzende Informationen

Haben Sie keine Hemmungen, in die Abmahnung Informationen über Sachverhalte aufzunehmen, die dem Arbeitnehmer bereits bekannt sind. Der letztlich wichtigste Adressat ihrer Abmahnung ist nämlich nicht Ihr Arbeitnehmer sondern der Arbeitsrichter, der bereits durch das Lesen der Abmahnung in die Lage versetzt werden soll, sich ein zutreffendes Bild über Ihren Arbeitnehmer zu machen.

Beispiel:

»Sie wurden jeweils im Juli und im Dezember 1995 auf einen mehrtägigen Lehrgang über die bei der Benutzung von Arbeitsplatzcomputern einzuhaltenden Sicherheitsstandards informiert. Deswegen ist es um so unverständlicher, daß Sie am 1. Februar…«

Scheuen Sie sich auch nicht, im Abmahnungsschreiben ggf. nochmals die Höhe des Ihnen entstandenen Schadens anzugeben.

Beispiel:

»Durch die Verwendung der nicht geprüften Diskette ist im Bereich ……. ein Schaden eingetreten, dessen Beseitigung uns bisher allein schon DM 10.385,20 an Kosten verursacht hat.«

3.4.6.8.2.3 Aufforderung zu vertragsgemäßem Verhalten

Standardmäßig enthält eine Abmahnung nach der Beschreibung des konkreten Fehlverhaltens den Satz: *»Wir fordern Sie auf, diesen Fehler künftig zu vermeiden.«*

3.4.6.8.2.4 DROHUNG MIT KONSEQUENZEN

Die Abmahnung endet mit dem Satz: »Sollte sich ihr Fehlverhalten wiederholen, müssen Sie mit arbeitsrechtlichen Konsequenzen bis hin zur Kündigung rechnen.« Mit dieser oder einer ähnlichen Formulierung halten Sie sich alle Möglichkeiten offen: Bei einer Wiederholung des Fehlers können Sie kündigen oder ggf. eine weitere Abmahnung aussprechen.

Unzweckmäßig ist es in jedem Fall zu schreiben: »Bei nochmaligem Auftreten einer Pflichtverletzung werden wir Ihnen sofort fristlos kündigen.« Spätestens bei der dritten einschlägigen Abmahnung eines Fehlverhaltens mit dieser Formulierung hat der Arbeitgeber seiner Abmahnung die Ernsthaftigkeit genommen.

3.4.6.8.2.5 EINSCHLÄGIGKEIT DER ABMAHNUNG

Die Rechtsprechung verlangt, daß der Arbeitnehmer vor Ausspruch einer verhaltensbedingten Kündigung einschlägig abgemahnt wurde. Dies führt in der Praxis häufig zu nicht akzeptablen Ergebnissen.

Beispiel:

Der Arbeitnehmer wird am 2. Januar abgemahnt, weil er ohne Entschuldigung eine Stunde zu spät zur Arbeit erschienen ist. Am 20. Januar bedient er eine Maschine, ohne vorher die erforderliche Sicherheitsbekleidung angelegt zu haben. Der Arbeitgeber darf am 20. Januar noch keine verhaltensbedingte Kündigung aussprechen, da der Arbeitnehmer die Abmahnung wegen Zuspätkommens für eine Kündigung wegen Nichtanlegen von Sicherheitsbekleidung nicht einschlägig ist.

Der Arbeitgeber sollte deshalb versuchen, bei mehreren Verfehlungen aus unterschiedlichen Bereichen eine »Klammer« für das Fehlverhalten des Arbeitnehmers zu finden.

Beispiel:

Ein Arbeitnehmer unterläßt am 15. März die Sicherung der Festplatte seines Arbeitsplatzcomputers. Dadurch tritt ein

Datenverlust ein, dessen Kompensation den Arbeitgeber DM 10.000,– kostet. Am 20. April erscheint dieser Arbeitnehmer ohne Entschuldigung zwei Stunden zu spät zur Arbeit. Dadurch verliert der Arbeitgeber einen wichtigen Kunden. In diesem Fall könnte man darüber nachdenken, daß der Arbeitgeber am 15. März eigentlich die Unzuverlässigkeit des Arbeitnehmers abgemahnt hat. Damit wäre diese Abmahnung für die am 20. April erneut aufgetretene Unzuverlässigkeit einschlägig und der Arbeitgeber könnte ohne weitere Abmahnung kündigen.

3.4.6.8.2.6 ANZAHL DER ABMAHNUNGEN

Grundsätzlich reicht für eine Kündigung eine einschlägige Abmahnung aus. Insbesondere bei länger beschäftigten Arbeitnehmern kann es jedoch erforderlich sein, vor Ausspruch einer verhaltensbedingten Kündigung erneut abzumahnen. Mehr als zwei einschlägige Abmahnungen sollten in der Regel nicht erteilt werden, da der Arbeitgeber seinen Abmahnungen, insbesondere, wenn sie mit dem Satz enden »... werden wir Ihnen beim nächsten Mal fristlos kündigen«, die Ernsthaftigkeit nimmt. Besser ist es, nicht gleich jede Bagatelle abzumahnen, sondern zu warten, bis das Fehlverhalten des Arbeitnehmers eine gewisse Schwere erreicht hat, und erst dann abzumahnen. Im Wiederholungsfall sollte dann möglichst gleich die Kündigung ausgesprochen werden.

3.4.6.8.2.7 ABMAHNUNGSBERECHTIGUNG

Abmahnungsberechtigt ist nicht nur der Arbeitgeber selbst, sondern jeder weisungsberechtigte Vorgesetzte. Dies liegt daran, daß die Schlußformel der Abmahnung nicht lautet: »... werde ich Ihnen kündigen«, sondern: »... wird man Ihnen kündigen.« Trotzdem sollte im Betrieb nicht jeder Abmahnungen aussprechen, der dazu berechtigt ist. Vielmehr sollte sich der Arbeitgeber das Recht zur Abmahnung vorbehalten bzw. das Recht zur Abmahnung nur auf die Vorgesetzten übertragen, die aufgrund ihrer Stellung im Betrieb oder ihrer Ausbildung die Gewähr dafür bieten, daß sie bei Ausspruch der Abmahnung keine oder möglichst wenig Fehler begehen.

Ein Fehler könnte es z. B. sein, nach einer Straftat oder nach einem bereits einschlägig abgemahnten Fehlverhalten eine (erneute) Abmahnung auszusprechen, obwohl eine sofortige Kündigung möglich gewesen wäre. Durch die Abmahnung verliert der Arbeitgeber nämlich das Recht, für das abgemahnte Fehlverhalten eine Kündigung auszusprechen. Dies wird damit begründet, daß der Arbeitgeber mit einer Abmahnung dem Arbeitnehmer sozusagen sein Fehlverhalten verzeiht und ihm (nochmals) eine Chance zur Besserung einräumt.

3.4.6.8.2.8 Frist für den Ausspruch der Abmahnung

Beim Ausspruch der Abmahnung kann sich der Arbeitgeber Zeit lassen. Insbesondere gibt es keine Zweiwochenausschlußfrist gemäß »§ 626 Abs. 2 BGB analog«. Dies wird wie folgt begründet: Gäbe es eine Ausschlußfrist für den Ausspruch der Abmahnung, müßte der Arbeitgeber den Arbeitnehmer ständig kontrollieren, um nur ja keine Zweiwochenfrist zu verpassen. Die Folge wäre, daß auch in den Fällen Abmahnungen sozusagen vorsorglich ausgesprochen werden müßten, in denen es eigentlich gar nicht notwendig gewesen wäre.

Beispiel:

Einem guten Mitarbeiter unterläuft nach zwanzig Jahren Betriebszugehörigkeit ein schwerer Fehler, der ihm sehr peinlich ist. Würde es hier eine Zweiwochenfrist geben, müßte der Arbeitgeber vorsichtshalber eine Abmahnung aussprechen, denn er weiß ja nicht, ob dies ein einmaliger Fehler oder der Beginn einer Fehlerserie war. Durch diese Abmahnung könnte er ggf. den Mitarbeiter verstimmen, dessen Motivation mindern und zu weiteren Fehlern veranlassen, die sonst nicht aufgetreten wären. Da es aber keine Zweiwochenfrist gibt, kann der Arbeitgeber zunächst einmal abwarten. Sollte sich der Fehler nach einem Monat wiederholen, kann er den Arbeitnehmer dann immer noch für das erste Fehlverhalten abmahnen.

3.4.6.8.2.9 Frist für die Entfernung der Abmahnung

Eine zulässigerweise erteilte Abmahnung braucht der Arbeitgeber grundsätzlich nie mehr aus der Personalakte entfernen. Etwas anderes gilt nur, wenn der Arbeitnehmer z. B. im öffentlichen Dienst durch den Verbleib einer durch Zeitablauf inzwischen unwirksam gewordenen Abmahnung schwere Nachteile bei seiner Karriere hätte oder wenn sich der Arbeitgeber z. B. durch Betriebs- oder Dienstvereinbarung zur Entfernung etwa nach drei Jahren verpflichtet hätte.

3.4.6.8.2.10 Wirkungsdauer der Abmahnung

Bei leichtgewichtigem Fehlverhalten (z. B. geringfügige Schlechtleistung) kann der Arbeitgeber die Abmahnung etwa ein Jahr lang für eine verhaltensbedingte Kündigung verwenden.

Bei mittelschwerem Fehlverhalten (unentschuldigtes Fehlen für einen Tag) kann der Arbeitgeber die Abmahnung zwei Jahre verwenden.

Bei schwerem Fehlverhalten (drei Tage unentschuldigtes Fehlen oder eigenmächtige Urlaubsverlängerung um drei oder mehr Tage) kann der Arbeitgeber die Abmahnung, falls der Vorfall nicht sowieso schon für eine ggf. außerordentliche Kündigung ohne Abmahnung ausreicht, die Abmahnung drei Jahre lang verwenden.

3.4.6.8.2.11 Form der Abmahnung

Eine Abmahnung ist an keine Form gebunden. D. h. der Arbeitgeber oder ein weisungsberechtigter Vorgesetzter kann eine Abmahnung auch mündlich erteilen. Aus Beweisgründen empfiehlt es sich jedoch immer, die Abmahnung schriftlich abzufassen.

3.4.6.8.2.12 Nachweis des Fehlverhaltens

Gut ist es, wenn der Arbeitgeber im Kündigungsschutzprozeß nicht nur nachweisen kann, daß der Arbeitnehmer abgemahnt wurde, sondern auch, daß er überhaupt einen Fehler begangen hat. Im Arbeitsrecht gilt nämlich nicht der Satz: »Wer sich nicht verteidigt, klagt sich an.«

Beispiel:

Dem Arbeitnehmer unterläuft im Januar und im Februar 1996 jeweils ein mittelschwerer Fehler. Beide Fehler werden vom Arbeitgeber korrekt abgemahnt. Als sich ein vergleichbarer Fehler wiederholt, kündigt der Arbeitgeber aus verhaltensbedingten Gründen. In der im Dezember 1997 stattfindenden Gerichtsverhandlung gibt der Arbeitnehmer zu, abgemahnt worden zu sein, er bestreitet jedoch jedes Fehlverhalten. Kann der Arbeitgeber jetzt nicht zusätzlich zu den Abmahnungen die den Abmahnungen zugrunde liegenden Fehler beweisen, verliert er den Prozeß.

Dem Arbeitgeber ist deswegen zu empfehlen, zum Zeitpunkt des Fehlverhaltens gleich mit der Beweissicherung zu beginnen. Als Beweismittel eignen sich z. B.

- Photos des beschäftigten Fahrzeugs.
- eine Kopie des Briefes, bei dem der Schreibkraft auf drei Seiten fünfunddreißig Rechtschreibfehler unterlaufen sind.
- Zeugenaussagen. Bei Zeugenaussagen ist es wichtig, daß diese dem Arbeitgeber auch noch zum Zeitpunkt des Kündigungsschutzprozesses zur Verfügung stehen. Bei betriebsfremden Zeugen sollte sich der Arbeitgeber deshalb die genaue Anschrift und Telefonnummer des Zeugen notieren.
- das Geständnis des Arbeitnehmers. Hat der Arbeitnehmer dem Arbeitgeber z. B. den Satz unterschrieben: »Ich gebe den mir zur Last gelegten Sachverhalt zu und verspreche, den Fehler nie wieder zu begehen«, wird er im Kündigungsschutzprozeß kaum behaupten können, er habe nie Fehler begangen. Eine Unterschrift des Arbeitnehmers auf der Kopie der Abmahnung erfüllt diesen Zweck dagegen nicht, da der Arbeitnehmer mit dieser nur den Erhalt bestätigt.

3.4.6.8.2.13 ANHÖRUNG DES ARBEITNEHMERS

In manchen Tarifverträgen ist vorgesehen, daß der Arbeitgeber den Arbeitnehmer vor Erteilung einer Abmahnung zum Sachverhalt anhören muß. Versäumt der Arbeitgeber die Anhörung, kann der Arbeitnehmer die Entfernung der Abmahnung verlangen. Dies ist für den Arbeitgeber jedoch ohne größere Bedeutung. Denn zum einen kann der Arbeitgeber eine entfernte Abmahnung nach ordnungsgemäßer Anhörung jederzeit wieder in die Personalakte aufnehmen. Zum anderen entfaltet auch eine nicht wieder in die Personalakte aufgenommene Abmahnung ihre Wirkung und berechtigt den Arbeitgeber ggf. zu Kündigung.

Beispiel:

Am 10. Januar leistet der Arbeitnehmer schlechte Arbeit. Am 12. Januar mahnt der Arbeitgeber ihn deswegen ab, ohne ihn vorher anzuhören. Am 12. Juli wird der Arbeitgeber rechtskräftig verurteilt, die Abmahnung zu entfernen. Der Arbeitgeber entfernt die Abmahnung noch am gleichen Tag. Am 19. Juli begeht der Arbeitnehmer einen vergleichbaren Fehler.

Ergebnis: Der Arbeitgeber kann, auch wenn er die Abmahnung am 12. Juni nach Anhörung nicht erneuert hat, ohne weiteres kündigen, da die Abmahnung vom 10. Januar zumindest noch als mündliche Abmahnung ihre Wirkung behalten hat.

Eine Anhörung des Betriebsrats zur Abmahnung ist nicht vorgesehen. Im öffentlichen Dienst kann sich jedoch eine Pflicht zur Anhörung des Personalrats aus einzelnen Landespersonalvertretungsgesetzen ergeben.

3.4.6.8.2.14 ENTFERNUNG DER ABMAHNUNG

Ist die Abmahnung zu Unrecht erteilt worden, kann der Arbeitnehmer deren Entfernung verlangen. Enthält die Abmahnung mehrere Vorwürfe und ist davon nur einer unberechtigt, ist die ganze Abmahnung zu entfernen. Dies hindert den Arbeitgeber jedoch nicht, eine erneute Abmahnung mit den nicht beanstandeten Teilen auszusprechen. In der Praxis empfiehlt es sich, für jeden Vorfall ein separates Abmahnungsschreiben zu verwenden. Bei seinem Verlangen auf Entfernung der Abmahnung ist der Arbeitnehmer an keine Ausschlußfristen gebunden.

Beispiel:

Ein Arbeitnehmer wird am 1. Februar abgemahnt. Die z. B. nach § 70 Bundes-Angestelltentarifvertrag vorgesehene sechsmonatige Ausschlußfrist endet am 1. August. Der Arbeitnehmer kann noch problemlos im November die Entfernung der Abmahnung z. B. wegen Unrichtigkeit oder wegen fehlender Anhörung verlangen. Bei einer erstmaligen Geltendmachung im Dezember des Folgejahres könnte sein Entfernungsanspruch dagegen eventuell verwirkt sein.

3.4.6.8.3   Vertragsänderung

Bevor der Arbeitgeber eine verhaltensbedingte Beendigungskündigung ausspricht, muß er prüfen, ob eventuell durch die Versetzung des Arbeitnehmers auf einen anderen Arbeitsplatz oder durch eine Veränderung des Arbeitsvertrages die Kündigung vermieden werden kann.

Beispiel:

Eine am Vormittag eingesetzte Teilzeitkraft kommt häufig zu spät zur Arbeit, weil sie verschlafen hat. Durch die Verlegung der Arbeitszeit in die Nachmittagsstunden ließe sich eine Kündigung möglicherweise vermeiden.

Ist der Arbeitnehmer nicht bereit, z. B. auf ein Änderungsangebot des Arbeitgebers einzugehen, muß der Arbeitgeber ggf. eine entsprechende Änderungskündigung aussprechen.

3.4.6.8.4   Interessenabwägung

Vor Ausspruch der verhaltensbedingten Kündigung hat der Arbeitgeber dann noch eine umfassende, abschließende und alle Umstände des Einzelfalles berücksichtigende Interessenabwägung vorzunehmen. Dabei kommt es darauf an, ob ein anderer, ruhig und verständig urteilender, Arbeitgeber das Fehlverhalten als Kündigungsgrund ansehen würde. (BAG, Betriebs-Berater 1962, Seite 258)

Insbesondere ist bei der Interessenabwägung zu berücksichtigen:

• Schwere und Art der durch das Fehlverhalten des Arbeitnehmers eingetretenen Betriebsstörungen und Nachteile für den Arbeitgeber,

- Alter, Familienstand und soziale Situation des Arbeitnehmers,
- Auswirkungen des Fehlverhaltens auf das Ansehen des Arbeitgebers und auf die Betriebsdisziplin,
- Ursachen und Wiederholungsgefahr des Fehlverhaltens,
- ggf. ein Mitverschulden des Arbeitgebers,
- bisheriges Verhalten und die Dauer der Betriebszugehörigkeit.

Für das Überwiegen seines Interesses an der Beendigung des Arbeitsverhältnisses gegenüber den Interessen des Arbeitnehmers am Erhalt des Arbeitsplatzes ist der Arbeitgeber darlegungs- und beweispflichtig. Im Zweifel kann es auch bei der verhaltensbedingten Kündigung nicht schaden, für die Darstellung der Kündigungsgründe und des überwiegenden Interesses des Arbeitgebers an der Kündigung sachkundigen Rat einzuholen.

3.4.7 Kündigungsschutzklage

3.4.7.1 *Voraussetzungen*

Gemäß § 1 Abs. 1 KSchG kann ein Arbeitnehmer Kündigungsschutzklage zum Arbeitsgericht einreichen,

- wenn das Arbeitsverhältnis bei Ausspruch der Kündigung länger als sechs Monate bestanden hat,
- wenn der Arbeitgeber ohne Berücksichtigung der Auszubildenden mehr als fünf Arbeitnehmer beschäftigt, von denen jeder mehr als zehn Stunden pro Woche bzw. mehr als 45 Stunden pro Monat arbeitet,
- wenn er der Meinung ist, daß die Kündigung sozial ungerechtfertigt ist, weil dem Arbeitgeber kein Anlaß zur Verfügung steht, der durch sein Verhalten, durch seine Person, durch dringende betriebliche Erfordernisse oder durch sonstige Gründe bedingt ist.

Die Kündigungsschutzklage muß, wenn nicht ausnahmsweise besondere Umstände vorliegen, innerhalb von drei Wochen ab Zugang der Kündigung eingereicht werden.

Das offizielle Ziel eine Kündigungsschutzklage ist es, die Kündigung für unwirksam zu erklären und dem Arbeitnehmer seinen Arbeitsplatz zu erhalten. Tatsächlich erreicht nur ein Bruchteil der eingereichten Kündigungsschutzklagen dieses Ziel.

3.4.7.2 *Praxis*

Die meisten Kündigungsschutzprozesse werden in der Praxis gegen Zahlung einer Abfindung durch Vergleich beendet.

Dies hat damit zu tun, daß die Scheu, die Arbeitgeber noch vor einigen Jahren vor einer »sozial nicht gerechtfertigten Kündigung« hatten, großenteils verschwunden ist. Viele Arbeitgeber, insbesondere auch öffentliche Arbeitgeber, betrachten eine Kündigung inzwischen aus betriebswirtschaftlicher Sicht.

Dabei werden auf der einen Seite die Kosten ermittelt, die bei einer Weiterbeschäftigung des Arbeitnehmers entstehen: Hierzu zählen

- Kosten der Vergütung,
- Kosten für den eigenen Ärger,
- Imageverlust des Unternehmens durch die Beschäftigung ungeeigneter Arbeitnehmer,
- Verlust von Aufträgen bei mangelhafter Auftragserfüllung,
- die durch die Verzögerung einer Kündigung herbeigeführte Motivationsminderung bei den Kollegen,
- Minderung der Lebensfreude durch den Umgang mit nicht oder nicht mehr geeigneten Arbeitnehmern.

Diesen Aufwendungen stellt der Arbeitgeber gegenüber die

- Kosten für einen verlorenen Kündigungsschutzprozeß,
- Kosten für eine Abfindung, wenn das Arbeitsgericht überzeugt wurde, daß »eine den Betriebszwecken dienliche weitere Zusammenarbeit zwischen Arbeitgeber und Arbeitnehmer« nicht mehr zu erwarten ist.

Kommt der Arbeitgeber zu der Überzeugung, daß ein verlorener Kündigungsschutzprozeß, der durch ein das Arbeitsverhältnis auflösendes Urteil beendet wird, für ihn günstiger ist, als die Weiterbeschäftigung des Arbeitnehmers, dann wird einfach im Vertrauen auf die Darstellungskünste des Prozeßvertreters, auch ohne triftigen Grund, gekündigt.

Mancher mag dieses Ergebnis bedauern und sich Sorgen über eine »Verrohung der Sitten« in dieser Hinsicht machen. Andererseits muß auch gesehen werden, daß in der Wirklichkeit Ziele und Wünsche des Gesetzgebers und der Rechtsprechung deutlich von den Bedürfnissen und Vorstellungen der Praxis abweichen.

Mancher Arbeitgeber mag es als eine Art »heimliche Notwehr« gegen den Gesetzgeber empfinden, wenn er im Zusammenhang mit einer Kündigung gegen ein im Betrieb gegen den gekündigten Arbeitnehmer einsetzendes Mobbing nicht mit der gebotenen Strenge vorgeht (zu den Pflichten des Arbeitgeber bei Mobbing vgl. Däubler, »Mobbing und Arbeitsrecht«, Betriebs-Berater 1995, Seite 1347). Natürlich wird der Arbeitgeber dem Arbeitnehmer zur Beseitigung der Hoffnung auf eine »den Betriebszwecken dienliche weitere Zusammenarbeit zwischen Arbeitgeber und Arbeitnehmer« nicht offen schreiben, daß er ihn des Diebstahls bezichtige. Statt dessen wird der entsprechende Schriftsatz sinngemäß lauten: »Wir wollen ja nicht behaupten, daß Ihre Mandantin uns bestohlen hat, dennoch ist es verwunderlich, daß …« Wenn dann noch die Kollegen des in Der Spiegel 1991, Heft 18, Seite 53, links unten erwähnten »Stinkschweins« eine Unterschriftensammlung zur Förderung der Entlassung desselben veranstalten, ist kaum noch zu erwarten, daß der Arbeitnehmer an seinen Arbeitsplatz zurückkehrt.

Gewiß ist das in den USA praktizierte »hire and fire« auch keine Patentlösung. Als sicher kann jedoch gelten, daß mit einer Lockerung des vielleicht gut gemeinten Kündigungsschutzes in manchen Fällen viel menschliches Leid vermieden werden könnte.

3.4.7.3 *Verfahren*

Zum Verfahren vor den Arbeitsgerichten vgl. den Abschnitt »Arbeitsgerichte« im Kapitel »Die Rechte des Arbeitgebers gegenüber den Gerichten«.

3.4.8 Besonderer Kündigungsschutz

Nach unserer Rechtsordnung genießen verschiedene Personengruppen neben dem allgemeinen Kündigungsschutz gemäß § 1 KSchG aus den unterschiedlichsten Vorschriften heraus einen besonderen Kündigungsschutz. Die für die Praxis wichtigsten Personengruppen sind die Schwerbehinderten, schwangere Frauen und Betriebsratsmitglieder.

3.4.8.1 *Schwerbehinderte*

Schwerbehinderte, die den besonderen Kündigungsschutz nach § 15 SchwbG in Anspruch nehmen wollen, müssen dem Arbeitgeber innerhalb einer Regelausschlußfrist von einem Monat ab Erhalt der Kündigung mitteilen, daß sie zum Zeitpunkt der Kündigung mit einem Grad der Behinderung von wenigstens 50 % schwerbehindert waren und den besonderen Kündigungsschutz in Anspruch nehmen wollen. Das Gleiche gilt für Personen mit einem Grad der Behinderung von weniger als 50 %, aber wenigstens 30 %, wenn sie auf ihren Antrag vom Arbeitsamt Schwerbehinderten gleichgestellt wurden.

Beispiel 1:

Einem Arbeitnehmer, der seinen Arbeitgeber bisher nicht über das Vorliegen seiner Schwerbehinderteneigenschaft informiert hatte, wird am 30. Mai zum 30. Juni gekündigt. Am 22. Juni erkundigt sich der Arbeitgeber beim Arbeitsgericht, ob der Arbeitnehmer Kündigungsschutzklage eingereicht hat. Diese Frage wird wahrheitsgemäß verneint. Am 29. Juni teilt der Arbeitnehmer dem Personalleiter mit, daß er bereits seit drei Jahren als Schwerbehinderter mit einem Grad der Behinderung von mindestens 50 % anerkannt ist und deswegen besonderen Kündigungsschutz in Anspruch nimmt. Damit verliert die Kündigung vom 30. Mai ihre Wirksamkeit. Der Arbeitgeber muß jetzt, wenn er seine Kündigungsabsicht aufrecht erhalten möchte, erst die Zustimmung der Hauptfürsorgestelle einholen, bevor er erneut kündigen kann.

Beispiel 2:

Wie wäre zu entscheiden, wenn im Beispiel 1 der Arbeitneh-mer nicht dem Personalleiter mitteilt, daß er schwerbehindert ist, sondern seinem Meister, dem er als Facharbeiter unter-stellt ist?

Antwort:

In diesem Fall würde er, wenn der Meister die Information nicht rechtzeitig weitergibt, keinen besonderen Kündigungs-schutz erlangen, da der Meister kein kündigungsbefugter Ver-treter des Arbeitgebers ist, sondern nur ein untergeordneter Vorgesetzter ohne Kündigungsrecht.

Das Arbeitsgericht darf den Kündigungsschutzprozeß eines Arbeitgebers, der gegen den ablehnenden Bescheid der Hauptfürsorgestelle Rechtsmittel eingelegt hat, aus rechts-staatlichen Gründen erst dann bis zur rechtskräftigen Ent-scheidung über den Antrag des Arbeitgebers aussetzen, wenn es selbst alle Voraussetzungen der Kündigungsschutz-klage durchgeprüft hat und es nur noch auf die Entschei-dung der Hauptfürsorgestelle bzw. des Verwaltungsgerichts ankommt.

Beispiel:

Das Arbeitsgericht ordnet das Ruhen das Verfahrens bis zu dem Zeitpunkt an, zu dem rechtskräftig über den Antrag des Arbeitgebers entschieden wurde. Nach drei Jahren erhält der Arbeitgeber die Zustimmung. Nunmehr stellt das Arbeitsge-richt fest, daß der Betriebsrat gar nicht ordnungsgemäß an-gehört wurde.

Überhaupt ist es fraglich, ob die »Zweigleisigkeit« der Pro-zesse bei der Kündigung eines Schwerbehinderten mit der Verfassung vereinbar ist.

Bezüglich der Einzelheiten des Verfahrens vor der Hauptfür-sorgestelle vgl. das Kapitel »Die Rechte des Arbeitgebers gegenüber der Hauptfürsorgestelle«.

3.4.8.2 *Mütter*

Gegenüber einer Frau während der Schwangerschaft sah § 9 Mutterschutzgesetz (MuschG) bis zum 13. November 1979 vor, daß der Arbeitgeber ohne Zustimmung der zuständigen obersten Landesbehörde (Gewerbeaufsichtsamt, Bezirksregierung oder Regierungspräsident) kündigen durfte, wenn sie den Arbeitgeber nicht innerhalb von zwei Wochen nach Zugang der Kündigung über ihre Schwangerschaft informiert hatte.

3.4.8.2.1 *Änderung des Mutterschutzgesetzes*

Diese Bestimmung ist am 13. November 1979 vom Bundesverfassungsgericht (BGBl. I 1980, Seite 147) wegen ihrer Unvereinbarkeit mit Art. 6 Abs. 4 GG für unwirksam erklärt worden. Inzwischen hat der Gesetzgeber auf dieses Urteil reagiert, und § 9 Abs. 1 MuschG so geändert, daß die Frau sich auch noch später auf ihren besonderen Kündigungsschutz berufen kann, wenn sie zunächst von ihrer Schwangerschaft nichts gewußt hat. In diesem Fall hat die Frau die Meldung jedoch unverzüglich nach Kenntniserlangung nachzuholen.

3.4.8.2.2 *Arbeitsrechtliche Vorprüfung*

An diesem Fall kann eine der wichtigsten Regeln im Arbeitsrecht deutlich gemacht werden:

Führen Sie, bevor Sie einen arbeitsrechtlichen Fall anhand eines Gesetzes oder eines Tarifvertrages prüfen, eine kurze Vorprüfung im Kopf durch. Die Fragestellung dazu lautet:

Wie sieht die faire und gerechte Lösung dieses Falles meiner Meinung nach aus?

Dabei bezieht sich die Frage nach der Fairness auf Ihr Gefühl. Die Frage nach der Gerechtigkeit bedeutet: Was sieht meiner Kenntnis nach unsere Rechtsordnung in der Reihenfolge Grundgesetz, Bundesgesetz, Bundesverordnung, Landesverfassung, Landesgesetz etc. für diesen Fall vor?

In ca. 95 % der Fälle werden Sie zu einer Lösung kommen, die der gesetzlichen oder tariflichen Lösung entspricht. In weiteren drei Prozent der Fälle werden Sie sich nach kurzer Bedenkzeit von der Zweckmäßigkeit der gesetzlichen oder tariflichen Regelung überzeugt haben.

Bei den restlichen zwei Prozent der Fälle haben Sie gute Chancen, etwas für die Weiterentwicklung des Arbeitsrechts in Deutschland tun zu können. Lassen Sie sich nichts gefallen! Dutzende von gesetzlichen und tarifvertraglichen Bestimmungen wurden nach einer verfassungsrechtlichen Prüfung schon für unwirksam erklärt. Lassen Sie sich auch nicht davon beeindrucken, daß es seltsamer Weise am Anfang meistens »Spinner« waren, die mit einer Norm nicht einverstanden waren.

3.4.8.3 *Betriebsratsmitglieder*

Einem Mitglied des Betriebsrats, der Jugend- und Auszubildendenvertretung und des Wahlvorstands darf der Arbeitgeber ordentlich überhaupt nicht kündigen. Außerordentlich darf er dieser Personengruppe gemäß § 15 Abs. 1 KSchG nur dann kündigen,

- wenn er einen Grund für eine außerordentliche Kündigung hat und
- wenn der Betriebsrat gemäß § 103 BetrVG der Kündigung zugestimmt hat.

Verweigert der Betriebsrat seine Zustimmung, kann der Arbeitgeber sie auf Antrag durch das Arbeitsgericht ersetzen lassen.

Da die Anforderungen an den Grund für eine außerordentliche Kündigung eines Betriebsratsmitglieds sehr hoch sind, wird der Arbeitgeber mit seinem Antrag auf Ersetzung der Zustimmung zur außerordentlichen Kündigung nur selten Erfolg haben.

Beispiel:

Der Vorsitzende eines Betriebsrats raucht im Betriebsratsbüro Haschisch. Die Zustimmung zur außerordentlichen Kündigung wird mit der Begründung verweigert, der gesetzlich und gesellschaftlich (noch) mißbilligte Genuß von Haschisch vermöge »an sich« eine außerordentliche Kündigung nicht zu rechtfertigen. Im übrigen fehle eine Auswirkung des Haschisch-Konsums auf das Arbeitsverhältnis. (LAG Baden-Württemberg, 19. Oktober 1993 – 11 Ta BV 9/93, Neue Zeitschrift für Arbeitsrecht 1994, Seite 175)

3.4.9 Annahmeverzug

Nimmt der Arbeitgeber z. B. nach einer Kündigung die wirksam angebotene Arbeitsleistung des Arbeitnehmers nicht an, behält dieser gemäß § 615 BGB seinen Vergütungsanspruch. Der Arbeitnehmer muß sich auf seinen Anspruch den Wert desjenigen anrechnen lassen, was er durch anderweitige Verwertung seiner Arbeitskraft verdient oder böswillig zu verdienen unterläßt.

Beispiel 1:

Der Arbeitgeber hat zum 31. Dezember 1995 fristgemäß gekündigt. Der Arbeitnehmer wird ab Januar 1996 nicht weiterbeschäftigt. Im Dezember 1996 stellt das Arbeitsgericht rechtskräftig fest, daß die Kündigung nicht sozial gerechtfertigt war.

Folge: Der Arbeitgeber zahlt für ein Jahr die Vergütung nach, ohne daß er auch nur eine Stunde Arbeitsleistung dafür erhalten hat.

Beispiel 2:

Im Beispiel 1 steht dem Arbeitnehmer von Ihnen ein Monatsgehalt in Höhe von DM 5.000,– zu. Während des Jahres 1996 hat der Arbeitnehmer durch eine Halbtagsbeschäftigung monatlich bei einem anderen Arbeitgeber DM 2.500,– verdient.

Folge: Statt DM 60.000,– müssen Sie nur DM 30.000,– an Ihren Arbeitnehmer zahlen, da er sich die DM 30.000,–, die er bei dem anderen Arbeitgeber verdient hat, auf seine Vergütung anrechnen lassen muß.

Beispiel 3:

Im Beispiel 2 hat der Arbeitnehmer von Januar bis November trotz intensiven Bemühens keine anderweitige Erwerbsquelle gefunden. Im Dezember übt er eine Tätigkeit aus, die ihm DM 30.000,– einbringt.

Frage:

Wieviel muß er sich in diesem Fall anrechnen lassen?

Antwort:

Auch in diesem Fall muß er sich DM 30.000,– anrechnen lassen, da das im Dezember erzielte Einkommen auf den gesamten Zeitraum des Annahmeverzugs anzurechnen ist. Eine Gegenüberstellung nach einzelnen Zeitabschnitten entfällt. (LAG Köln 4. Januar 1994 – 2 Sa 831/94)

Frage:

Könnte der Arbeitnehmer dieses Ergebnis durch geschickte Vertragsgestaltung vermeiden?

Antwort:

Ja, der Arbeitnehmer beendet im November Ihren Annahmeverzug indem er Ihnen mitteilt, daß er bis zur rechtskräftigen Entscheidung über seine Kündigungsschutzklage nicht mehr bereit ist, für Sie zu arbeiten. Die Folge ist, daß er die DM 30.000,– nicht mehr während Ihres Annahmeverzuges verdient.

Beispiel 4:

Der Arbeitgeber duldet nach einer im Jahre 1995 ausgesprochenen personenbedingten Kündigung im Jahre 1996 »unter Aufrechterhaltung der Kündigung und zur Abwendung der Zwangsvollstreckung«, daß ihm der Arbeitnehmer seine Arbeitsleistung aufdrängt. Dieser arbeitet im Januar und von April bis Dezember. Im Februar war er arbeitsunfähig erkrankt. Im März war er urlaubsbedingt abwesend.

Folge: Der Arbeitgeber braucht, wenn das Arbeitsgericht Ende 1996 feststellt, daß seine Kündigung zum 31. Dezember

1995 wirksam war, nur die Monate Januar und April bis Dezember zu vergüten, da er sich im Februar und März nicht in Annahmeverzug befand.

Bezüglich des während des Annahmeverzugs erzielten Zischenverdienstes steht dem Arbeitgeber ein Auskunftsanspruch gegen den Arbeitnehmer zu, wenn dieser Vergütung aus Annahmeverzug geltend macht (BAG, Der Betrieb 1978, Seite 2417) Weigert sich der Arbeitnehmer, Auskunft über seinen Zwischenverdienst zu erteilen, kann der Arbeitgeber die Zahlung aus Annahmeverzug verweigern.

3.4.10 Schadensersatz

Hat ein Arbeitnehmer eine Stelle nicht angetreten oder schuldhaft und rechtswidrig das Arbeitsverhältnis vorzeitig ohne Einhaltung der vereinbarten oder gesetzlichen Fristen beendet, ist er dem Arbeitgeber zum Ersatz des diesem entstandenen Schadens verpflichtet. Der Schaden kann z. B. darin bestehen, daß dem Arbeitgeber Aufwendungen für die Neubesetzung der Stelle entstehen, die ihm bei vertragsgemäßer Beendigung nicht entstanden wären. Zu ersetzen ist eventuell auch ein entgangener Gewinn.

3.4.11 Vertragsstrafe

Der Arbeitgeber kann durch die Vereinbarung einer Vertragsstrafe einem Arbeitsvertragsbruch des Arbeitnehmers begegnen.

Beispiel:

»Der Arbeitnehmer zahlt eine Vertragsstrafe in Höhe eines Monatsgehaltes, falls er die Arbeit schuldhaft nicht antritt oder das Arbeitsverhältnis ohne Einhaltung einer Kündigungsfrist beendet. Die Vertragsstrafe wird auch fällig, wenn der Arbeitgeber wegen des Verhaltens des Arbeitnehmers berechtigt ist, das Arbeitsverhältnis durch eine außerordentliche Kündigung zu beenden.«

3.4.12 Zeugnis

Gemäß §§ 630 BGB, 73 HGB und 113 GewO hat der Arbeitnehmer bei seinem Ausscheiden einen Anspruch auf Ausstellung eines Zeugnisses, das sich auf Wunsch des Arbeitnehmers auch auf Führung und Leistung erstrecken muß. Solange es wahr und wohlwollend formuliert ist, ist der Arbeitgeber in der Formulierung des Zeugnisses frei. Gegen den Grundsatz, ein Zeugnis wohlwollend zu formulieren, verstößt der Arbeitgeber, wenn er einzelne, für das Arbeitsverhältnis nicht typische Fehler des Arbeitnehmers im Zeugnis aufbauscht oder besonders hervorhebt.

Dies bedeutet jedoch nicht, daß der Arbeitgeber im Zeugnis Straftaten, die der Arbeitnehmer während des Arbeitsverhältnisses gegen ihn begangen hat, im Zeugnis nicht erwähnen oder andeuten darf. Im Gegenteil, würde ein Arbeitgeber einem Kassierer, der nachweislich größere Geldbeträge unterschlagen hat, »Ehrlichkeit« bestätigen, würde er sich gegenüber dem nächsten Arbeitgeber schadensersatzpflichtig machen. Diese Schadensersatzpflicht wird in der Praxis gelegentlich dadurch vermieden bzw. umgangen, daß der Arbeitgeber das »zu gute« Zeugnis nicht »freiwillig« ausstellt, sondern sich vom Arbeitsgericht zur Ausstellung des zu guten Zeugnisses verurteilen läßt.

Gelegentlich wird ein gutes Zeugnis auch als »Verhandlungsmasse« beim Pokern um den Abschluß eines Aufhebungsvertrages eingesetzt.

Beispiel:

Ein Arbeitnehmer ist bereit, gegen Zahlung von DM 50.000,– und Ausstellung eines von ihm formulierten guten Zeugnisses einen Aufhebungsvertrag abzuschließen. Ohne gutes Zeugnis verlangt er DM 60.000,–.

Durch die Ausstellung solcher Gefälligkeitszeugnisse wird natürlich der Aussagewert von Zeugnissen stark vermindert. Viele Arbeitgeber sind deshalb dazu übergegangen, andere Erkenntnisquellen verstärkt zu nutzen. Z. B. kann der Arbeitgeber, wenn nicht ausnahmsweise ein Bewerber, der sich in einem ungekündigten Arbeitsverhältnis befindet, um vertrauliche Behandlung seiner Bewerbung gebeten hat, vor der Einstellung beim bisherigen oder bei einem früheren Arbeitgeber anrufen und um Auskunft bitten.

Rechtlich nachteilig kann es für den Arbeitgeber werden, wenn er einem Arbeitnehmer, der noch nicht endgültig ausgeschieden ist, aus Gefälligkeit ein (Zwischen-)Zeugnis ausstellt, das diesen in einem besonders günstigen Licht erscheinen läßt. In einem späteren Kündigungsschutzprozeß, in dem der Arbeitgeber Leistungsmängel geltend macht, kann der Arbeitnehmer dem Arbeitgeber nämlich die gute Beurteilung im Zeugnis entgegenhalten und erhöht damit wesentlich seine Chancen, den Prozeß zu gewinnen. (BAG, 8. Februar 1972 – 1 AZR 189/71, Der Betrieb 1972, 931)

Der Arbeitnehmer ist grundsätzlich nicht verpflichtet, dem Arbeitnehmer das Zeugnis zuzusenden. Vielmehr hat der Arbeitnehmer das Zeugnis, ggf. unter Einschaltung eines Botens, beim Arbeitgeber abzuholen (BAG, 8. März 1995 – 5 AZR 848/93, Betriebs-Berater 1995, Seite 1355). Eine Pflicht zur Versendung des Zeugnisses wird allerdings dann anzunehmen sein, wenn der Arbeitnehmer an einen weit entfernten Ort verzogen ist, ebenso in den Fällen, in denen der Arbeitnehmer die Erteilung des Zeugnisses rechtzeitig vor Beendigung des Arbeitsverhältnisses verlangt hat, es jedoch bis zur Beendigung des Arbeitsverhältnisses aus Gründen, die in der Sphäre des Arbeitgebers liegen, nicht zur Abholung durch den Arbeitnehmer bereitliegt. (LAG Frankfurt am Main, 1. März 1984 – 10 Sa 858/83, Der Betrieb 1984, Seite 2200)

Geheimcodes bei Zeugnissen hat es noch nie gegeben. Würde z. B. ein Arbeitgeber das Zeugnis seines Arbeitnehmers, dessen Leistungen seinen Erwartungen nicht entsprachen, mit zwei Punkten unter der Unterschrift versehen, wäre dies wirkungslos, wenn außer ihm niemand diesen »Geheimcode« kennt. Würde er seinen »Geheimcode« dagegen veröffentlichen, dann wäre er nicht mehr geheim.

Eingebürgert haben sich dagegen Standardfloskeln. Dabei steht das »bemühte sich, den an ihn gestellten Anforderungen zu genügen« für mangelhafte Leistungen. Bei einer Aufgabenerfüllung, die »stets zu unserer vollsten Zufriedenheit« erfolgte, kann der Arbeitgeber mit den oben erwähnten Einschränkungen davon ausgehen, daß es sich um einen sehr qualifizierten Bewerber handelt. Da »voll« aus sprachlichen und aus logischen Gründen nicht gesteigert werden kann, kann der Arbeitgeber zur Attestierung der »vollsten Zufriedenheit« auch bei tatsächlich hervorragenden Leistungen des Arbeitnehmers nicht gezwungen werden. (LAG Düsseldorf, 11. November 1994 17 Sa 1158/94, Der Betrieb 1995, Seite 1135)

Der Anspruch auf Ausstellung eines qualifizierten Zeugnisses unterliegt der Verwirkung. Anders als bei der Verjährung, bei der ein Anspruch fortbesteht, aber wegen Erhebung der Verjährungseinrede nicht mehr eingeklagt werden kann, erlischt der Anspruch bei der Verwirkung.

Die Verwirkung tritt ein, wenn ein Anspruch längere Zeit nicht mehr verfolgt wird, und zusätzlich Umstände eintreten, aus denen der Gläubiger eines Anspruch nach Treu und Glauben schließen kann, daß die Verfolgung des Anspruchs endgültig aufgegeben wurde.

Beispiel:

Ein Arbeitnehmer scheidet zum 31. Dezember 1995 aus. Am 2. Januar 1996 fordert sein Anwalt den Arbeitgeber auf, bis zum 15. Januar 1996 ein qualifiziertes Zeugnis auszustellen, in dem »vollste Zufriedenheit« bestätigt wird. Für den Fall, daß der Arbeitgeber das Zeugnis nicht fristgemäß ausstellt, droht der Anwalt ihm eine Klage an. Der Arbeitgeber reagiert darauf nicht. Da er auch während der folgenden elf Monate (Zeitmoment) in dieser Angelegenheit nichts mehr hört, legt er Ende Dezember im Vertrauen darauf, daß der Arbeitnehmer seinen Zeugnisanspruch nicht mehr weiterverfolgen will, die Akten ab. Im Januar 1997 reicht der Anwalt dann plötzlich eine Klage auf Zeugniserteilung ein und verlangt jetzt, obwohl davon vorher noch nie die Rede war (Umstandsmoment), die Bestätigung, daß der Arbeitgeber immer bzw. stets »vollst zufrieden« war. (LAG Düsseldorf, 11. November 1994 17 Sa 1158/94, Der Betrieb 1995, Seite 1135)

3.4.13 Ausgleichsquittung

Erhält der ausscheidende Arbeitnehmer seine restliche Vergütung und seine Arbeitspapiere, so hat er dem Arbeitgeber dies in einer schriftlichen Quittung zu bestätigen.

Darüber hinaus ist es für den Arbeitgeber vorteilhaft, wenn der Arbeitnehmer ihm in einer Ausgleichsquittung neben dem Erhalt der Restvergütung und der Arbeitspapiere bestätigt, daß er keinerlei Ansprüche mehr gegen ihn hat. Soweit es sich nicht um tarifliche Ansprüche handelt, die nur durch einen von den Tarifvertragsparteien gebilligten Vergleich beseitigt werden könnten, bringt eine solche Ausgleichsquittung gemäß § 397 Abs. 2 BGB eventuell noch bestehende Ansprüche zum Erlöschen. Bei ausländischen Arbeitnehmern sollten diese Ausgleichsquittungen im Zweifel in der Muttersprache des Arbeitnehmers verfaßt werden.

Zulässig ist es auch, daß sich der Arbeitgeber in der Ausgleichsquittung ausdrücklich bestätigen läßt, daß der Arbeitnehmer keine Klage gegen die Kündigung erhebt. Die entsprechende Formulierung lautet: »Ich werde gegen die Kündigung keine Einwände erheben und ggf. meine bereits eingereichte Kündigungschutzklage zurücknehmen.« Nicht ausreichen würde dagegen die Formulierung: »Ich erkläre hiermit, daß mir aus Anlaß der Beendigung des Arbeitsverhältnisses keine Ansprüche mehr zustehen.« (BAG, 3. Mai 1979 – 2 AZR 679/77, Betriebs-Berater 1979, Seite 1197)

3.4.14 Nachvertragliches Wettbewerbsverbot

Der Arbeitgeber kann nach Beendigung des Arbeitsverhältnisses bis zu zwei Jahre von seinem Mitarbeiter verlangen, daß dieser nicht für ein Konkurrenzunternehmen arbeitet. Voraussetzung ist jedoch eine schriftliche Vereinbarung darüber und die Zahlung einer Karenzentschädigung. Diese Entschädigung muß pro Jahr mindestens einer halben Jahresvergütung entsprechen.

In der Regel ohne rechtliche Folgen bleibt ein Wettbewerbsverbot, wenn der Arbeitnehmer die Tätigkeit gar nicht aufnimmt, es sei denn, der neue Arbeitgeber hat den Arbeitnehmer bereits vor seinem Arbeitsantritt in das vorgesehene Arbeitsgebiet eingewiesen und ihm dabei wichtige geschäftliche Informationen gegeben, die durch die Vereinbarung des nachvertraglichen Wettbewerbsverbotes geschützt werden sollten. In diesem Fall kann der Arbeitnehmer sogar verpflichtet sein, seine Tätigkeit für den bisherigen Arbeitgeber einzustellen. (Vgl. BAG vom 3. Februar 1987, 3 AZR 523/85.)

Bei einer Verletzung des nachvertraglichen Wettbewerbsverbots macht sich der Arbeitnehmer schadensersatzpflichtig.

Nimmt der durch ein nachvertragliches Wettbewerbsverbot gebundene Arbeitnehmer nach dem Ausscheiden bei einjähriger Verbotslaufzeit ein mehrjähriges Fachhochschulstudium auf, um damit die Voraussetzungen dafür zu schaffen, seine künftige Berufsarbeit unter Aufgabe des bisher ausgeübten Berufs dauerhaft auf gänzlich andere Grundlagen stellen zu können (Betriebswirtschaft/Architekt), dann entsteht ein Anspruch auf Karenzentschädigung von vornherein nicht. (LAG Frankfurt a. M., 28. Februar 1994 – 10 Sa 937/93, Betriebs-Berater 1995, Seite 155; anderer Ansicht BAG, Arbeitsrechtliche Praxis § 74c HGB Nr. 4 und 5)

4 Die Rechte des Arbeitgebers gegenüber sonstigen Personen und Einrichtungen

4.1 Die Rechte des Arbeitgebers gegenüber dem Betriebsrat

4.1.1 Vertrauensvolle Zusammenarbeit

Gemäß § 2 BetrVG ist der Betriebsrat verpflichtet, vertrauensvoll mit dem Arbeitgeber zum Wohle der Arbeitnehmer und des Betriebes zusammenzuarbeiten. Trotzdem läßt in vielen Betrieben die vertrauensvolle Zusammenarbeit zu wünschen übrig. In einigen Fällen liegt dies hauptsächlich am Betriebsrat, in anderen Fällen begeht der Arbeitgeber Fehler, die eine vertrauensvolle Zusammenarbeit unmöglich machen.

Häufig kann man allein schon aus der räumlichen Ansiedlung des Betriebsratsbüros im Betrieb Rückschlüsse auf die Zusammenarbeit zwischen Betriebsrat und Arbeitgeber ziehen. Siedelt der Arbeitgeber den Betriebsrat z. B. im Keller neben Toiletten und Müllcontainern an, braucht er sich nicht zu wundern, wenn die Anträge des Betriebsrats entsprechend sind.

Nach dem BetrVG ist der Betriebsrat der ebenbürtige Partner des Arbeitgebers. Würde man ein Organigramm zeichnen, dann müßte man den Betriebsrat schräg über dem Vorstand bzw. über der Geschäftsführung einzeichnen, denn nach Gesetz (§ 80 BetrVG) kontrolliert der Betriebsrat den Arbeitgeber, und nicht der Arbeitgeber den Betriebsrat. Seiner gesetzlichen Stellung entsprechend gehört der Betriebsrat deshalb auf die Geschäftsführungsetage versetzt. Dort wird der Betriebsrat erkennen, daß der Arbeitgeber nicht sein Gegner ist, den es zu bekämpfen gilt, sondern sein Partner, mit dem er gemeinsame Ziele verwirklichen kann. Ein gemeinsames Ziel könnte es z. B. sein, in Zusammenarbeit mit dem Arbeitgeber die Voraussetzungen zu schaffen, daß der Betrieb auch noch im Jahre 2020 existiert.

Beispiel:

Der Arbeitgeber beabsichtigt, in Zusammenhang mit einer Betriebsänderung bedingt durch dringende betriebliche Erfordernisse 20 Mitarbeiter zu entlassen. Bei kurzfristiger Betrachtungsweise erscheint es dem Betriebsrat richtig, alles zu tun, um diese Kündigungen zu verhindern bzw. hinauszuzögern. Aus der Sicht des Jahres 2020 wäre es möglicherweise das einzig Richtige gewesen, den Arbeitgeber zu unterstützen, diese Kündigungen noch zum nächstmöglichen Termin aussprechen zu können. Möglicherweise hätte der Betriebsrat durch die Unterstützung des Arbeitgebers in einer kritischen Situation dessen Konkurs abwenden können.

Arbeitgeber und Betriebsrat sitzen sozusagen im gleichen Boot. »Bekriegen« sie sich, so nützt dies allenfalls der Konkurrenz. Erfolgreiche Unternehmer haben dies erkannt. Deutlich wird dies beispielsweise bei dem Unternehmen im Sauerland, das in Kündigungsschutzprozessen regelmäßig vom Betriebsratsvorsitzenden vor Gericht vertreten wird.

4.1.2 Geheimhaltungspflicht

Gemäß § 79 BetrVG sind die Betriebsratsmitglieder sowie alle sonstigen im Betriebsverfassungsgesetz erwähnten Amtsträger verpflichtet, Betriebs- oder Geschäftsgeheimnisse, die ihnen wegen ihres Amtes bekanntgeworden und vom Arbeitgeber ausdrücklich als geheimhaltungsbedürftig bezeichnet worden sind, keinem Dritten zu offenbaren oder sonst zu verwerten. Dies gilt auch nach dem Ausscheiden aus dem Betriebsrat. Ein Verstoß gegen diese Verpflichtung stellt eine grobe Amtspflichtverletzung dar, die gemäß § 23 BetrVG den Ausschluß dieses Betriebsratsmitglieds zur Folge haben und gemäß § 120 BetrVG mit einer Geld- oder Freiheitsstrafe geahndet werden kann.

4.1.3 **Betriebsvereinbarungen**

Durch eine schriftlich niedergelegte und von beiden Seiten unterschriebene Vereinbarung mit dem Betriebsrat kann der Arbeitgeber für alle Arbeitnehmer außer den leitenden Mitarbeitern, z. B. in Fragen der betrieblichen Ordnung und der Verteilung der Arbeitszeit auf die Woche, einheitliches und verbindliches Recht schaffen. Eine Betriebsvereinbarung, die nicht automatisch durch Zeitablauf, Zweckerreichung oder durch Beschluß der Betriebspartner endet, kann mit einer Frist von drei Monaten gekündigt werden. Freiwillige Betriebsvereinbarungen haben nach ihrem Ablauf keine Nachwirkung. Nachwirkung haben dagegen, falls nichts anderes vereinbart wurde, Betriebsvereinbarungen in Angelegenheiten, in denen ein Spruch der Einigungsstelle die Einigung zwischen Arbeitgeber und Betriebsrat ersetzen kann.

Bei Sozialeinrichtungen und außertariflichen Zulagen bestimmt der Arbeitgeber das Ob und Wieviel. Für die Verteilung im Einzelfall benötigt er dagegen jeweils die Zustimmung des Betriebsrats.

Leistet der Arbeitgeber, bevor er sich mit dem Betriebsrat in einer schriftlichen Betriebsvereinbarung oder in einer vorläufigen mündlichen Regelungsabrede auf ein mitbestimmungspflichtiges neues Vergütungssystem geeinigt hat, an einzelne Arbeitnehmer Zahlungen, die er nicht mehr zurückfordern kann, kann er sich nicht darauf berufen, daß nach der ordnungsgemäßen Beteiligung des Betriebsrats das von ihm ursprünglich vorgesehene Budget überschritten werden würde. (14. Juni 1994 – 1 ABR 63/93, Betriebs-Berater 1995, Seite 825)

Das Mitbestimmungsrecht des Betriebsrats in Vergütungsangelegenheiten entfällt, wenn der Arbeitgeber ohne kollektiven Bezug, im Zweifel »nach Gutsherrenart«, eine Vergütung festsetzt. D. h. je mehr die Veränderung einer Vergütung auf den ausdrücklichen, individuellen Wunsch des Arbeitnehmers zurückgeht, desto weniger unterliegt der Vorgang der Mitbestimmung. Ob dies auch dann gilt, wenn der einzelne Arbeitnehmer sich z. B. bei einem Rechtsanwalt, bei einem Steuer- oder Unternehmensberater, zu dem der Arbeitgeber eine enge

Geschäftsbeziehung unterhält, Anregungen für die Formulierung seines »ganz individuellen und speziellen« Vergütungswunsches holt, hat das Bundesarbeitsgericht bisher nicht entschieden.

4.1.4 Einigungsstelle

Kommt zwischen Betriebsrat und Arbeitgeber z. B. bezüglich der Arbeitszeiten keine Einigung zustande, entscheidet die Einigungsstelle. Die Entscheidungen der Einigungsstelle sind für alle Beteiligten verbindlich. Eine Überprüfung durch die Arbeitsgerichte kommt nur ausnahmsweise in den Fällen in Betracht, in denen die Einigungsstelle ihr Ermessen überschritten hat.

Beispiel:

Ein Arbeitgeber, der ein Kaufhaus betreibt, streitet sich mit seinem Betriebsrat über das Ende der täglichen Arbeitszeit. Der Betriebsrat wünscht sich eine Arbeitszeit bis 18.00, der Arbeitgeber eine Arbeitszeit bis 18.30. Die Einigungsstelle legt das Arbeitszeitende auf 18.15 Uhr fest. Der Arbeitgeber muß diese Entscheidung akzeptieren, da die Entscheidung der Einigungsstelle im Rahmen des ihr eingeräumten Ermessens lag.

Hätte die Einigungsstelle die Grenzen billigen Ermessens überschritten, hätte sie also nicht angemessen die Belange des Betriebs und der betroffenen Arbeitnehmer berücksichtigt, hätte der Arbeitgeber gemäß § 76 BetrVG innerhalb von zwei Wochen die Entscheidung vom Arbeitsgericht überprüfen lassen können.

4.1.5 Sitzungen des Betriebsrats

Die Sitzungen des Betriebsrats finden in der Regel während der Arbeitszeit statt. Bei der Festsetzung der Termine hat der Betriebsrat gemäß § 30 BetrVG auf die betrieblichen Notwendigkeiten Rücksicht zu nehmen. Weiterhin hat der Betriebsrat den Arbeitgeber rechtzeitig vorher über den Zeitpunkt der Betriebsratssitzungen zu informieren. Die Pflicht zur Rücksichtnahme auf die betrieblichen Notwendigkeiten bezieht sich auch auf die Anzahl und auf die Dauer der abzuhaltenden Betriebsratssitzungen.

Mißbraucht der Betriebsrat insoweit das ihm eingeräumte Vertrauen, so begeht er eine grobe Amtspflichtverletzung. Der Arbeitgeber kann, sofern sich die Differenzen nicht in einem offenen Gespräch ausräumen lassen, den Betriebsrat abmahnen. Sollte der Betriebsrat trotz Abmahnung weiterhin seinen Ermessensspielraum bei der Ansetzung von Betriebsratssitzungen mißbrauchen, hat der Arbeitgeber gemäß § 23 Abs. 1 BetrVG das Recht, beim Arbeitsgericht die Auflösung des Betriebsrats wegen grober Verletzung seiner gesetzlichen Pflichten zu beantragen.

Die Pflicht des Betriebsrates, die Wahrnehmung seiner Angelegenheiten so rationell wie möglich zu organisieren, ergibt sich aus § 2 BetrVG.

4.1.6 Erforderlichkeit von Betriebsratsarbeit

Die Teilnahme an Gerichtsverhandlungen in Kündigungsschutzstreitigkeiten stellt grundsätzlich keine vom Arbeitgeber zu bezahlende Betriebsratstätigkeit dar. Das Betriebsratsmitglied ist in seiner Eigenschaft als Betriebsratsmitglied auch nicht berechtigt, einzelne Arbeitnehmer vor Gericht zu vertreten. Nimmt ein Betriebsratsmitglied trotzdem an einer Gerichtsverhandlung teil, kann der Arbeitgeber die Vergütung entsprechend kürzen und eine Abmahnung aussprechen. (BAG, 31. August 1994 – 7 AZR 893/93, Der Betrieb 1995, Seite 1235)

4.1.7 Abmeldung zur Betriebsratsarbeit

Ein Betriebsratsmitglied hat sich bei seinem Vorgesetzten ordnungsgemäß abzumelden, wenn es seinen Arbeitsplatz verläßt, um eine Aufgabe nach dem BetrVG wahrzunehmen. Damit soll dem Arbeitgeber die Arbeitseinteilung erleichtert werden. Da es die Koordinierungsmöglichkeiten des Arbeitgebers nicht verbessert, wenn er genau weiß, welche Betriebsrats-Tätigkeiten das Betriebsratsmitglied genau ausüben möchte, braucht das Betriebsratsmitglied bei seiner Abmeldung die beabsichtigten Tätigkeiten nicht anzugeben.

Ob das Betriebsratsmitglied die Wahrnehmung einer Betriebsratsaufgabe für erforderlich halten durfte, ist vom Standpunkt eines vernünftigen Dritten zu beurteilen. Zweifelt der Arbeitgeber unter Beachtung des Grundsatzes der vertrauensvollen Zusammenarbeit aufgrund der konkreten betrieblichen Situation und des vom Betriebsratsmitglied genannten Zeitaufwands an der Erforderlichkeit der Betriebsratstätigkeit, hat das Betriebsratsmitglied ihm stichwortartige Angaben zu übermitteln, die ihm eine Plausibilitätskontrolle ermöglichen. Solange das Betriebsratsmitglied dieser Darlegungspflicht nicht nachkommt, kann der Arbeitgeber die Vergütung zurückhalten. (BAG, 15. März 1995 – 7 AZR 643/94)

4.1.8 Schulung von Betriebsräten

4.1.8.1 *§ 37 Abs. 7 BetrVG*

Gemäß § 37 Abs. 7 BetrVG haben Betriebsratsmitglieder das Recht, während einer Amtsperiode drei Wochen Schulungs- und Bildungsveranstaltungen zu besuchen. Voraussetzung für einen entsprechenden Freistellungsanspruch ist jedoch, daß die zuständige oberste Landesbehörde die Veranstaltung als geeignet anerkannt hat. In der ersten Amtsperiode haben Betriebsratsmitglieder vier statt drei Wochen Anspruch auf Freistellung.

Ersatzmitglieder des Betriebsrats haben erst dann Anspruch auf Schulungen gemäß § 37 Abs. 7 BetrVG, wenn sie endgültig als Betriebsratsmitglieder nachgerückt sind. (BAG, 14. Dezember 1994 – 7 ABR 31/94, Der Betrieb 1995, Seite 834)

4.1.8.2 *§ 37 Abs. 6 BetrVG*

4.1.8.2.1 *Erforderlichkeit*

Gemäß § 37 Abs. 6 BetrVG muß der Arbeitgeber Betriebsratsmitglieder zusätzlich für Schulungs- und Bildungsveranstaltungen freistellen, sofern diese für die Betriebsratsarbeit erforderlich sind. Für eine Freistellung nach § 37 Abs. 6 BetrVG ist nicht ausreichend, daß die vermittelten Kenntnisse verwertbar und nützlich sind. Der Betriebsrat hat vielmehr in jedem Einzelfall genau darzulegen, zur Wahrnehmung welcher gesetzlichen Betriebsrats-Aufgaben die angestrebte Schulung unbedingt erforderlich ist. (LAG Hamm, 25. Januar 1995 – 3 TaBV 91/94, Betriebs-Berater 1995, Seite 878)

Eine Schulung über »Managementtechniken für Betriebs- und Personalräte« wurde ebensowenig als für die Betriebsrats-arbeit erforderlich angesehen (BAG, 14. September 1994 – 7 ABR 27/94, Betriebs-Berater 1995, Seite 201) wie ein Lehr-gang über Rhetorik (BAG, 20. Oktober 1993 – 7 ABR 14/93, Der Betrieb 1994, Seite 282)

Der Arbeitgeber hat das Recht, ein Betriebsratsmitglied abzu-mahnen, wenn dieses an einer Schulungsmaßnahme teil-nimmt, obwohl es für jeden Dritten ohne weiteres erkennbar gewesen wäre, daß die Teilnahme dieses Betriebsratsmitglie-des an dieser Schulungsmaßnahme nicht erforderlich war.

Beispiel:

Ein Arbeitgeber vertreibt in der Bundesrepublik Deutschland Kraftfahrzeuge, die von einer japanischen Muttergesellschaft in Japan hergestellt werden. Der Betriebsrat faßt einen Beschluß, daß ein nicht freigestelltes Betriebsratsmitglied an einem Semi-nar »Gruppenarbeit in der Automobilindustrie« teilnimmt. Der Arbeitgeber widerspricht der Teilnahme mit der Begründung, bei ihm werde Gruppenarbeit nicht praktiziert. Deshalb sei eine Teilnahme nicht erforderlich. Das Betriebsratsmitglied besucht das Seminar trotzdem und wird anschließend vom Arbeitgeber zu Recht abgemahnt. (BAG, 10. November 1993 – 7 AZR 682/92, Betriebs-Berater 1994, Seite 1290)

4.1.8.2.2 *Umfang der Freistellung*

Nach Meinung des Europäischen Gerichtshofs sind teilzeitbe-schäftigte Betriebsratsmitglieder bei ganztägigen Betriebsrats-schulungen ganztägig freizustellen. Anderer Meinung ist in diesem Fall das Bundesarbeitsgericht, das diese Frage dem Europäischen Gerichtshof am 20. Oktober 1993 (7 AZR 581/92, Der Betrieb 1994, Seite 334) erneut zur Entscheidung vorgelegt hat.

4.1.8.2.3 *Betriebsratstätigkeit außerhalb der Arbeitszeit*

Betriebsratsaufgaben sind grundsätzlich während der Arbeitszeit zu erledigen. Betriebsratstätigkeiten außerhalb der Arbeitszeit sind nur dann vergütungspflichtig, wenn der Arbeitgeber darauf Einfluß genommen hat, daß sie nicht während der Arbeitszeit verrichtet werden konnten. Die Entscheidung darüber, ob betriebsbedingte Gründe so gewichtig sind, daß sie eine Betriebsratstätigkeit außerhalb der Arbeitszeit geboten erscheinen lassen, obliegt nicht dem Betriebsrat, sondern, ggf. im Einvernehmen mit dem Betriebsrat, dem Arbeitgeber.

Beispiel:

Ein Betriebsratsmitglied fährt am Freitag auf eine vom Gesamtbetriebsrat einberufene Betriebsräteversammlung nach München, die um 10.00 Uhr beginnt und um 18.00 Uhr endet. Seine Arbeitszeit endet am Freitag um 13.00 Uhr. Für die Zeit zwischen 13.00 und 18.00 Uhr sowie für die Zeit der Rückfahrt macht es Überstunden geltend. Der Arbeitgeber lehnt die Zahlung zu Recht ab, da er auf die Verlegung der Betriebsratstätigkeit außerhalb der Arbeitszeit keinen Einfluß genommen hatte. (BAG, 26. Januar 1994 – 7 AZR 593/92, Zeitschrift für Tarifrecht 1994, Seite 348)

4.1.9 Wahlanfechtung

Der Arbeitgeber hat das Recht, eine Wahl zum Betriebsrat innerhalb von zwei Wochen nach Bekanntgabe des Wahlergebnisses beim Arbeitsgericht anzufechten, wenn gegen wesentliche Vorschriften über das Wahlrecht, die Wählbarkeit oder das Wahlverfahren verstoßen wurde und eine Berichtigung nicht erfolgt ist, es sei denn, daß durch den Verstoß das Wahlergebnis nicht geändert oder beeinflußt werden konnte.

Beispiele für Anfechtungsgründe:

• Der Wahlvorstand ist von einer nicht zutreffenden Anzahl leitender Angestellter ausgegangen. Nach Meinung des Wahlvorstands werden 301 Arbeitnehmer, die nicht zu den leitenden Arbeitnehmer gehören, und sieben leitende Angestellte beschäftigt. Deshalb wird ein Betriebsrat mit sieben Mitgliedern gewählt. Tatsächlich werden jedoch neun leitende Angestellte und nur 299 nicht leitende Angestellte beschäftigt. Der Betriebsrat hätte deshalb nur aus fünf Personen bestehen dürfen.

- Bei der Wahl war das Wahlgeheimnis nicht sichergestellt.
- Es wurde jemand in den Betriebsrat gewählt, der infolge strafgerichtlicher Verurteilung die Fähigkeit, Rechte aus öffentlichen Wahlen zu erlangen, nicht besitzt.

4.1.10 Betriebsübergang

Die Rechte des Betriebsrats bei einem Betriebsübergang sind noch weitgehend ungeklärt. Nicht auszuschließen ist, daß ein Betriebsratsmitglied nach einem Betriebsübergang sein Amt verliert.

4.1.11 Geheimhaltungspflicht der Betriebsratsmitglieder

Die Mitglieder und Ersatzmitglieder des Betriebsrats dürfen Betriebs- und Geschäftsgeheimnisse, die ihnen wegen ihrer Zugehörigkeit zum Betriebsrat bekanntgeworden und vom Arbeitgeber ausdrücklich als geheimhaltungsbedürftig bezeichnet worden sind, nicht verwerten und Dritten nicht offenbaren. Dies gilt auch nach dem Ausscheiden aus dem Betriebsrat. Verletzt ein Betriebsratsmitglied seine Geheimhaltungspflichten, kann es in schweren Fällen zu einer Freiheitsstrafe bis zu zwei Jahren verurteilt werden.

4.1.12 Mitbestimmung bei personellen Einzelmaßnahmen

Personelle Einzelmaßnahmen wie Einstellungen, Eingruppierungen, Umgruppierungen und Versetzungen bedürfen in Betrieben mit mehr als zwanzig Arbeitnehmern der Zustimmung des Betriebsrates.

4.1.12.1 *Einstellung*

Unter Einstellung ist nach Auffassung des Bundesarbeitsgerichts sowohl der Abschluß eines Arbeitsvertrages als auch die Eingliederung in den Betrieb zu verstehen. Auch die Beschäftigung von Leiharbeitnehmern ist gemäß § 14 Abs. 3 Arbeitnehmerüberlassungsgesetz als mitbestimmungspflichtige Einstellung anzusehen. Das gleiche gilt, wenn der Arbeitgeber betriebsfremde Personen beschäftigt, die, eingegliedert in die betriebliche Organisation und dem Weisungsrecht des Arbeitgebers unterworfen, zusammen mit bereits im Betrieb beschäftigten Arbeitnehmern den unveränderten arbeitstechnischen Zweck des Betriebes verwirklichen sollen. (BAG, 15. April 1986 – 1 ABR 44/84, Der Betrieb 1987, Seite 2497) Gleichfalls eine mitbestimmungspflichtige Einstellung liegt nach Auffassung des Bundesarbeitsgerichts in der Verlängerung eines befristeten Arbeitsverhältnisses über den Fristablauf hinaus. (BAG, 28. Oktober 1986 – 1 ABR 15/86, Betriebs-Berater 1987, Seite 2298)

Beispiel:

Ein Arbeitnehmer wird gemäß § 1 Beschäftigungsförderungsgesetz zunächst nur für 18 Monate eingestellt. Weil der Arbeitgeber mit den Leistungen des Arbeitnehmers sehr zufrieden ist, möchte er ihn über den Ablauf der vorgesehen Frist hinaus beschäftigen. Hierzu ist er nur berechtigt, wenn der Betriebsrat zuvor die Zustimmung erteilt hat. Das gleiche gilt bei der Verlängerung eines bis zur Vollendung des 65. Lebensjahres befristeten Arbeitsverhältnisses.

Keine erneute Zustimmung ist dagegen erforderlich, wenn der Arbeitgeber einen Arbeitnehmer zunächst befristet zur Erprobung einstellt, falls er dem Betriebsrat schon bei der Beantragung der Zustimmung zur ersten Einstellung mitgeteilt hat, er werde den Arbeitnehmer bei Eignung auf unbestimmte Zeit weiterbeschäftigen. (BAG, 7. August 1990 – 1 ABR 68/69, Der Betrieb 1991, Seite 46)

Der Arbeitgeber hat den Betriebsrat unter Vorlage der Bewerbungsunterlagen aller Bewerber über die beabsichtigte Einstellung zu informieren und dessen Zustimmung zu beantragen. Die »Vorlage« aller Bewerbungsunterlagen ist wörtlich zu verstehen. Wenn der Betriebsrat dies wünscht, hat er ihm alle Bewerbungsunterlagen zur Einsichtnahme in den Räumen des Betriebsrats zu überlassen.

Will der Arbeitgeber vermeiden, daß der Betriebsrat Einsicht in alle Bewerbungsunterlagen erhält, muß er sich eines Personalberatungsunternehmens (»head hunter«) bedienen. Wählt der Personalberater einen Bewerber aus und legt er dem Arbeitgeber nur die Bewerbungsunterlage dieses einen Bewerbers vor, beschränkt sich das Einsichtsrecht des Betriebsrats auf diese Bewerbungsunterlage.

Der Betriebsrat darf die Zustimmung nur innerhalb einer Woche verweigern und nur dann, wenn er seine Ablehnung auf einen der sechs in § 99 Abs. 2 BetrVG abschließend aufgelisteten Ablehnungsgründe stützen kann. Dabei reicht es nicht aus, wenn der Betriebsrat im Ablehnungsschreiben den Gesetzeswortlaut wiederholt. Vielmehr muß er konkret und substantiiert auf den Einzelfall abgestimmt darlegen, weshalb seiner Meinung nach die Einstellung unzulässig ist.

Beispiel:
Der Arbeitgeber hat es vor der Auswahl des Bewerbers versäumt, zu prüfen ob der Arbeitsplatz mit einem Schwerbehinderten, insbesondere mit einem beim Arbeitsamt gemeldeten Schwerbehinderten besetzt werden kann. In diesem Fall reicht es nicht aus, wenn der Betriebsrat die Zustimmung »gemäß § 99 Abs. 2 BetrVG wegen Gesetzesverstoß« verweigert. Vielmehr wäre es notwendig, daß der Betriebsrat sinngemäß antwortet: »Wir stimmen der Einstellung nicht zu, weil Sie entgegen § 14 Abs. 1 Schwerbehindertengesetz nicht geprüft haben, ob die Stelle mit einem beim Arbeitsamt gemeldeten Schwerbehinderten besetzt werden kann.«

Der Betriebsrat hat kein Recht, beim Einstellungsgespräch anwesend zu sein. Er kann auch nicht verlangen, daß der Bewerber sich bei ihm vor einer Einstellung vorstellt. Damit soll verhindert werden, daß einzelne Betriebsratsmitglieder auf den Bewerber Druck ausüben, einer Gewerkschaft beizutreten.

Im übrigen ist der Arbeitgeber bei der Auswahl der geeigneten Bewerber frei. Insbesondere hat er auch jederzeit das Recht, selbst wenn der Betriebsrat bereits die Zustimmung erteilt hat, von einer Einstellung Abstand zu nehmen

4.1.12.2 *Versetzung*

Gemäß § 95 Abs. 3 Betriebsverfassungsgesetz gilt als Versetzung, wenn bei Zuweisung eines anderen Arbeitsbereiches die voraussichtliche Dauer von einem Monat überschritten wird, oder dies mit einer erheblichen Änderung der Umstände verbunden ist, unter denen die Arbeit zu leisten ist. Dies gilt nicht, wenn Arbeitnehmer nach der Eigenart ihres Arbeitsplatzes üblicherweise ständig an wechselnden Arbeitsplätzen beschäftigt werden. In diesen Fällen gilt die Bestimmung des jeweiligen Arbeitsplatzes nicht als mitbestimmungspflichtige Versetzung.

Beispiel:

Ein Industrieunternehmen stellt einen Abiturienten als Trainee ein. In diesem Fall stellt die Zuweisung der einzelnen Ausbildungsstationen keine mitbestimmungspflichtige Versetzung dar. Das gleiche gilt bei der Einstellung eines Springers für die Zuweisung der einzelnen Vertretungsfälle.

Die Einholung der Zustimmung des Betriebsrates zu einer Versetzung ist allerdings dann entbehrlich, wenn die Versetzung aus streikbedingten Gründen erfolgt.

4.1.12.3 *Ein- und Umgruppierung*

Die Eingruppierung stellt die erstmalige Einstufung in ein bestehendes Entgeltschema dar. Unter Umgruppierung ist entsprechend die spätere Zuweisung einer anderen Vergütungsgruppe zu verstehen. Da in den Tarifverträgen vielfach eine Tarifautomatik vorgesehen ist, d. h. nicht der Arbeitgeber, sondern der Tarifvertrag selbst ordnet dem Arbeitsverhältnis eine bestimmte Vergütungsgruppe zu, reduziert sich das Mitbestimmungsrecht in der Praxis auf ein Mitbeurteilungsrecht des Betriebsrats.

Zu beachten ist, daß dem Betriebs- bzw. Personalrat auch bei der Bestimmung der in manchen Tarifverträgen vorgesehenen Fallgruppen ein Mitbestimmungsrecht zusteht, wenn ein Wechsel der Fallgruppe z. B. Auswirkungen auf den Bewährungsaufstieg des Arbeitnehmers hat. (BAG, 27. Juli 1993 – 1 ABR 11/93, Zeitschrift für Tarifrecht 1993, Seite 521) Weiterhin ist zu beachten, daß ein Arbeitnehmer seinen Entgeltanspruch inzwischen unmittelbar auf die im Zustimmungsersetzungsverfahren nach § 99 Abs. 4 BetrVG ermittelte Vergütungsgruppe stützen kann. (BAG, 3. Mai 1994 – 1 ABR 58/93, Der Betrieb 1995, Seite 228)

Beispiel:

Bisher mußte der Arbeitnehmer in einem Eingruppierungsprozeß etwa durch Vorlage eines mehrere Monate umfassenden Tätigkeitsberichts detailliert nachweisen, daß er z. B. die Voraussetzungen der Vergütungsgruppe 5 erfüllt. Dem konnte der Arbeitgeber dadurch begegnen, daß er geltend machte, daß die zugewiesenen Tätigkeiten allenfalls die Merkmale der für den Arbeitnehmer ungünstigeren Vergütungsgruppe 4 erfüllten. Künftig braucht der Arbeitnehmer sich nur noch darauf zu berufen, daß das Gericht im Zustimmungsersetzungsverfahren zwischen Arbeitgeber und Betriebsrat die Vergütungsgruppe 5 als zutreffende Eingruppierungsbasis ermittelt hat. Der Arbeitgeber wird mit der Argumentation, der Arbeitnehmer erfülle nur die Merkmale der Vergütungsgruppe 4, nicht mehr gehört.

4.1.13 Vorläufige personelle Maßnahmen

Verweigert der Betriebsrat die Zustimmung, kann der Arbeitgeber die erforderliche Zustimmung durch das Arbeitsgericht ersetzen lassen. Wenn der Betriebsrat die Zustimmung nach Meinung des Arbeitgebers zu Unrecht verweigert, die Maßnahme aus sachlichen Gründen aber dringend erforderlich ist, kann der Arbeitgeber die Maßnahme vorläufig auch ohne Zustimmung vornehmen.

Beispiel:

Ein Arbeitgeber unterhält eine vierköpfige EDV-Abteilung. Eine Arbeitnehmerin befindet sich im Erziehungsurlaub, ein Arbeitnehmer leistet gerade seinen Wehrdienst ab, ein anderer Arbeitnehmer ist arbeitsunfähig erkrankt, der vierte Arbeitnehmer hat gekündigt. In dieser Situation bewirbt sich ein seit langem gesuchter EDV-Spezialist unter der Voraussetzung, daß ihm innerhalb weniger Stunden eine Einstellungszusage gegeben wird. Der Betriebsrat verweigert die Zustimmung. Deshalb stellt der Arbeitgeber den Bewerber vorläufig gemäß § 100 BetrVG ein.

Bei einer vorläufigen personellen Maßnahme hat der Arbeitgeber den Betriebsrat unverzüglich zu informieren. Bestreitet der Betriebsrat, daß die Maßnahme aus sachlichen Gründen dringend erforderlich ist, kann der Arbeitgeber die Maßnahme gleichwohl aufrecht erhalten, wenn er innerhalb von drei Tagen beim Arbeitsgericht die Ersetzung der Zustimmung des Betriebsrats und die Feststellung beantragt, daß die Maßnahme aus sachlichen Gründen dringend erforderlich war.

4.1.14 Entfernung betriebsstörender Arbeitnehmer

Bei einem Arbeitnehmer, der den Betriebsfrieden stört, kann der Betriebsrat vom Arbeitgeber die Entlassung dieses Arbeitnehmers gemäß § 104 Betriebsverfassungsgesetz verlangen.

4.2 Die Rechte des Arbeitgebers gegenüber dem Sprecherausschuß

4.2.1 Vertrauensvolle Zusammenarbeit

Die Sprecherausschüsse haben gemäß § 2 Sprecherausschußgesetz (SprAuG) als Interessenvertreter der leitenden Mitarbeiter vertrauensvoll mit dem Arbeitgeber zusammenzuarbeiten und haben jede parteipolitische Betätigung im Betrieb zu unterlassen.

4.2.2 Wahlanfechtung

Der Arbeitgeber hat das Recht, eine Wahl zum Sprecherrat innerhalb von zwei Wochen nach Bekanntgabe des Wahlergebnisses beim Arbeitsgericht anzufechten, wenn gegen wesentliche Vorschriften über das Wahlrecht, die Wählbarkeit oder das Wahlverfahren verstoßen wurde und eine Berichtigung nicht erfolgt ist, es sei denn, daß durch den Verstoß das Wahlergebnis nicht geändert oder beeinflußt werden konnte.

Beispiele für Anfechtungsgründe:

- Der Wahlvorstand ist von einer nicht zutreffenden Anzahl leitender Mitarbeiter ausgegangen. Tatsächlich werden 19 leitende Mitarbeiter in einem Betrieb beschäftigt. Der Wahlvorstand geht jedoch von 21 leitenden Mitarbeitern aus. Deshalb wird ein Sprecherausschuß bestehend aus drei Mitgliedern gewählt. Richtig wäre es jedoch bei nur 19 leitenden Mitarbeitern gewesen, einen Sprecherausschuß zu wählen, der aus nur einer Person besteht.
- Bei der Wahl war das Wahlgeheimnis nicht sichergestellt.
- Es wurde jemand in den Sprecherausschuß gewählt, der
  1. aufgrund allgemeinen Auftrags des Arbeitgebers Verhandlungspartner des Sprecherausschusses ist,
  2. nicht Aufsichtsratmitglied der Arbeitnehmer nach § 6 Abs. 2 Satz 1 des Mitbestimmungsgesetzes in Verbindung mit § 105 Abs. 1 des Aktiengesetzes sein kann oder
  3. infolge strafgerichtlicher Verurteilung die Fähigkeit, Rechte aus öffentlichen Wahlen zu erlangen, nicht besitzt.

4.2.3 Schutz der Sprecherausschußmitglieder

Der Arbeitgeber darf die Mitglieder des Sprecherausschusses in der Ausübung ihrer Tätigkeit nicht stören oder behindern. Er darf sie auch nicht wegen ihrer Tätigkeit oder in ihrer beruflichen Entwicklung benachteiligen oder begünstigen. Ein besonderer Kündigungsschutz wie für Mitglieder des Betriebsrats oder für Jugendvertreter ist jedoch für die Mitglieder des Sprecherausschusses nicht vorgesehen.

4.2.4 Sitzungen des Sprecherausschusses

Der Arbeitgeber hat das Recht, die Einberufung einer Sitzung des Sprecherausschusses zu verlangen. Weiterhin hat er das Recht, an dieser auf seinen Wunsch einberufenen Sitzung teilzunehmen. Bei der Anberaumung von Sitzungen hat der Sprecherausschuß auf die betrieblichen Notwendigkeiten Rücksicht zu nehmen und dem Arbeitgeber vorher den Zeitpunkt der Sitzungen mitzuteilen.

4.2.5 Versammlung der leitenden Angestellten

Der Arbeitgeber hat das Recht, eine Versammlung der leitenden Angestellten durch den Sprecherausschuß einberufen zu lassen. Zu dieser Versammlung sowie zu den sonstigen ein Mal im Jahr einzuberufenden Versammlungen der leitenden Angestellten ist der Arbeitgeber unter Mitteilung der Tagesordnung zu laden. Er ist berechtigt, in der Versammlung zu sprechen. Er hat über Angelegenheiten der leitenden Angestellten und über die wirtschaftliche Lage und Entwicklung des Betriebes zu berichten, soweit dadurch nicht Betriebs- oder Geschäftsgeheimnisse gefährdet werden.

4.2.6 Richtlinien und Vereinbarungen

Auf freiwilliger Basis kann der Arbeitgeber mit dem Sprecherausschuß Richtlinien über den Inhalt, den Abschluß oder die Beendigung von Arbeitsverhältnissen der leitenden Angestellten schriftlich vereinbaren. Arbeitgeber und Sprecherausschuß können vereinbaren, daß der Inhalt dieser Richtlinien unmittelbar und zwingend für die Arbeitsverhältnisse der leitenden Angestellten gilt. Der Sprecherausschuß kann den Abschluß von Richtlinien und Vereinbarungen nicht über eine Einigungsstelle erzwingen. Der Arbeitgeber hat das Recht, diese Vereinbarungen, falls nichts anderes vereinbart wurde, mit einer Frist von drei Monaten zu kündigen.

4.2.7 Geheimhaltungspflicht der Sprecher-ausschußmitglieder

Die Mitglieder und Ersatzmitglieder des Sprecherausschusses dürfen Betriebs- und Geschäftsgeheimnisse, die ihnen wegen ihrer Zugehörigkeit zum Sprecherausschuß bekanntgeworden und vom Arbeitgeber ausdrücklich als geheimhaltungsbedürftig bezeichnet worden sind, nicht verwerten und Dritten nicht offenbaren. Dies gilt auch nach dem Ausscheiden aus dem Sprecherausschuß. Weiterhin haben sie Stillschweigen zu bewahren über persönliche Verhältnisse leitender Angestellter, die ihnen im Zusammenhang mit deren Einstellung oder Versetzung bekannt geworden sind. Verletzt ein Sprecherausschußmitglied seine Geheimhaltungspflichten, kann er in schweren Fällen zu einer Freiheitsstrafe bis zu zwei Jahren verurteilt werden.

4.2.8 Kündigung von leitenden Angestellten

Gemäß § 31 SprAuG hat der Arbeitgeber den Sprecherausschuß vor jeder Kündigung eines leitenden Angestellten anzuhören und ihm die Gründe für die Kündigung mitzuteilen. Bei einer ordentlichen Kündigung hat der Sprecherausschuß eine Woche, bei einer außerordentlichen Kündigung hat er drei Tage Zeit, zur beabsichtigten Kündigung Stellung zu nehmen. Eine ohne Anhörung des Sprecherausschusses vorgenommene Kündigung ist unwirksam.

4.3 Die Rechte des Arbeitgebers gegenüber Gewerkschaften

4.3.1 Vertrauensvolle Zusammenarbeit

§ 2 Abs. 1 BetrVG verpflichtet die in einem Betrieb vertretenen Gewerkschaften, an der vertrauensvollen Zusammenarbeit zwischen Arbeitgeber und Betriebsrat zum Wohl der Arbeitnehmer und des Betriebes mitzuwirken.

4.3.2 Eingeschränktes Betretungsrecht für Betriebe

Am 17. Februar 1981 (2 BvR 384/78, Betriebs-Berater 1981, Seite 1150) hat das Bundesverfassungsgericht eine Entscheidung des BAG aufgehoben, in der dieses den Gewerkschaften das Recht eingeräumt hatte, in den Betrieben durch das Aushängen von Plakaten und durch das Entsenden von betriebs- und unternehmensfremden Beauftragten in die Betriebe Mitglieder zu werben.

Gewerkschaftsvertreter dürfen einen Betrieb gemäß § 2 Abs. 2 BetrVG nur dann betreten,

- wenn sie im Betrieb mit mindestens einem Mitglied vertreten sind,
- wenn sie im BetrVG genannte Aufgaben und Befugnisse wahrnehmen wollen,
- wenn der Name des Vertreters dem Arbeitgeber rechtzeitig vorher mitgeteilt wurde,
- wenn unumgängliche Notwendigkeiten des Betriebsablaufs, zwingende Sicherheitsvorschriften oder der Schutz von Betriebsgeheimnissen dem nicht entgegenstehen.

Sollte ein Gewerkschaftsvertreter bei früheren Besuchen eines Betriebes den Arbeitgeber grob beleidigt oder den Betriebsfrieden gestört haben, kann der Arbeitgeber, falls er erneut Störungen befürchtet, den von der Gewerkschaft vorgeschlagenen Vertreter zurückweisen und in besonders krassen Fällen ein Hausverbot erteilen.

Werbe- und Informationsmaterial darf von Gewerkschaften auf dem Betriebsgelände nur in den Pausen und nur von ihren Mitgliedern, nicht jedoch von betriebsfremden Personen verteilt werden. Das verteilte Material darf keinen parteipolitischen Inhalt haben und den Arbeitgeber oder andere im Betrieb vertretene Gewerkschaften nicht unsachlich angreifen.

4.3.3 Friedenspflicht

Während der Laufzeit eines Tarifvertrages und ggf. für einen in einem Schlichtungsabkommen vereinbarten Zeitraum nach Ablauf des Tarifvertrages dürfen die Gewerkschaften zwar Änderungen der abgeschlossenen Tarifverträge fordern, sie dürfen aber keine Änderungen dieser Tarifverträge über einen Streik erzwingen wollen. Verletzt eine Gewerkschaft ihre Friedenspflicht, kann der Arbeitgeber von ihr Schadensersatz verlangen. Nehmen Arbeitnehmer an einem wilden Streik teil, der weder von einer Gewerkschaft geführt noch unterstützt wird, kann der Arbeitgeber von ihnen Schadensersatz verlangen.

4.4 Die Rechte des Arbeitgebers gegenüber Arbeitgeberverbänden

4.4.1 Beratung, Prozeßvertretung

Traditionell beraten Arbeitgeberverbände ihre Mitglieder in Fragen des Arbeits- und Sozialrechts und vertreten sie vor den Arbeits- und Sozialgerichten. Die Mitgliedschaft in den Arbeitgeberverbänden ist freiwillig.

4.4.2 Tarifbindung

Von der weiteren Dienstleistung der Verbände, nämlich der Herbeiführung einer Tarifbindung, sind immer weniger Arbeitgeber begeistert. Manche Arbeitgeber treten deshalb aus dem Arbeitgeberverband aus. Ein großes Verlagshaus soll noch während einer laufenden Verhandlungsrunde sich per Telefax der Bindung an einen neuen Tarifvertrag entzogen haben.

Dieses allgemein unter dem Stichwort »Tarifflucht« abgehandelte Problem bereitet den Arbeitgeberverbänden zunehmend Sorgen. Dabei ist es sicher unangemessen, die Ausgetretenen als eine Art Feiglinge oder Fahnenflüchtige zu charakterisieren. Zutreffender erscheint schon der Vergleich mit »Zonen«- oder Kriegsflüchtlingen: Den betroffenen Arbeitgebern steht das Wasser einfach bis zum Hals, was nicht zuletzt auch durch jährlich neue Rekordmarken in der Insolvenzstatistik belegt wird.

In dieser Situation experimentieren einige Verbände mit einer Mitgliedschaft ohne Tarifbindung. Selbst wenn sich dieser Weg aus formalen Gründen rechtlich nicht als erfolgreich erweisen sollte, werden die etablierten Tarifvertragsparteien um eine Anpassung ihres Angebots an die Bedürfnisse des Arbeitgeber-Marktes nicht herumkommen. Sollten sie, die gelegentlich schon mal mit großen Öltankern verglichen werden, »die nur sehr langfristig zu steuern sind, und viele Impulse leerlaufen lassen können«, dies nicht tun, müssen sie befürchten, daß der (Welt-)Markt mit ihnen »Schiffchen versenken« spielt.

4.4.3 Mitspracherecht bei Mitgliederversammlungen / Vorschlagsrecht für die Berufung der BfA-Organmitglieder § 195 AFG

Auf Grund seiner Mitgliedschaft hat der Arbeitgeber das Recht, in Mitgliederversammlungen seine Interessen geltend zu machen und sich z. B. an der Meinungsbildung in Bezug auf die Berufung von Verbandsvertretern in die Organe der Bundesanstalt für Arbeit (Verwaltungsrat, Vorstand, Verwaltungsausschüsse der Landesarbeitsämter und der Arbeitsämter) zu beteiligen.

4.4.4 Allgemeinverbindliche Tarifverträge

Arbeitgeber können für sie anwendbare allgemeinverbindliche Tarifverträge bei den Arbeitgeberverbänden anfordern, die diese Tarifverträge abgeschlossen haben.

Dieser Anspruch ergibt sich aus § 9 der Verordnung zur Durchführung des Tarifvertragsgesetzes. Danach sind die Tarifvertragsparteien verpflichtet, Texte der Tarifverträge an Arbeitgeber und Arbeitnehmer, für die die Tarifverträge infolge der Allgemeinverbindlicherklärung verbindlich sind, gegen Erstattung ihrer Selbstkosten abzugeben. Als Selbstkosten sind gemäß der genannten Verordnung anzusehen: »Papier- und Vervielfältigungs- oder Druckkosten sowie das Übersendungsporto«.

Sollten sich Verbände weigern, die Texte allgemeinverbindlicher Tarifverträge Außenseitern zur Verfügung zu stellen, oder sollten überhöhte Selbstkosten gefordert werden, empfiehlt es sich, den Bundesminister für Arbeit und Sozialordnung, Rochusstr. 1, 53123 Bonn, zu informieren.

4.4.5 Pflege von Tarifverträgen

Ein wichtiges Recht des Arbeitgebers gegenüber seinem Arbeitgeberverband besteht auch darin, daß die vom Verband abgeschlossenen Tarifverträge gepflegt werden. Wenn sich die Verbände aus naheliegenden Gründen schon sehr schwer tun, den Entgeltteil des Tarifvertrages sachgerecht und kompetent zu regeln, kann der Arbeitgeber wenigstens erwarten, daß der AGB-Teil (»Mantel«) des Tarifvertrages zeitnah und zuverlässig gepflegt wird.

Es ist wohl nicht übertrieben, die Leistungen der letztlich aus Steuergeldern finanzierten Verbände des öffentlichen Dienstes in dieser Hinsicht als skandalös zu bezeichnen. Für die Anpassung ihres § 37 Abs. 1 Bundes-Angestelltentarifvertrag an geltendes Recht haben sie mehr als elf Jahre benötigt. § 47 Abs. 8 Bundes-Angestelltentarifvertrag wurde vom BAG bereits am 25. Februar 1988 wegen seiner Unvereinbarkeit mit § 3 Abs. 1 Bundesurlaubsgesetz für unwirksam erklärt. Eine Anpassung dieser Vorschrift ist derzeit nicht in Sicht. Würde beispielsweise ein Rechtsanwalt die Allgemeinen Geschäftsbedingungen eines Mandaten derart nachlässig pflegen, hätte er seinen Beruf schon längst aufgeben müssen. Zur grundsätzlichen Kritik der Tarifautonomie vgl. Stucke, Die Tarifautonomie – Kritische Betrachtungen zu Gestaltung und Auswirkungen einer mißverstandenen und mißbrauchten Institution, Frankfurt 1990.

4.5 Die Rechte des Arbeitgebers gegenüber der Hauptfürsorgestelle

Die Kündigung eines Schwerbehinderten bzw. eines Mitarbeiters, der einem Schwerbehinderten gemäß § 2 Schwerbehindertengesetz (SchwbG) gleichgestellt wurde, ist nur wirksam, wenn die örtlich zuständige Hauptfürsorgestelle vor Ausspruch der Kündigung die Zustimmung erteilt hat. Der Antrag ist gemäß § 17 Abs. 1 SchwbG in doppelter Ausfertigung einzureichen.

Bei Schwerbehinderten, die das 58. Lebensjahr vollendet und Anspruch auf eine Sozialplanabfindung haben, ist die Zustimmung der Hauptfürsorgestelle entbehrlich, wenn der Arbeitgeber dem Schwerbehinderten die Kündigungsabsicht rechtzeitig mitgeteilt hat und dieser der Kündigung nicht widerspricht.

Zustimmungsfrei darf der Arbeitgeber auch Schwerbehinderte aus Witterungsgründen entlassen, wenn er ihnen eine Wiedereinstellungszusage für den Fall der Wiederaufnahme der Arbeit gibt.

Auch bis zum Ende des sechsten Beschäftigungsmonats ist das Arbeitsverhältnis eines Schwerbehinderten ohne Zustimmung der Hauptfürsorgestelle kündbar.

Die Hauptfürsorgestelle soll bei einer ordentlichen Kündigung die Entscheidung innerhalb eines Monats ab Antragseingang treffen. Zuvor hat sie dem zuständigen Arbeitsamt, dem Betriebs- bzw. Personalrat, der Schwerbehindertenvertretung und dem Schwerbehinderten selbst Gelegenheit zur Stellungnahme zu geben.

Wichtig ist, daß der Arbeitgeber die Kündigung erst ab dem Zeitpunkt aussprechen darf, ab dem ihm die Zustimmung förmlich zugestellt wurde.

Beispiel:

Der Arbeitgeber erhält einen Anruf vom Leiter der Hauptfürsorgestelle, in dem dieser ihm mitteilt, daß die Hauptfürsorgestelle soeben seinem Antrag zugestimmt hat. Daraufhin kündigt der Arbeitgeber unverzüglich. Diese Kündigung ist unheilbar unwirksam, da der Arbeitgeber gemäß § 18 Abs. 2 SchwbG erst die förmliche Zustellung hätte abwarten müssen.

Bei einer vollständigen Betriebsstillegung hat der Arbeitgeber einen Anspruch auf Erteilung der Zustimmung, wenn er dem Schwerbehinderten nach Ausspruch der Kündigung noch für mindestens drei Monate die Vergütung zahlt. Bei einer nur teilweisen Stillegung eines Betriebes oder einer Dienststelle darf die Genehmigung nur dann erteilt werden, wenn der Arbeitgeber, der mehr als 15 Arbeitnehmer beschäftigt, auch nach der Kündigung noch die gesetzlich festgelegte Mindestzahl von Schwerbehindertenarbeitsplätzen zur Verfügung stellt.

Beispiel:

Ein Arbeitgeber verfügt über 150 Arbeitsplätze, die auf drei Abteilungen zu je 50 Mitarbeitern verteilt sind. Er möchte über eine Teilbetriebsstillegung eine Abteilung schließen und beantragt die Zustimmung zur Kündigung der in dieser Abteilung beschäftigten Schwerbehinderten. Die Zustimmung soll erteilt werden, wenn sich unter den verbleibenden Mitarbeitern noch mindestens sechs Prozent Schwerbehinderte befinden.

Voraussetzung für die Zustimmung zu einer ordentlichen betriebsbedingten Kündigung ist in jedem Fall, daß der Arbeitgeber der Hauptfürsorgestelle nachweist, daß er im derzeitigen Beschäftigungsbetrieb bzw. in der derzeitigen Beschäftigungsdienststelle keinerlei anderweitige Einsatzmöglichkeit für den Schwerbehinderten hat. Weiterhin hat der Arbeitgeber der Hauptfürsorgestelle nachzuweisen, daß auch in seinen anderen Betrieben bzw. Dienststellen keine freien Arbeitsplätze vorhanden sind, auf denen ihm die Weiterbeschäftigung des Schwerbehinderten zugemutet werden kann.

In der Praxis ist dieser Nachweis gerade bei größeren Arbeitgebern gar nicht oder nur schwer zu führen. Viele Arbeitgeber verzichten deshalb auf die Kündigung oder versuchen, das Arbeitsverhältnis durch einen Aufhebungsvertrag zu beenden. Günstiger ist die Position des Arbeitgebers dagegen, wenn er der Hauptfürsorgestelle nachweisen kann, daß der Schwerbehinderte unmittelbar nach der Kündigung gleich wieder einen angemessenen und zumutbaren Arbeitsplatz finden wird.

Wenn dem Arbeitgeber die Einhaltung einer Kündigungsfrist unter Berücksichtigung aller Umstände des Einzelfalles und unter Abwägung der Interessen beider Vertragsteile nicht zugemutet werden kann, soll die Hauptfürsorgestelle ihm die Zustimmung zu einer außerordentlichen Kündigung erteilen.

Wichtig ist, daß der Arbeitgeber die Zustimmung zur **außerordentlichen Kündigung** spätestens innerhalb von zwei Wochen beantragt, nachdem er von den Kündigungsgründen Kenntnis erlangt hat.

Beispiel:

Am Freitag, dem 2. Juni, gesteht ein Schwerbehinderter dem Arbeitgeber einen Diebstahl. Wenn der Arbeitgeber nicht spätestens am 16. Juni noch vor 24 Uhr bei der Hauptfürsorgestelle die Zustimmung zur Kündigung beantragt, verliert er sein Recht zur außerordentlichen Kündigung

Die Hauptfürsorgestelle muß bei einer außerordentlichen Kündigung die Entscheidung innerhalb von 14 Tagen ab Antragseingang treffen. Lehnt die Hauptfürsorgestelle innerhalb dieses Zeitraums die Zustimmung nicht ab, so gilt sie gemäß § 21 Abs. 3 SchwbG als erteilt. Dabei kommt es jedoch nicht darauf an, ob dem Arbeitgeber innerhalb der Zweiwochenfrist eine Ablehnung bekanntgegeben wurde, sondern allein darauf, ob die Hauptfürsorgestelle innerhalb der vorgesehenen Frist entschieden hat. (BAG, 9. Februar 1994 – 2 AZR 720/93, Betriebs-Berater 1994, Seite 1074)

Beispiel:

Der Arbeitgeber stellt am 16. Juni um 10 Uhr den Antrag auf Zustimmung zur außerordentlichen Kündigung eines Schwerbehinderten. Bis zum 30. Juni 24.00 Uhr hört er nichts von der Hauptfürsorgestelle. Daraufhin kündigt er am 1. Juli. Diese Kündigung ist unwirksam, wenn die Hauptfürsorgestelle seinen Antrag noch am 30. Juni um 23.30 abgelehnt und den entsprechenden Bescheid noch vor 24.00 Uhr zur Post gegeben hat.

Eine außerordentliche Kündigung darf gemäß § 626 BGB auch bei einem Schwerbehinderten nur innerhalb von zwei Wochen ab Kenntnis der Kündigungsgründe ausgesprochen werden. Hiervon gewährt § 21 Abs. 5 eine Ausnahme, wenn der Arbeitgeber die Zustimmung der Hauptfürsorgestelle erst nach Ablauf der Zweiwochenfrist des § 626 BGB erhält. In diesem Fall hat er die Kündigung jedoch unverzüglich auszusprechen, nachdem ihm die Hauptfürsorgestelle die Zustimmung erteilt hat. Anders als bei der ordentlichen Kündigung kommt es bei einer Zustimmung zur außerordentlichen Kündigung nicht auf die förmliche Zustellung an.

Beispiel:

Die Hauptfürsorgestelle teilt dem Arbeitgeber am 30. Juni um 10.00 Uhr mit, daß sie seinem Antrag auf Zustimmung zur außerordentlichen Kündigung eines Schwerbehinderten zustimmt. Jetzt darf der Arbeitgeber nicht auf die förmliche Zustellung des Bescheids warten, sondern muß, wenn er das Recht zur außerordentlichen Kündigung nicht verlieren will, möglichst sofort, d. h. »ohne schuldhaftes Zögern« die Kündigung aussprechen.

Gegen einen ablehnenden Bescheid kann der Arbeitgeber innerhalb eines Monats nach Zustellung Widerspruch einlegen. Über den Widerspruch entscheidet der bei der Hauptfürsorgestelle bzw. beim Landesarbeitsamt gebildete aus jeweils sieben Mitgliedern bestehende Widerspruchsausschuß. Vor der Entscheidung ist dem Arbeitgeber gemäß § 43 Abs. 2 SchwbG Gelegenheit zur Stellungnahme zu geben.

Wenn der Arbeitgeber den Eindruck hat, daß, was selten vorkommen wird, ein Mitglied des Widerspruchsausschusses seinem Antrag nicht unparteiisch gegenübersteht, kann er dieses Mitglied wegen Besorgnis der Befangenheit ablehnen. Über die Berechtigung der Ablehnung entscheidet der Ausschuß, dem das abgelehnte Mitglied angehört.

Lehnt auch der Widerspruchsausschuß den Antrag des Arbeitgebers ab, hat dieser das Recht, seinen Antrag auf dem Verwaltungsgerichtsweg weiter zu verfolgen.

4.6 Die Rechte des Arbeitgebers gegenüber den Gerichten

4.6.1 Allgemein

4.6.1.1 *Rechtliches Gehör*

Artikel 103 Abs. 3 GG garantiert dem Arbeitgeber rechtliches Gehör vor den Gerichten. Rechtliches Gehör bedeutet, daß die Gerichte nur solche Sachverhalte bei einer Entscheidung berücksichtigen dürfen, zu denen der Arbeitgeber bzw. sein Anwalt zuvor innerhalb angemessener Frist Stellung nehmen konnte.

4.6.1.2 *Gesetzlicher Richter*

In Artikel 101 Abs. 1 GG ist festgelegt, daß jeder Rechtsstreit vor dem gesetzlich vorgeschriebenen Gericht zu entscheiden ist. Welche Richter im Einzelfall für die Entscheidung zuständig sind, wird im voraus allgemein durch die Geschäftsverteilungspläne der Gerichte festgelegt. Diese Geschäftsverteilungspläne können beim Präsidenten des jeweiligen Gerichts eingesehen werden

4.6.1.3 *Besorgnis der Befangenheit*

Ein Richter kann abgelehnt werden, wenn die Besorgnis der Befangenheit besteht. Dies ist dann gegeben, wenn bei objektiver, vernünftiger Betrachtungsweise ein Grund gegeben ist, der geeignet ist, Mißtrauen gegen die Unparteilichkeit des Richters zu rechtfertigen. Tatsächlich braucht der Richter gar nicht befangen zu sein. Für seine Ablehnung reicht es vielmehr aus, wenn die Parteien aus seinem Verhalten objektive Anhaltspunkte für eine Befangenheit entnehmen können.

Beispiele:
Der Richter übt eine Nebentätigkeit bei einer der Parteien aus. Der Richter greift eine Partei in unsachlicher Weise persönlich an. Der Richter erteilt einseitig einer Partei Ratschläge zur Prozeßführung. Die Mitgliedschaft in einer Gewerkschaft oder einer Partei begründet dagegen allein noch keine Besorgnis der Befangenheit.

4.6.1.4 *Prozeßkostenhilfe*

Sollte ein Arbeitgeber ausnahmsweise nicht in der Lage sein, die Prozeßkosten zu bestreiten, kann er, wenn die Rechtsverfolgung hinreichende Aussicht auf Erfolg hat, gemäß § 114 ZPO Prozeßkostenhilfe beantragen und sich einen Rechtsanwalt beiordnen lassen.

4.6.2 Arbeitsgerichte

4.6.2.1 *Güteverhandlung*

Das Verfahren vor dem Arbeitsgericht beginnt mit der Güteverhandlung vor dem vorsitzenden Richter der jeweils zuständigen Kammer. Zweck der Güteverhandlung ist es zum einen, den Sachverhalt aufzuklären und zum anderen, eine gütliche Einigung der Parteien herbeizuführen. Sehr viele Verfahren werden bereits in der Güteverhandlung erledigt.

4.6.2.2 *Vergleich*

Ein Vergleich vor dem Arbeitsgericht hat für den Arbeitgeber den großen Vorteil, daß er schnell Klarheit über die vom Arbeitnehmer aufgeworfene Rechtsfrage erhält. Ein kleiner Nebeneffekt ist, daß nach einem Vergleichsabschluß die ohnehin schon geringen Gerichtsgebühren nicht erhoben werden.

4.6.2.3 *Kammertermin*

Kommt es in der Güteverhandlung zu keiner Einigung zwischen den Parteien, ist ein Kammertermin anzusetzen. An diesen Kammertermin nehmen jetzt auch die beiden ehrenamtlichen Richter teil. Auch in diesem Termin wird das Gericht nochmals auf eine gütliche Einigung hinwirken.

4.6.2.4 *Auflösungsantrag*

Stellt sich in einem Kündigungsschutzprozeß über eine ordentliche Kündigung heraus, daß der Arbeitgeber keinen Grund hatte, die Kündigung auszusprechen, muß das Gericht gemäß § 9 KSchG gleichwohl das Arbeitsverhältnis durch Urteil beenden, wenn eine gedeihliche Zusammenarbeit zwischen den Parteien nicht mehr zu erwarten ist. In diesem Fall wird der Arbeitgeber zur Zahlung einer Abfindung von maximal zwölf Monatsgehältern verurteilt. Ab dem 50. Lebensjahr beträgt die maximale Abfindung bei 15 Jahren Betriebszugehörigkeit 15 Monatsgehälter und ab dem 55. Lebensjahr nach 20 Jahren Betriebszugehörigkeit 18 Monatsgehälter. Ist dem Arbeitgeber die Beendigung des Arbeitsverhältnisses zwölf bis achtzehn Monatsgehälter wert, braucht er sich um die Begründung der Kündigung keine Gedanken mehr zu machen, sondern kann seine Energie auf das Zusammentragen von Gründen beschränken, die eine den Betriebszwecken dienliche weitere Zusammenarbeit zwischen Arbeitgeber und Arbeitnehmer nicht mehr erwarten lassen.

Achtung!

Ein Auflösungsantrag kann vom Arbeitgeber nur bei einer ordentlichen Kündigung gestellt werden. Dem Arbeitgeber ist deshalb in jedem Fall zu empfehlen, neben einer außerordentlichen Kündigung immer auch gleichzeitig »höchstvorsorglich« eine ordentliche Kündigung mit auszusprechen und den Betriebs- bzw. Personalrat auch entsprechend zu beiden Kündigungen anzuhören.

4.6.2.5 *Rechtsmittel*

4.6.2.5.1 *Berufung*

Hat der Arbeitgeber einen Prozeß vor dem Arbeitsgericht verloren, hat er das Recht, das Urteil in rechtlicher und tatsächlicher Hinsicht vor dem Landesarbeitsgericht überprüfen zu lassen. In vermögensrechtlichen Streitigkeiten muß hierfür, solange das Arbeitsgericht die Berufung nicht ausdrücklich zugelassen hat, der Wert des Beschwerdegegenstandes DM 800,– übersteigen.

4.6.2.5.2 *Revision*

Hat auch das Landesarbeitsgericht gegen den Arbeitgeber entschieden, hat er die Möglichkeit, beim Bundesarbeitsgericht Revision gegen dieses Urteil einlegen zu lassen. Im Revisionsverfahren werden nur noch Rechtsfragen erörtert. Bezüglich der zugrundeliegenden Tatsachen ist das Bundesarbeitsgericht gemäß § 561 ZPO an die Feststellungen des Landesarbeitsgerichts gebunden.

Statthaft ist die Revision, wenn die Angelegenheit grundsätzliche Bedeutung hat oder von der Entscheidung eines obersten Bundesgerichtes oder, falls eine solche noch nicht ergangen ist, von einer Entscheidung einer anderen Kammer desselben Landesarbeitsgerichts oder eines anderen Landesarbeitsgerichts abweicht und die Entscheidung auf dieser Abweichung beruht.

Die Statthaftigkeit der Revision ist vom Landesarbeitsgericht festzustellen. Läßt das Landesarbeitsgericht die Berufung nicht zu, kann der Arbeitgeber sich dagegen mit einer Nichtzulassungsbeschwerde gemäß § 72a ArbG wehren.

4.6.2.6 *Kosten*

Im Verfahren vor dem Arbeitsgericht muß jede Partei die Kosten ihres Prozeßvertreters selbst tragen. Prozeßkosten, die vor dem Landes- oder Bundesarbeitsgericht entstehen, sind von der unterliegenden Partei zu tragen.

4.6.3 Bayerischer Verfassungsgerichtshof

In Bayern hat gemäß Artikel 98 Satz 4 der bayerischen Verfassung in Verbindung mit Artikel 55 Abs. 1 Verfassungsgerichtshofgesetz jedermann das Recht, auch wenn er selbst gar nicht betroffen ist, die Verfassungswidrigkeit einer Rechtsvorschrift des bayerischen Landesrechts geltend zu machen. Am 13. November 1995 (Vf. 19-VII-95) wurde dem Bayerischen Verfassungsgerichtshof z. B. die Frage vorgelegt, ob durch Artikel 43 Abs. 4 der Bayerischen Gemeindeordnung das Grundrecht der negativen Koalitionsfreiheit verfassungswidrig eingeschränkt wird. (vgl. Kapitel 5.3, Seite 263)

4.6.4 Bundesverfassungsgericht

Wesentlich schwieriger als beim Bayerischen Verfassungsgerichtshof ist es für einen Arbeitgeber, beim Bundesverfassungsgericht eine erfolgreiche Verfassungsbeschwerde einzureichen. Voraussetzung hierfür ist zum einen, daß man von einer Vorschrift selbst unmittelbar betroffen ist, zum anderen darf eine Verfassungsbeschwerde erst dann eingereicht werden, wenn der Rechtsweg ausgeschöpft ist. Trotzdem sollte der Arbeitgeber keine Hemmungen haben, eine Verfassungsbeschwerde einzureichen, wenn er, ggf. nach Konsultation eines kompetenten Rechtsgelehrten, der Überzeugung ist, daß er in seinen verfassungsmäßig garantierten Grundrechten unzulässigerweise eingeschränkt wird. In Dutzenden von Fällen hat sich der Gesetzgeber vom Bundesverfassungsgericht vorwerfen lassen müssen, daß seine Regelungen mit der Verfassung nicht vereinbar waren.

Ein probates Mittel, im Arbeitsrecht auf die Spur eines Verfassungs- oder Gesetzesverstoßes zu kommen ist es, vor dem Blick ins Gesetzbuch oder in den Tarifvertrag eine kurze Vorprüfung im Kopf vorzunehmen. Die Fragestellung dabei lautet: »Was empfinde ich als fair und gerecht, bzw. wie würde ich als Verfassungsgericht entscheiden?« In 98 % der Fälle werden Sie feststellen, daß der Gesetzgeber bzw. die Gerichte genauso entschieden haben wie Sie. Mit den restlichen zwei Prozent haben Sie die Chance, an der Rechtsgeschichte mitzuschreiben. Lassen Sie sich nichts gefallen!

4.6.5 Europäischer Gerichtshof

Der Europäische Gerichtshof ist keine »Super-Revisionsinstanz«. Vielmehr kann er von jedem deutschen Gericht zu jedem Zeitpunkt des Verfahrens angerufen werden. In einem Vorabverfahren kann das Gericht die Klärung einer Rechtsfrage, die dem Europäischen Recht entstammt, verlangen. Ist das Gericht dann mit der Entscheidung nicht einverstanden, kann es z. B. in einem anderen Verfahren mit verschärfter Formulierung und unter Hinweis auf die dramatischen Rechtsfolgen, die sich aus einer Aufrechterhaltung der Auffassung des Europäischen Gerichtshofs für das nationale Recht ergeben würden, die Rechtsfrage erneut stellen.

4.7 Die Rechte des Arbeitgebers gegenüber dem Gewerbeaufsichtsamt

4.7.1 Kündigung von Schwangeren

Gegenüber einer Arbeitnehmerin während der Schwangerschaft und bis zum Ablauf von vier Monaten nach der Entbindung darf der Arbeitgeber eine Kündigung nur in besonderen Fällen und nur ausnahmsweise aussprechen, wenn zuvor die für den Arbeitsschutz zuständige oberste Landesbehörde (Gewerbeaufsichtsamt, Bezirksregierung oder Regierungspräsident) die Kündigung für zulässig erklärt hat.

Wegen der besonderen Eilbedürftigkeit der Entscheidung ist das Verwaltungsverfahren zu beschleunigen. Bei einer schuldhaften Verzögerung der Entscheidung steht dem Arbeitgeber ggf. ein Schadensersatzanspruch wegen Amtspflichtverletzung aus § 839 GBG in Verbindung mit Art. 34 GG zu.

Eine mündliche Verhandlung ist für die Entscheidung zwar nicht zwingend vorgeschrieben, sollte aber zur Aufklärung des Sachverhalts durchgeführt werden. Da die Erteilung der Genehmigung für die Arbeitnehmerin einen belastenden Verwaltungsakt darstellt, ist diese vor Erteilung der Zustimmung anzuhören. Ansonsten hat die zuständige Verwaltungsbehörde die Sachverhaltsaufklärung von Amts wegen durchzuführen und alle für die Entscheidung wichtigen Umstände zu ermitteln. Dazu gehören insbesondere die Gründe, die den Arbeitgeber zur Kündigung veranlassen sowie die Sozialdaten der Arbeitnehmerin.

Die nach pflichtgemäßem Ermessen zu treffende Entscheidung der Arbeitsbehörde ist zu begründen, mit einer Rechtsmittelbelehrung zu versehen und unterliegt in vollem Umfang der verwaltungsgerichtlichen Nachprüfung.

Ein »besonderer Fall« im Sinne von § 9 Abs. 3 MuSchG ist nicht gleichzusetzen mit einem »wichtigen Grund« im Sinne von § 626 BGB. Er liegt nur dann vor, wenn ausnahmsweise außergewöhnliche Umstände nach einer umfassenden Interessenabwägung die als vorrangig anzusehenden Interessen der werdenden Mutter bzw. Wöchnerin hinter die Interessen des Arbeitgebers zurücktreten lassen. Neben einer außerordentlichen Kündigung kann die Arbeitsbehörde auch eine ordentliche Kündigung oder eine Änderungskündigung für zulässig erklären.

Abgesehen von dem Fall, daß personenbedingte Gründe zu einer existenzgefährdenden wirtschaftlichen Belastung des Arbeitgebers führen, reichen personenbedingte Kündigungsgründe, insbesondere schwangerschaftsbedingte Krankheiten, nicht aus, um das Vorliegen eines »besonderen Falles« zu begründen.

Verhaltensbedingte Gründe sind dann als »besonderer Fall« anzusehen, wenn die Arbeitnehmerin eine besonders schwerwiegende Pflichtverletzung begangen hat, indem sie z. B. gegen ihren Arbeitgeber oder gegen einen Arbeitskollegen eine Straftat begangen hat. Doch auch in diesen Fällen ist die psychische Konstitution der Arbeitnehmerin zu ihren Gunsten zu berücksichtigen.

Besser stehen die Chancen des Arbeitgebers, wenn er seine Kündigung z. B. auf eine (Teil-)Betriebsschließung oder -verlegung oder auf sonstige betriebsbedingte Gründe stützen und nachweisen kann, daß im restlichen Betrieb keinerlei Beschäftigungsmöglichkeiten für die Arbeitnehmerin mehr vorhanden sind. Da aber auch in diesem Fall die Genehmigung häufig nicht erteilt wird, sollte der Arbeitgeber frühzeitig über eine einvernehmliche Beendigung des Arbeitsverhältnisses gegen Zahlung einer Abfindung nachdenken.

Beispiel:

Eine schwangere Sekretärin informiert die Ehefrau ihres Geschäftsführers darüber, daß dieser seit Jahren eine Freundin hat. Die Zustimmung zur Kündigung wird vom Gewerbeaufsichtsamt nach Auffassung des LAG Baden-Württemberg (7. Dezember 1993 – 10 S 2825/92, Betriebs-Berater 1994, Seite 940) zu Recht verweigert da die Indiskretion der Sekretärin weder strafbar noch wahrheitswidrig gewesen sei. Auch sei, wegen der bereits erfolgten Information der Ehefrau, eine Wiederholungsgefahr nicht gegeben.

4.7.2 Kündigung von Arbeitnehmern, die sich im Erziehungsurlaub befinden

Auch während des Erziehungsurlaubs ist eine Kündigung des Arbeitsverhältnisses nur mit Zustimmung der für den Arbeitsschutz zuständigen obersten Arbeitsbehörde zulässig. Die Anforderungen an die Begründung eines entsprechenden Antrags sind nur geringfügig niedriger als bei der Kündigung einer Schwangeren. Deswegen sollte auch in diesen Fällen des Arbeitsverhältnis bei Bedarf möglichst einvernehmlich gegen Zahlung einer Abfindung beendet werden.

4.8 Die Rechte des Arbeitgebers gegenüber den Sozialversicherungsträgern

4.8.1 Allgemein

Alle Sozialversicherungsträger sind gemäß §§ 13, 14 und 15 SGB I verpflichtet, Arbeitgeber umfassend in Sozialversicherungsangelegenheiten zu beraten, sie über ihre Rechte aufzuklären und Auskünfte zu erteilen. Für die Beratung steht häufig ausgezeichnet qualifiziertes Personal zur Verfügung. Durch die Eröffnung des Wettbewerbs unter den Krankenkassen ist zu erwarten, daß diese ihr Beratungsangebot noch erhöhen werden. Arbeitgeber sollten deswegen keine Hemmungen haben, von ihrem gesetzlich verbrieften Beratungsrecht auch Gebrauch zu machen.

4.8.2 Krankenkasse

4.8.2.1 *Überprüfung von Arbeitsunfähigkeitsmeldungen*

Die Krankenkassen sind gemäß § 275 Abs. 1 Ziffer 3 b) SGB V bei begründeten Zweifeln des Arbeitgebers an der Arbeitsunfähigkeit seines Arbeitnehmers verpflichtet, eine gutachtliche Stellungnahme des Medizinischen Dienstes der Krankenversicherung einzuholen.

Zweifel an der Arbeitsunfähigkeit sind u. a. begründet,

- wenn das Verhalten des Arbeitnehmers in Widerspruch zu seiner angeblichen Krankheit steht.

Beispiel:

Der Arbeitnehmer teilt seinem Arbeitgeber mit, er habe sich den Fuß gebrochen. Eine Woche später wird er beim Fußballspielen beobachtet.

- wenn Atteste von Ärzten vorgelegt werden, die von ihrer Fachbezeichnung her für die behauptete Krankheit nicht zuständig sind.

Beispiel:
Der Mitarbeiter erleidet eine Handverletzung und läßt sich seine Arbeitsunfähigkeit durch einen Augenarzt bestätigen.

- wenn Atteste von ständig wechselnden Ärzten vorgelegt werden.
- wenn die Arbeitsunfähigkeit, z. B. nach Ablehnung eines Urlaubsgesuchs, vorher angekündigt wird.
- wenn der Arbeitnehmer auffällig häufig nur für kurze Dauer arbeitsunfähig ist oder der Beginn der Arbeitsunfähigkeit häufig auf einen Arbeitstag am Beginn oder Ende einer Woche fällt. (§ 275 Abs 1a) a) SGB V)
- wenn die Arbeitsunfähigkeit von einem Arzt festgestellt wurde, der durch die Häufigkeit der von ihm ausgestellten Bescheinigungen über Arbeitsunfähigkeit auffällig geworden ist. (§ 275 Abs 1a) b) SGB V)

4.8.2.2 *Information über Fortsetzungserkrankungen*

Bei mehreren Arbeitsunfähigkeitszeiten innerhalb eines Jahres hat der Arbeitnehmer nur dann einen Anspruch auf mehr als sechs Wochen Entgeltfortzahlung, wenn die Arbeitsunfähigkeit auf verschiedenen Krankheiten beruht. Damit der Arbeitgeber feststellen kann, ob er nach Ablauf des ersten Sechswochenzeitraums weiter zur Entgeltfortzahlung verpflichtet ist, müssen die Krankenkassen ihm mitteilen, ob die über sechs Wochen hinausgehende Arbeitsunfähigkeit auf einer Fortsetzungs- oder auf einer neuen Krankheit beruht.

4.8.2.3 *Umlage für Kleinbetriebe*

Arbeitgeber, die in der Regel nicht mehr als zwanzig Arbeitnehmer beschäftigen, Auszubildende zählen dabei nicht mit, haben gegen die Krankenkassen einen Anspruch auf Erstattung von 80 % der Aufwendungen für

- Entgeltfortzahlung an Arbeiter,
- Zuschüsse zum Mutterschaftsgeld,
- während der Beschäftigungsverbote nach dem Mutterschutzgesetz gezahltes Entgelt sowie der auf diese Zahlungen geleisteten,

- Arbeitgeberanteile an den Sozialversicherungsbeiträgen.

Da die Krankenkassen sich die Mittel für diese Erstattungen im Umlageverfahren gemäß § 10 Abs. 1 Lohnfortzahlungsgesetz bei den ausgleichsberechtigten Arbeitgebern beschaffen, läuft das Verfahren auf eine groß angelegte Subventionierung von Arbeitgebern mit wegen schlechtem Betriebsklima erhöhten Fehlzeiten durch Arbeitgeber mit gutem Betriebsklima und weniger Fehlzeiten hinaus.

Diese Subventionierung ist offenbar so attraktiv, daß verschiedene Arbeitgeber ihr Unternehmen in mehrere Kleinunternehmen aufspalten, um in den Genuß dieser Subventionierung zu gelangen.

Beispiel:

Die Baufirma Huber GmbH, die bisher in ganz Bayern tätig und nicht am Ausgleichsverfahren beteiligt war, weil sie 40 Mitarbeiter beschäftigt, teilt sich zum 31. Dezember 1995 auf in eine Firma Nord-Huber GmbH und eine Firma Süd-Huber GmbH. Die Geschäftsführung für »Nord« übernimmt nebst zwanzig Arbeitnehmern Herr Huber, die Geschäftsführung für »Süd« übernimmt nebst zwanzig Arbeitnehmern Frau Huber.

Angesichts der zunehmend kritischer werdenden Frage nach der Attraktivität des Wirtschaftsstandorts Deutschland fragt man sich, ob man mehr auf das Ehepaar Huber oder mehr auf den Gesetzgeber böse sein soll, der durch seine Gesetze solche Umverteilungsmöglichkeiten eröffnet.

4.8.3 Bundesanstalt für Arbeit (Arbeitsamt)

4.8.3.1 *Arbeitsvermittlung und -beratung*

Aus § 14 AFG hat der Arbeitgeber einen Anspruch gegen das Arbeitsamt auf Mithilfe bei der Gewinnung von geeigneten Arbeitskräften.

Gemäß § 15 AFG ist das Arbeitsamt verpflichtet, den Arbeitgeber auch unabhängig von der Arbeitsvermittlung umfassend und betriebsbezogen bei der Bewerberauswahl zu beraten.

4.8.3.2 *Beratung § 14 SGB I, Anhörungspflicht*

Der Arbeitgeber hat das Recht, in allen ihn betreffenden Angelegenheiten vom Arbeitsamt beraten zu werden. Vor einer Entscheidung hat das Arbeitsamt ihn anzuhören.

4.8.3.3 *Eingliederungsbeihilfen*

Arbeitgeber, die auf dem Arbeitsmarkt schwer vermittelbare Arbeitssuchende einstellen, können gemäß § 54 AFG in Verbindung mit § 19 der Anordnung des Verwaltungsrats der Bundesanstalt für Arbeit zur Förderung der Arbeitsaufnahme Darlehen und Zuschüsse erhalten. Diese sind auf 50 % des Tarifentgelts beschränkt und werden bis zu zwei Jahren gewährt. Als schwer vermittelbar gelten ältere Arbeitnehmer, Langzeitarbeitslose und ggf. Schwerbehinderte.

Als Langzeitarbeitsloser ist derjenige anzusehen, der länger als ein Jahr beim Arbeitsamt arbeitslos gemeldet ist. Gemäß § 3 der »Richtlinien zur Durchführung der Aktion Beschäftigungshilfen für Langzeitarbeitslose 1995 bis 1999 der Bundesregierung vom 16. Februar 1995« werden den Arbeitgebern die Lohnkostenzuschüsse für ein Jahr gewährt. Je nach Dauer der vorangegangenen Arbeitslosigkeit betragen die Zuschüsse des Arbeitsamtes zwischen 80 % und 40 % der Lohnkosten. Insgesamt stehen für dieses Programm, das (zunächst?) bis zum Jahr 1998 befristet ist, 3 Milliarden DM zur Verfügung.

Wenn Sie sich erst nach einer Erprobungszeit entschließen wollen, den Arbeitslosen unbefristet einzustellen, können Sie für die ersten drei Monate ein befristetes Probearbeitsverhältnis abschließen. In diesem Fall erhalten Sie während der Probezeit nur 75 % der Förderung, die Sie sonst erhalten hätten.

Für den Arbeitgeber ist wichtig, daß er den entsprechenden Antrag **vor** Beginn des Arbeitsverhältnisses beim zuständigen Arbeitsamt stellt. Weitere Informationen zu diesem Programm sind kostenlos unter der Telefonnummer 0130-6284 zu erhalten.

4.8.3.4 *Winterbauförderung, § 77 AFG und Winterbau-Anordnung, Mehrkostenzuschuß § 78 AFG*

Arbeitgeber des Baugewerbes erhalten auf Antrag vom Arbeitsamt Zuschüsse und Darlehen zur »produktiven Winterbauförderung« für Kauf und Miete von Geräten und Einrichtungen, die Bauarbeiten in der Schlechtwetterzeit ermöglichen. Weiterhin können diese Arbeitgeber beim Arbeitsamt Zuschüsse für witterungsbedingte Mehrkosten für Bauarbeiten beantragen, die sie zwischen dem 1. Dezember und dem 31. März ausgeführt haben.

4.8.3.5 *Arbeitsbeschaffungsmaßnahmen §§ 91, 97 AFG und ABM-Anordnung*

Arbeitgeber können für im öffentlichen Interesse liegende Arbeiten, die sonst nicht oder erst zu einem späteren Zeitpunkt durchgeführt würden, Zuschüsse bzw. Darlehen gemäß §§ 91 und 97 AFG beanspruchen. Die näheren Einzelheiten sind in der »Anordnung des Verwaltungsrates der Bundesanstalt für Arbeit über die Förderung von Allgemeinen Maßnahmen zur Arbeitsbeschaffung aus Mitteln der Bundesanstalt (ABM-Anordnung)« bzw. in der »Anordnung des Verwaltungsrats der Bundesanstalt für Arbeit über Maßnahmen zur Arbeitsbeschaffung für ältere Arbeitnehmer (Anordnung nach § 99 AFG)« geregelt.

4.8.3.6 *Neutralität bei Streik*

§ 116 AFG verbietet der Bundesanstalt für Arbeit, durch Zahlung von Arbeitslosengeld in Arbeitskämpfe einzugreifen. Gemäß § 116 Abs. 2 AFG ruht der Anspruch auf Arbeitslosengeld bis zur Beendigung des Arbeitskampfes, wenn ein Arbeitnehmer durch die Beteiligung an einem Arbeitskampf arbeitslos geworden ist.

4.8.3.7 *Informationsschriften des Bundesministeriums für Arbeit und Sozialordnung*

Die zum Teil ausgezeichneten Informationsschriften des Bundesministeriums für Arbeit und Sozialordnung, Referat Öffentlichkeitsarbeit, Postfach 140280, 53107 Bonn, können auch telefonisch über die Rufnummer 02 28-5 27-11 11 bestellt werden.

4.8.3.8 *Möglichkeiten der Vermeidung einer Erstattungspflicht nach § 128 AFG*

Gemäß § 128 AFG muß ein Arbeitgeber dem Arbeitsamt für bis zu zwei Jahre das Arbeitslosengeld und die darauf entfallenden Beiträge zur gesetzlichen Kranken- und Rentenversicherung für ältere Mitarbeiter erstatten, wenn diese Mitarbeiter nach Vollendung des achtundfünfzigsten Lebensjahres Arbeitslosengeld oder -hilfe beziehen. Mit dieser Regelung soll die Arbeitslosenversicherung von Belastungen durch Frühverrentungsregelungen befreit werden. So verständlich dieser Wunsch des Gesetzgebers ist, so schwierig ist es offenbar in der Praxis, diesen Wunsch in eine einwandfreie gesetzliche Form zu bringen. Zweimal ist der Gesetzgeber mit diesem Vorhaben schon gescheitert. Ob es ihm im dritten Anlauf gelungen ist, ist sehr zweifelhaft. Namhafte Autoren vertreten jedenfalls die Meinung, daß § 128 AFG auch in der dritten Version verfassungswidrig ist.

Den Arbeitgebern ist deshalb dingend zu empfehlen, gegen jeden Erstattungsbescheid **grundsätzlich erst einmal Widerspruch** einzulegen oder nur unter Vorbehalt zu zahlen. Wer nämlich sofort und vorbehaltlos zahlt, ist der Dumme, wenn in einigen Jahren vom Bundesverfassungsgericht festgestellt wird, daß auch die dritte Version des § 128 AFG verfassungswidrig war. Einmal vorbehaltlos gezahlte Erstattungsbeiträge können dann nicht mehr zurückgefordert werden. Hat dagegen der Arbeitgeber zum Zeitpunkt des Urteils des Bundesverfassungsgerichts noch nicht gezahlt, wird er endgültig von der Erstattungspflicht befreit. Das gleiche gilt, wenn die Zahlung nur unter Vorbehalt geleistet wurde.

Ein weiterer Grund für die Einlegung des Widerspruchs sind die vielen Ausnahmeregelungen, die den Anwendungsbereich des § 128 AFG einschränken und im folgenden dargestellt werden.

4.8.3.8.1 *Ausnahme 1: Alter des Arbeitnehmers*

Bei einer Beendigung des Arbeitsverhältnisses vor Vollendung des 56. Lebensjahres entfällt gemäß § 128 I 2 AFG eine Erstattungspflicht. Manche Arbeitgeber nehmen deshalb die Namen aller Mitarbeiter, die demnächst das 56ste Lebensjahr vollenden, in Ihre Wiedervorlage auf und prüfen dann intensiv, ob es sinnvoll und möglich ist, sich noch vor Erreichung des 56. Geburtstags des Mitarbeiters z. B. über einen Aufhebungsvertrag von diesem zu trennen. Die Erstattungspflicht aus § 128 AFG wird selbst dann noch vermieden, wenn das Arbeitsverhältnis von den Arbeitsvertragsparteien noch am letzten Tag vor dem 56sten Geburtstag des Arbeitnehmers beendet wird.

Beispiel:

Der Arbeitnehmer wird am 15. Januar 1996 56 Jahre alt. Am Nachmittag des 14. Januar wird das Arbeitsverhältnis mit sofortiger Wirkung gegen Zahlung einer Abfindung beendet. Das Ergebnis ist, daß der Arbeitgeber dem Arbeitsamt nicht eine Mark nach § 128 erstatten muß.

4.8.3.8.2 *Ausnahme 2: Beschäftigung unter zwei Jahren*

Der Arbeitgeber braucht gemäß § 128 I 1 AFG dem Arbeitsamt nichts zu erstatten, wenn der Arbeitnehmer in den letzten vier Jahren vor Eintritt der Arbeitslosigkeit nicht mindestens 720 Tage beitragspflichtig von ihm beschäftigt wurde.

Beispiel:

Die zum K-Konzern gehörende G-GmbH stellt am 01.01.1995 einen 54jährigen ein, der vorher 15 Jahre für die ebenfalls zum K-Konzern gehörenden V-GmbH gearbeitet hatte. Das Arbeitsverhältnis wird zum 15. Dezember 1996 beendet. Ergebnis: Die G-GmbH wird nicht erstattungspflichtig, da das Arbeitsverhältnis am 15. Dezember 1996 noch nicht 720 Kalendertage bestand.

4.8.3.8.3 *Ausnahme 3: Anspruch auf anderweitige Sozialleistungen*

Die Erstattungspflicht nach § 128 AFG entfällt, wenn der Arbeitslose Anspruch auf anderweitige Sozialleistungen hat (§§ 128 I 2, 118 AFG). Dabei ist es ohne Bedeutung, ob der Arbeitslose diese Leistungen tatsächlich bezieht oder beantragt hat. **Nachweispflichtig** für das Nichtvorliegen eines anderweitigen Sozialleistungsanspruchs ist das **Arbeitsamt**! D. h. der Arbeitgeber wehrt sich so lange gegen den Erstattungsanspruch, bis das Arbeitsamt im positiv nachgewiesen hat, daß sein früherer Arbeitnehmer keine sonstigen Ansprüche hat.

Sozialleistungen, die eine Erstattungspflicht nach § 128 AFG ausschließen, sind insbesondere

Renten wegen Alters

- für langjährig Versicherte ab Vollendung des 63. Lebensjahres (§ 36 SGB VI),
- für Schwerbehinderte, Berufs- oder Erwerbsunfähige ab Vollendung des 60. Lebensjahres (§ 37 SGB VI),
- für Arbeitslose ab Vollendung des 60. Lebensjahres (§ 38 SGB VI),
- für Frauen ab Vollendung des 60. Lebensjahres (§ 39 SGB VI),
- für langjährig unter Tage beschäftigte Bergleute ab Vollendung des 60. Lebensjahres (§ 40 SGB VI).

Leistungen öffentlich-rechtlicher Art

- Ruhegehalt für Berufssoldaten ab Vollendung des 52. Lebensjahres (§§ 44 (2), 45 (2) des Soldatenversorgungsgesetzes),
- Vorruhestandsbezüge für Beamte, Richter und Soldaten.

Renten wegen verminderter Erwerbsfähigkeit

- Berufsunfähigkeitsrente (§ 43 SGB VI),
- Erwerbsunfähigkeitsrente (§ 44 SGB VI).

Leistungen bei Krankheit

- Krankengeld (§ 44 SGB V),
- Verletztengeld z. B. nach § 560 RVO,

- Übergangsgeld aus anderen Gesetzen als dem AFG z. B. nach § 20 SGB VI.

Keine Erstattungspflicht besteht für den Zeitraum, in dem das Arbeitsamt Arbeitslosengeld oder Arbeitslosenhilfe bei Arbeitsunfähigkeit als Leistungsfortzahlung für längstens 6 Wochen weiterzahlt.

Zu den Sozialleistungen, die eine Erstattungspflicht nach § 128 AFG **nicht** ausschließen, gehören insbesondere

- Verletztenrenten aus der gesetzlichen Unfallversicherung,
- Altersrenten vergleichbare Leistungen eines Versicherungsunternehmens, wenn der Arbeitnehmer von der Versicherungspflicht in der Rentenversicherung befreit war (Leistungen aus sogenannten befreienden Lebensversicherungsverträgen).

4.8.3.8.4 *Ausnahme 4: Kleinunternehmensregelung (unternehmensbezogen)*

§ 128 AFG gilt nicht für Kleinunternehmen mit in der Regel weniger als 20 Arbeitnehmern. Beschäftigte nach dem BBiG, SchwbG und ArbPlSchG werden dabei nicht mitgerechnet (§§ 128 I 2 Nr. 2 AFG, 10 II 2–6 LohnfortzG)

Unternehmen, die zwischen 21 und 40 Arbeitnehmer beschäftigen, erstatten dem Arbeitsamt **ein Drittel**, Unternehmen, die zwischen 41 und 60 Arbeitnehmer beschäftigen **zwei Drittel** der dem Arbeitsamt durch die Arbeitslosigkeit nach Vollendung des 58. Lebensjahres entstehenden Kosten (§ 128 I, II AFG).

Maßgeblich für die Beschäftigtenzahl ist die Gesamtzahl der Beschäftigten aller Betriebe des Unternehmens in dem **Kalenderjahr**, das dem Eintritt der Erstattungspflicht **vorausgeht**.

Arbeitnehmerinnen, die unter das Beschäftigungsverbot nach dem Mutterschutzgesetz fallen, sowie Arbeitnehmer bzw. Arbeitnehmerinnen, die sich im Erziehungsurlaub befinden, zählen zu den Beschäftigten, solange der Arbeitgeber keine Ersatzkraft (Vertretung) eingestellt hat. Werden Ersatzkräfte eingestellt, sind diese in die Beschäftigtenzahl einzubeziehen.

In die Beschäftigtenzahl sind nicht einzubeziehen:

- zu ihrer Berufsausbildung Beschäftigte.
- Schwerbehinderte im Sinne des Schwerbehindertengesetzes.
- Wehrdienst und zivilen Ersatzdienst Leistende.
- Teilzeitbeschäftigte, die wöchentlich regelmäßig nicht mehr als 20 Stunden zu leisten haben, werden mit 0,5 und diejenigen, die mehr als 20, aber nicht mehr als 30 Stunden zu leisten haben, mit 0,75 angesetzt.

4.8.3.8.5 Ausnahme 5: Befreiung von der Erstattungspflicht nach § 128 Abs. I S 2 Nr. 1a) und 1b) AFG – kurze Dauer des Arbeitsverhältnisses (konzernbezogen)

Bei einer Beendigung des Arbeitsverhältnisses zwischen der Vollendung des 56. und 57. Lebensjahres braucht der Arbeitgeber dem Arbeitsamt gemäß § 128 I Satz 2 Nr. 1a AFG nichts zu erstatten, wenn er darlegt und nachweist, daß sein früherer Arbeitnehmer in den letzten 18 Jahren vor Eintritt der Arbeitslosigkeit weniger als 15 Jahre im Konzern beschäftigt war.

Beispiel:

Das Arbeitsverhältnis des 56jährigen A mit der H-GmbH endet durch Aufhebungsvertrag am 29. Dezember 1996. A war am 1. Januar 1979 von der zum K-Konzern gehörenden G-GmbH eingestellt worden und dort am 31. Dezember 1988 ausgeschieden. Am 1. Januar 1992 hatte ihn die ebenfalls zum K-Konzern gehörende H-GmbH eingestellt. Weder die G- noch die H-GmbH werden erstattungspflichtig, da A weniger als 15 Jahre im Konzern beschäftigt wurde. Daß in diesem Beispiel nur zwei Tage an den 15 Jahren fehlen, mag für das Arbeitsamt bedauerlich sein, ändert aber am Wegfall der Erstattungspflicht nichts.

Endet das Arbeitsverhältnis nach Vollendung des 57. Lebensjahres, tritt die Erstattungspflicht gemäß § 128 I Satz 2 Nr. 1b

AFG nicht ein, wenn der Arbeitgeber darlegt und nachweist, daß sein früherer Arbeitnehmer in den letzten 12 Jahren vor Eintritt der Arbeitslosigkeit weniger als 10 Jahre im Konzern beschäftigt war.

Beispiel:

Das Arbeitsverhältnis des 58jährigen A mit der H-GmbH endet durch Aufhebungsvertrag am 29. Dezember 1996. A war am 1. Januar 1985 von der zum K-Konzern gehörenden G-GmbH eingestellt worden und dort am 31. Dezember 1989 ausgeschieden. Am 1. Januar 1992 hatte ihn die ebenfalls zum K-Konzern gehörende H-GmbH eingestellt. Weder die G- noch die H-GmbH werden erstattungspflichtig, da A weniger als 10 Jahre im Konzern beschäftigt wurde. Daß in diesem Beispiel nur zwei Tage an den 10 Jahren fehlen, mag für das Arbeitsamt bedauerlich sein, ändert aber am Wegfall der Erstattungspflicht nichts.

4.8.3.8.6 *Ausnahme 6: Befreiung gemäß § 128 II Nr. 2 AFG – unzumutbare Belastung für den Betrieb durch die Erstattungspflicht (betriebsbezogen)*

Der Arbeitgeber wird von der Erstattungspflicht gemäß § 128 Abs. 2 Nr. 2 AFG befreit, wenn er nachweisen kann, daß durch die Erstattung der Fortbestand des Unternehmens oder die verbleibenden Arbeitsplätze gefährdet werden. Als Nachweis für die Gefährdung eignen sich u.a. Gutachten von Sachverständigen oder Steuerberatern. Die Kosten hierfür hat der Arbeitgeber zu tragen.

4.8.3.8.7 *Ausnahme 7: Sonderregelungen für die Montanindustrie sowie für die neuen Bundesländer*

Die Sonderregelungen für die Montanindustrie und für die neuen Bundesländer sind zum 31. Dezember 1995 ausgelaufen.

4.8.3.8.8 *Ausnahme 8: Befreiung von der Erstattungspflicht nach § 128 I Nr. 6 AFG – Personalabbau (betriebsbezogen)*

Den Arbeitgeber trifft keine Erstattungspflicht, wenn er dem Arbeitsamt nachweist, daß bei einem Personalabbau über

3 % nicht überproportional ältere Arbeitnehmer entlassen werden.

Beispiel 1a:

Firma Hart & Co. KG beschäftigt in einem Betrieb 1000 Arbeitnehmer. Davon sind 900 unter und 100 über 56 Jahre alt. Es werden innerhalb eines Jahres 31 Arbeitnehmer, die in diesem Betrieb mindestens zwei Jahre beschäftigt waren, davon 3 Arbeitnehmer über 56 entlassen. Eine Erstattungspflicht tritt nicht ein, da beide Bedingungen (Abbau über 3 %, keine überproportionale Entlassung älterer Arbeitnehmer) erfüllt sind.

Beispiel 1b):

Firma Weich & Co. KG entläßt in der gleichen Situation aus sozialen Gesichtspunkten heraus nur 29 Arbeitnehmer. Davon sind drei älter als 56 Jahre. Der Arbeitgeber muß für diese Arbeitnehmer ggf. für bis zu zwei Jahren das Arbeitslosengeld erstatten, da er die Quote von über 3 % nicht erreicht. Ob dieses Ergebnis einer verfassungsrechtlichen Überprüfung standhält, muß abgewartet werden.

Wichtig ist, daß bei der Berechnung des Entlassungszeitraums auf ein (Zeit-)Jahr, nicht unbedingt auf ein Kalenderjahr, abzustellen ist.

Beispiel:

Firma Hart & Co. KG entläßt zum 30. September 1995 30 Arbeitnehmer. Sie wird nur deswegen von der Erstattungspflicht für die älteren Arbeitnehmer befreit, weil sie vorhat, zum 30. Juni mindestens einen weiteren Arbeitnehmer zu entlassen und somit die 3 %-Quote innerhalb eines (Zeit-)Jahres überschreitet.

Zukünftige Personalverminderungen sind zu berücksichtigen, wenn arbeitsrechtliche Schritte zu ihrer Durchführung bereits eingeleitet und bei ihrer Durchführung nennenswerte Hindernisse nicht zu erwarten sind. Der Nachweis des mit Sicherheit in der Zukunft zu erwartenden Personalabbaus wird z. B. durch die Vorlage eines mit dem Betriebsrat vereinbarten Sozialplans oder Interessenausgleichs erbracht, aus dem sich konkrete Angaben (Zeitpunkt, Umfang, betroffene Arbeitnehmer) über geplante Entlassungen entnehmen lassen.

4.8.3.8.9 *Ausnahme 9: Beschäftigtenabbau mindestens 10 % (betriebsbezogen)*

Entläßt der Arbeitgeber mindestens 10 % seiner Arbeitnehmer, verdoppelt sich die zulässige Quote der älteren Arbeitnehmer.

Beispiel:

Firma Hart & Co. KG beschäftigt in einem Betrieb 1000 Arbeitnehmer. Davon sind 900 unter und 100 über 56 Jahre alt. Es werden 101 Arbeitnehmer, davon 20 Arbeitnehmer über 56 entlassen. Eine Erstattungspflicht tritt nicht ein, da beide Bedingungen (Abbau über 10 %, der Anteil der älteren Arbeitnehmer überschreitet nicht die 20 %-Grenze) erfüllt sind.

4.8.3.8.10 *Ausnahme 10: Befreiung von der Erstattungspflicht nach § 128 I Nr. 7 AFG – kurzfristiger drastischer Personalabbau (betriebsbezogen)*

Der Anteil der älteren Arbeitnehmer kann beliebig hoch sein, ohne daß den Arbeitgeber eine Erstattungspflicht trifft, wenn gleichzeitig folgende Bedingungen erfüllt sind:

Der Arbeitgeber entläßt

- • - innerhalb von 3 Monaten mindestens 20 % seiner Arbeitnehmer und
- • - diese Entlassungen sind von erheblicher Bedeutung für den regionalen Arbeitsmarkt.

Über die Frage, ob die Entlassungen erhebliche Bedeutung für den regionalen Arbeitsmarkt haben, kann der Arbeitgeber eine Vorabentscheidung des Arbeitsamtes beantragen.

4.8.3.8.11 Ausnahme 11: Befreiung von der Erstattungspflicht gemäß § 128 I Nr. 3 AFG – Arbeitnehmerkündigung ohne Abfindung (arbeitnehmerbezogen)

Die Erstattungspflicht für den Arbeitgeber entfällt auch, wenn der Arbeitnehmer selbst kündigt. Dabei ist wichtig, daß das Arbeitsverhältnis durch diese Kündigung formal und tatsächlich beendet wird. Würden die Parteien das Arbeitsverhältnis formal, d. h. »auf dem Papier« aufrechterhalten, um z. B. dem Arbeitnehmer Ansprüche auf betriebliche Altersversorgung oder sonstige Vergünstigungen zu erhalten, hätte dies die Erstattungspflicht für den Arbeitgeber zur Folge. Erstattungspflichtig wird der Arbeitgeber auch dann, wenn er dem Mitarbeiter die Kündigung durch irgendeine Zahlung oder einen sonstigen Vorteil »schmackhaft« gemacht hat.

Dabei zählt jeder Vorteil, der an das Ausscheiden aus dem Betrieb geknüpft ist oder den der Arbeitnehmer sonst nur zu ungünstigeren Konditionen erhalten hätte. Auf die Bezeichnung kommt es nicht an. Als Vorteil zählen auch Leistungen, die erst in der Zukunft oder auf Raten zu gewähren sind. Auch eine Darlehensgewährung zu ermäßigtem Zinssatz und Verzicht auf ausreichende Sicherheiten würde als Vorteil in diesem Sinne zählen.

Achtung Falle!

Mancher Arbeitgeber wird jetzt sagen: Wenn mein Arbeitnehmer bereit ist, auf eigenen Wunsch aus dem Betrieb auszuscheiden, dann kann er mit mir genauso gut einen Aufhebungsvertrag abschließen, da es in diesem Fall gar nicht notwendig ist, ihm mit einer Kündigung den eigenen Willen aufzuzwingen. Diese Auffassung ist zwar sachlich richtig, führt aber zu fatalen finanziellen Folgen: Der Arbeitgeber wird erstattungspflichtig. Die Erstattungspflicht würde selbst dann eintreten, wenn der Aufhebungsvertrag allein vom Arbeitnehmer gewünscht wurde.

Beispiel:

Zwei Arbeitnehmer wollen nach dreißig Jahren Betriebszu-gehörigkeit ihr Arbeitsverhältnis durch eine Kündigung been-den. A knallt seinem Arbeitgeber eine Kündigung auf den Tisch. B bringt es einfach nicht fertig, seinem Arbeitgeber nach dreißig Jahren höchst harmonischer Zusammenarbeit eine Kündigung auszusprechen und vereinbart deswegen mit ihm eine einvernehmliche Beendigung. Die Folge ist, für A braucht der Arbeitgeber nichts zu zahlen. Für B muß der Ar-beitgeber unter Umständen für zwei Jahre dem Arbeitsamt das Arbeitslosengeld und die Sozialversicherungsbeiträge er-statten. Ob diese gesetzliche Regelung mit dem Gleichbe-handlungsgebot aus Artikel 3 des Grundgesetzes vereinbar ist, darf bezweifelt werden.

4.8.3.8.12 Ausnahme 12: Befreiung von der Erstattungs-pflicht nach § 128 I Nr. 4 AFG – Sozial gerecht-fertigte Kündigung (arbeitnehmerbezogen)

Die Erstattungspflicht nach § 128 AFG kann der Arbeitgeber auch dadurch vermeiden, daß er dem Arbeitnehmer eine so-zial gerechtfertigte Kündigung ausspricht. Sozial gerechtfer-tigt ist eine Kündigung dann, wenn der Arbeitgeber für sie einen triftigen Grund hat. Triftige Gründe sind z. B. die Schließung des Betriebes, in dem der Arbeitnehmer beschäf-tigt wurde, die auf einer unheilbaren Krankheit beruhende Ar-beitsunfähigkeit des Arbeitnehmers oder eine Straftat, die der Arbeitnehmer gegen seinen Arbeitgeber begangen hat.

Auch in diesem Fall gilt, daß das Arbeitsverhältnis tatsächlich durch die sozial gerechtfertigte Kündigung beendet werden muß. Auch hier würde es nicht ausreichen, wenn der Arbeit-geber nur berechtigt gewesen wäre, eine sozial gerechtfertigte Kündigung auszusprechen, tatsächlich aber das Arbeitsver-hältnis durch einen Aufhebungsvertrag oder einen gerichtli-chen Vergleich beendet hat. Ausreichend wäre auch nicht, wenn das Gericht in einem Kündigungsschutzprozeß das Ar-beitsverhältnis durch Urteil auflöst.

Die soziale Rechtfertigung der Kündigung ist jeweils vom Arbeitsamt zu prüfen. Wie der arme Sachbearbeiter im Arbeitsamt die soziale Rechtfertigung der Kündigung, über die ansonsten oft über drei Instanzen vor Gericht gestritten wird und über die ganze Bibliotheken mit Literatur gefüllt sind, kompetent prüfen soll, weiß niemand.

Die Praxis hilft dem Sachbearbeiter häufig dadurch, daß sie ihm ein Urteil präsentiert, in dem das Arbeitsgericht rechtskräftig festgestellt hat, daß die Kündigung des Arbeitgebers sozial gerechtfertigt war. Das Arbeitsamt ist nämlich an eine rechtskräftige Entscheidung des Arbeitsgerichts gebunden. Der entsprechende zu diesem Zweck mündlich oder schriftlich abzuschließende Aufhebungsvertrag wird in der Literatur als Abwicklungsvertrag behandelt. Er besteht im wesentlichen aus drei Teilen.

Beispiel Abwicklungsvertrag:

§ 1
Leo Listig kündigt Willi Willig aus dringenden betrieblichen Erfordernissen fristgemäß zum 30. Juni 1996.

§ 2
Willig wird diese Kündigung mit einer Kündigungsschutzklage angreifen und zu den vom Arbeitsgericht festgesetzten Terminen erscheinen.

§ 3
Sollte das Gericht rechtskräftig feststellen, daß die Kündigung des Arbeitgebers tatsächlich sozial gerechtfertigt war, zahlt Listig an Willig steuer- und sozialabgabenfrei eine Abfindung in Höhe von 24.000,–.

Ob diese Praxis, die eine klare Vereitelung des gesetzgeberischen Zieles darstellt, noch lange Bestand haben wird, kann niemand sagen. Der Arbeitgeber wird deshalb darauf bedacht sein, den Umgehungstatbestand nicht allzu deutlich werden zu lassen. Häufig werden deshalb nicht alle Elemente des Abwicklungsvertrages in einer einzigen Urkunde enthalten sein. Neben mündlichen Absprachen findet man im Zusammenhang mit Abwicklungsverträgen auch zeitlich verlagerte Zahlungen vor, die beispielsweise als Honorar für einen »Beratervertrag« deklariert sind.

Nachgedacht wird auch über »Darlehenslösungen«.

Beispiel:

Karl Knapp erhält im Jahre 1990 von seinem Arbeitgeber ein ordnungsgemäß abgesichertes und verzinstes Darlehen in Höhe von DM 10.000,–, das im Jahre 2000 samt aufgelaufenen Zinsen zur Rückzahlung fällig ist. Im Jahre 1995 sind sich die Parteien einig, daß Knapps Arbeitsverhältnis durch eine Kündigung des Arbeitgebers beendet wird. Die Rückzahlung des Darlehens im Jahre 2000 unterbleibt, weil kurz nachdem die soziale Rechtfertigung der Kündigung vom Gericht rechtskräftig festgestellt wurde, ein Treuhänder Knapp seine Darlehensquittung nebst der dazugehörigen Sicherungsunterlagen ausgehändigt hat.

Ganz allgemein kann gesagt werden, daß der § 128 AFG auch in diesem Punkt die Phantasie und die Kreativität der beteiligten Arbeitgeber und Arbeitnehmer herausfordert.

4.8.3.8.13 *Ausnahme 13: Befreiung von der Erstattungspflicht nach § 128 I Nr. 5 AFG – Berechtigung zur außerordentlichen Kündigung (arbeitnehmerbezogen)*

Eine weitere Befreiungsmöglichkeit sieht § 128 AFG für den Fall vor, daß der Arbeitgeber berechtigt ist, eine außerordentliche Kündigung auszusprechen. In diesem Fall ist es sogar bei Vorliegen entsprechender Gründe für eine außerordentliche Kündigung möglich, das Arbeitsverhältnis durch einen Aufhebungsvertrag oder durch eine fristgebundene Kündigung mit »sozialer Auslauffrist« zu beenden.

Wichtige Gründe, die den Arbeitgeber im Sinne von § 128 AFG zu einer außerordentlichen Kündigung berechtigen, sind z. B.

- grobe Verletzungen der Treuepflicht,
- grobe Verstöße gegen Wettbewerbsverbote und eine
- dauernde oder anhaltende Arbeitsunfähigkeit.

Dauernde oder anhaltende Arbeitsunfähigkeit in diesem Sinne liegt vor, wenn die ausgeübte Tätigkeit voraussichtlich länger als 6 Monate nicht mehr oder nur unter der Gefahr der Verschlimmerung der Erkrankung ausgeführt werden kann und eine Weiterbeschäftigung auf einem anderen Arbeitsplatz nicht möglich ist.

4.8.4 Berufsgenossenschaften

Die für alle Branchen und Berufsgruppen bestehenden Berufsgenossenschaften sind verpflichtet und im übrigen auch gerne bereit, Arbeitgeber in Fragen des Arbeitsschutzes und der Unfallverhütung zu beraten. Neben dem gesetzlichen Unfallversicherungsschutz für Arbeitnehmer bieten sie auf Antrag auch Versicherungsschutz für den Unternehmer selbst an.

4.9 Die Rechte des Arbeitgebers gegenüber dem Bundesarbeitsminister

4.9.1.1 *Allgemeinverbindlicherklärung nach dem TVG*

In § 5 des Tarifvertragsgesetzes ist vorgesehen, daß der Bundesminister für Arbeit und Sozialordnung einen Tarifvertrag für allgemeinverbindlich erklären kann, wenn diese Allgemeinverbindlicherklärung im öffentlichen Interesse geboten erscheint. Durch die Allgemeinverbindlicherklärung wird die Wirkung des Tarifvertrages auch auf bisher nicht tarifgebundene Arbeitgeber und Arbeitnehmer erstreckt.

Gegen die Allgemeinverbindlicherklärung, die tendenziell zu einer Außerkraftsetzung von Marktkräften führt, wird eingewandt, daß es noch nie einen Fall gegeben hat, in dem die Allgemeinverbindlicherklärung dem öffentlichen Interesse diente. Es wird im Gegenteil vertreten, daß Allgemeinverbindlicherklärungen zur Kartellierung der Wirtschaft und damit zu einer Erhöhung der Arbeitslosigkeit beitragen. Angesichts steigender Arbeitslosigkeit und zunehmender Insolvenzzahlen muß der Arbeitgeber das Recht haben, die Berechtigung zur Allgemeinverbindlicherklärung im Einzelfall gerichtlich überprüfen zu lassen.

Weiterführende Informationen zum Thema Allgemeinverbindlicherklärung von Tarifverträgen finden sich in einer

Schrift der Arbeitsgemeinschaft Selbständiger Unternehmer zum Thema »Tarifpolitik in der Verantwortung«, Bonn, 1992.

4.10 Die Rechte des Arbeitgebers gegenüber dem Finanzamt

4.10.1 Beratung

Wenn Ihnen manche Steuergesetze kompliziert vorkommen und Sie einige Steuervorschriften trotz Abitur und Hochschulstudium nicht verstehen, verzweifeln Sie nicht. Sie sind nicht der einzige, dem es so geht. Und spätestens, wenn Ihnen Ihr Steuerberater gesteht, daß es sich bei Ihnen um einen Spezialfall handelt, den er erst einmal in seinen schlauen Büchern nachlesen muß, wissen Sie, daß sich bei der Steuergesetzgebung in der nächsten Zeit dringend etwas ändern muß.

Bis diese Änderungen jedoch durch sind, bleibt Ihnen nur, sich vertrauensvoll an den zu wenden, der es eigentlich am besten wissen müßte und in der Regel auch weiß: Ihr Steuerbeamter. Überwinden Sie Ihre Scheu, rufen Sie beim Finanzamt an und vereinbaren Sie einen Besprechungstermin. Wenn Sie diese Hürde geschafft haben, ich gebe zu, dazu braucht man am Anfang etwas Mut, werden Sie zwei phantastische Erlebnisse haben: Als erstes werden Sie feststellen, daß Sie im Finanzamt Menschen wie Sie und ich finden werden, keine Unmenschen, und zweitens werden sie feststellen, daß diese Menschen richtig nett und hilfsbereit sein können und Ihnen gerne bei kleinen Problemen sagen, wie Sie es richtig machen.

Sollten Sie ausnahmsweise an jemanden geraten, der Ihnen nicht helfen möchte, können Sie ihn vorsichtig daran erinnern, daß Sie eigentlich sein Kunde sind, und daran, daß er nach dem in § 89 Abgabenordnung festgehaltenen Willen des Gesetzgebers verpflichtet ist, Sie über Ihre Rechte und Pflichten zu informieren.

Eine weitere Möglichkeit, das im Finanzamt vorhandene unendliche Know-how »anzuzapfen« ist es, sich gemäß § 204 der Abgabenordnung im Anschluß an eine Außenprüfung eine schriftliche und für beide Seiten verbindliche Zusage darüber geben zu lassen, daß ein bestimmtes von Ihnen praktiziertes Verfahren künftig nicht beanstandet wird.

4.10.2 Pauschalierung von Lohnsteuer

In manchen Fällen kann es für den Arbeitgeber vorteilhaft sein, das Netto-Einkommen seines Arbeitnehmers durch eine pauschale Versteuerung des Entgelts zu erhöhen. Der Arbeitgeber ist insbesondere in folgenden Fällen berechtigt, die Lohnsteuer zu pauschalieren:

- Kurzfristig beschäftigte Arbeitnehmer (sog. Aushilfskräfte),
- Arbeitnehmer, die in geringem Umfang und gegen geringes Entgelt tätig werden,
- Beiträge zur Direktversicherung

4.10.2.1 *Kurzfristig beschäftigte Arbeitnehmer (sog. Aushilfskräfte)*

Als kurzfristig beschäftigt im lohnsteuerlichen Sinne gilt ein Arbeitnehmer, der

- bei dem Arbeitgeber nur gelegentlich, nicht regelmäßig und
- für nicht mehr als 18 zusammenhängende Arbeitstage beschäftigt wird,
- pro Stunde nicht mehr als DM 20,65 und
- pro Arbeitstag nicht mehr als DM 120,– verdient.

In diesen Fällen kann der Arbeitgeber das Entgelt mit 25 % pauschal versteuern.

4.10.2.2 *Arbeitnehmer, die in geringem Umfang und gegen geringes Entgelt tätig werden*

Für diese Arbeitnehmer gilt ab 1. Januar 1996 ein Pauschalsteuersatz von 20 %.

Die pauschale Versteuerung ist in diesen Fällen zulässig, wenn der Arbeitnehmer

- monatlich nicht mehr als DM 590,– bzw. (NBL DM 500,–)
- wöchentlich nicht mehr als DM 137,67 und
- pro Stunde durchschnittlich nicht mehr als DM 20,65 verdient.

4.10.2.3 *Beiträge zur Direktversicherung*

Zum 1. Januar 1996 wurde der Pauschalsteuersatz für die Besteuerung von Beiträgen zu einer Direktversicherung ebenfalls von 15 auf 20 % erhöht. Gleichzeitig wurde der für die Pauschalversteuerung zugelassene Höchstbeitrag von DM 3.000,– auf DM 3.408,– pro Jahr erhöht.

4.10.3 **Abfindung**

Für Abfindungen, die wegen einer vom Arbeitgeber veranlaßten oder vom Arbeitsgericht ausgesprochenen Auflösung des Arbeitsverhältnisses gezahlt werden, braucht der Arbeitgeber gemäß § 3 Ziffer 9 EStG, sofern sie DM 24.000,– nicht übersteigen, keine Lohnsteuer abführen. Arbeitnehmern, die älter als 50 Jahre sind und mindestens 15 Jahre vom gleichen Arbeitgeber beschäftigt wurden, darf der Arbeitgeber DM 30.000,– als Abfindung steuerfrei auszahlen. Bei einer Beschäftigungsdauer von mindestens 20 Jahren und einem Ausscheiden nach Vollendung des 55. Lebensjahres erhöht sich der Freibetrag auf DM 36.000,–. Der die genannten Freibeträge übersteigende Betrag der Abfindung braucht gemäß §§ 39b, 34, 24 EStG nur mit dem halben Steuersatz versteuert zu werden.

5 Die Zukunft des Arbeitsrechts / Neue Formen der Zusammenarbeit im Betrieb

> »Es gibt Leute, die halten den Unternehmer für einen räudigen Wolf, den man totschlagen müsse. Andere meinen, der Unternehmer sei eine Kuh, die man ununterbrochen melken könne. Nur wenige sehen in ihm, was er wirklich ist, nämlich das Pferd, das den Karren zieht.«

WINSTON CHURCHILL

Das deutsche Arbeits- und Sozialrecht befindet sich in einer **Sackgasse**. Erkennbar wird dies, wenn man sich anschaut, mit welcher Hektik der Gesetzgeber z. B. das Arbeitsförderungsgesetz ändert und versucht, auf neue Entwicklungen zu reagieren.

Beim Arbeitsrecht ist es nicht viel besser. Abgesehen von, je nach Berechnungsmethode, vier bis sieben Millionen »Arbeitslosen« im Jahre 1996 und der »Weltmeisterschaft« im Arbeitsplatzexport verweigert die »Basis« dem Gesetzgeber in zunehmendem Maße die Gefolgschaft. Betriebsräte regeln mit stillschweigender Duldung ihrer Gewerkschaften in Betriebsvereinbarungen Arbeitsentgelte und sonstige Arbeitsbedingungen, die durch Tarifvertrag geregelt sind oder üblicherweise geregelt werden, wohl wissend, daß sie damit gegen geltendes Recht, nämlich gegen § 77 Abs. 3 BetrVG, verstoßen. Die Experten streiten sich, ob durch den Mißbrauch der Entgeltfortzahlung und des Arbeitslosengeldes jährlich in drei- oder »nur« in zweistelliger Milliardenhöhe Schäden eintreten.

Deswegen ist es notwendig, zunächst einmal zu fragen, ob die Strukturen und Prinzipien unseres Arbeitsrechts noch zeitgemäß sind.

Schaut man sich z. B. das Recht der **Entgeltfortzahlung** an, hat man manchmal den Eindruck, daß unser Arbeitsrecht in dieser Hinsicht aus dem »Recht« der Sklavenhaltung entwickelt wurde.

Ein typischer Sklave hat ein Arbeitsjahr mit 365 Arbeitstagen. Moderne »Sklavenhalter« gewähren ihren »Sklaven« inzwischen pro Jahr 104 Tage freies Wochenende. Verbleibt ein Rest von 251 Arbeitstagen. Davon werden elf Feiertage und dreißig Tage Urlaub abgezogen. Rest: 210 Arbeitstage. Diese 210 Arbeitstage müssen aber, so sagen es die modernen »Sklavenhalter«, koste es was es wolle, »unbedingt« erbracht werden. Jeder weiß aber, daß der durchschnittliche Arbeitnehmer 20 Tage im Jahr für seine private Lebensführung und für das Auskurieren von Krankheiten benötigt. Folglich kann er nur 190 Tage im Jahr arbeiten. Verlangt werden von ihm aber 210 Arbeitstage. Des Rätsels Lösung liegt darin, daß sein Arbeitgeber bereit ist, ihm die fehlenden zwanzig Tage Zug um Zug gegen Ablieferung von »gelben Scheinen« zu gewähren. Dies führt zu teilweise peinlichen Ergebnissen.

Beispiel:
Eine Mutter trifft die arbeitsunfähige Lehrerin ihrer Tochter in der Stadt. »Ja, Frau Lehrerin, was machen Sie denn hier, ich denke Sie sind krank.« Lehrerin: »Ja, äh, wissen Sie, ich habe eine Krankheit, die es mir erlaubt, in die Stadt zu gehen.« Peinlich!
Ein Steuerberater, Friseur oder Bäckermeister wurde dagegen noch nie gefragt, warum er sich in der Stadt aufhält.

Es wird geschätzt, daß unserer Volkswirtschaft pro Jahr durch den Mißbrauch der Entgeltfortzahlung (»Krankfeiern«) mit ca. 31,5 Mrd. DM belastet wird. (Quelle: Hamer, Krankheitsmißbrauch (Scheinkrankheit), Kiel 1991.) Der Gesetzgeber hat offenbar vor den »Krankfeierern« kapituliert. Dies wird dadurch deutlich, daß er dieser Personengruppe, nämlich den Arbeitnehmern, die »auffällig häufig oder auffällig häufig nur für kurze Dauer oder am Beginn oder am Ende einer Woche arbeitsunfähig« sind, in § 275 Abs 1a) a) SGB V ein »Denkmal« geschaffen hat.

Auffällig ist auch, daß Krankmeldungen schlagartig zurückgehen, wenn konjunkturelle Krisen auftreten und damit der Arbeitsplatz gefährdet ist. Entsprechend überproportional steigen die Krankmeldungen dann in Boomzeiten. Eine Erklärung für dieses Phänomen könnte sein, daß Arbeitnehmer, die um ihren Arbeitsplatz fürchten müssen, sich lieber nicht krank melden, während im Boom die Arbeitsplätze sicherer sind, weil jede Arbeitskraft gebraucht wird und deswegen weniger Hemmungen bestehen, diese Sicherheit für ein paar »zusätzliche Urlaubstage durch Krankmeldung« zu mißbrauchen.

Der Gesetzgeber weiß, daß beim Recht der Entgeltfortzahlung offenbar Handlungsbedarf besteht. Anstatt jedoch das Problem von der Wurzel, d. h. von der **Systemsteuerung** her anzupacken, kuriert er die Symptome. Der Gesetzgeber geht offenbar davon aus, daß der Mißbrauch der Entgeltfortzahlung, d. h. ein gemäß § 263 StGB strafbarer Betrug zu Lasten des Arbeitgebers, bereits zu einer Selbstverständlichkeit geworden ist. Nicht anders ist es zu verstehen, daß er in § 5 Abs. 1 des Entgeltfortzahlungsgesetzes aus dem Jahre 1994 alle Arbeitnehmer verpflichtet, ab dem vierten Tag ihrer Arbeitsunfähigkeit ein Attest vorzulegen.

Würde man z. B. ein entsprechendes Gesetz für Handwerker und Ärzte erlassen, würde dies sinngemäß lauten: »Alle Handwerker und Ärzte, die eine Rechnung über DM 3.000,– versenden, haben ein Sachverständigengutachten beizufügen, aus dem sich ergibt, daß die Rechnung nicht überhöht ist.« Ein solches Gesetz würde einen Sturm der Entrüstung bei den Handwerkskammern und bei den Standesvertretern der Ärzte auslösen, da diese zu Recht geltend machen können, daß man mit solch einem Gesetz alle Angehörigen dieser Berufsgruppen zu potentiellen Kriminellen abstempeln würde. Nichts wäre dagegen gegen ein Gesetz einzuwenden, das allen Handwerkern und Freiberuflern, die rechtskräftig z. B. wegen wegen Betrugs ihrer Kunden bzw. Klienten nach § 263 StGB oder wegen Gebührenübererhebung nach § 352 StGB verurteilt wurden, auferlegt, ab einer bestimmten Rechnungshöhe ihren Rechnungen ein Gutachten beizufügen.

Gegen eine Einschränkung der Entgeltfortzahlung wird eingewandt, daß dies tendenziell die **Volksgesundheit** beschädigen würde, wenn Arbeitnehmer sich im Zustand der Arbeitsunfähigkeit zur Arbeit quälen müßten. Den Beweis, daß das Fehlen einer **Entgeltfortzahlungsversicherung**, und um nichts anderes handelt es sich, nicht zu einer Verminderung der Gesundheit führt, haben Hunderttausende von Freiberuflern und selbständigen Unternehmern erbracht, über die bisher noch niemand behauptet hat, daß diese »kränker« sind als ihre in »lohnabhängiger Beschäftigung« befindlichen Kollegen, obwohl sie pro Jahr 100 % **Karenztage** haben und nicht einen einzigen Tag bezahlten Urlaub gewährt bekommen. Dies kann weder an einer höheren Schulbildung liegen, denn es gibt selbständige Unternehmer, die nicht einmal den Hauptschulabschluß geschafft haben und auch nicht »kränker« sind als Arbeitnehmer. Auch am Verdienst kann es nicht liegen, da es z. B. Freiberufler gibt, die einen Bruchteil von dem umsetzen, was anderen als Gehalt zusteht. Offenbar muß es andere Steuermechanismen geben, die verhindern, daß sich alle diejenigen »totarbeiten«, die es könnten.

Wenn es zutrifft, daß alle Arbeitnehmer in Deutschland statt an 365 nur an durchschnittlich 190 Tagen tatsächlich Arbeitsleistung erbringen, könnte man einmal darüber nachdenken, ob es, wie es bei Freiberuflern und Unternehmern bereits geschieht, nicht sinnvoller wäre, die Zahl der effektiv geleisteten Arbeitstage bzw. Arbeitsstunden in den Vordergrund der Betrachtungen und Verträge zu rücken, statt sich über »erhöhte Fehlzeiten« aufzuregen.

Möglicherweise wäre dieses Verfahren sogar sozialer/humaner als das bisher praktizierte Verfahren.

Beispiel:

Angenommen, die Leistungsfähigkeit eines Arbeitnehmers, der früher bei einem Jahreseinkommen von DM 30.000,– 1.500 Arbeitsstunden im Jahr geleistet hat, sinkt um 50 %. Drückt sich diese verminderte Leistungsfähigkeit in entspre-

chend erhöhten Fehlzeiten aus, verliert der Arbeitnehmer spätestens nach drei Jahren durch eine krankheitsbedingte Kündigung seinen Arbeitsplatz und damit in vielen Fällen auch sein berufliches Ansehen. Dies wäre nicht der Fall, wenn man ihm die Möglichkeit geben würde, mit seinem Arbeitgeber einen Arbeitsvertrag über 750 tatsächlich geleistete Jahresarbeitsstunden abzuschließen.

Natürlich wird dadurch die Entgeltfortzahlung »ausgehebelt«. Deswegen ist zunächst einmal zu prüfen, welchen Charakter und welchen Wert die Entgeltfortzahlung (noch) hat, bzw. für welchen Personenkreis die Entgeltfortzahlung noch notwendig bzw. sinnvoll ist.

Die Pflicht zur Entgeltfortzahlung wurde zu einer Zeit in den Tarifverträgen verankert, zu denen der Sozialismus noch hoch im Kurs stand. Ziel war es, den »Ausbeutungsgewinn« des Arbeitgebers zu vermindern und den Arbeitsertrag des Arbeitnehmers zu erhöhen.

Beispiel:

Angenommen, der Arbeitnehmer schaffte für seinen Arbeitgeber im Jahr einen Wert von DM 100.000,– und »gerecht« wäre eine »fifty-fifty-Aufteilung« gewesen. Tatsächlich behielt der »Ausbeuter« jedoch DM 80.000,– für sich und speiste den Arbeitnehmer mit einem kümmerlichen »Hungerlohn« von DM 20.000,– ab. In dieser Situation war es durchaus verständlich, daß die Gewerkschaften sich dafür einsetzten, den »Hungerlohn« durch die Vereinbarung einer Entgeltfortzahlung für sechs Wochen um ca. DM 2.000,– zu erhöhen und den als ungerecht empfundenen hohen Ausbeutungsgewinn des Arbeitgebers entsprechend zu vermindern.

Ein weiteres Argument für die Einführung der Entgeltfortzahlung war, Familien, die nach dem zweiten Weltkrieg über keinerlei finanzielle Reserven verfügten, bei einem krankheitbedingten Ausfall des Ernährers vor dem Ruin zu bewahren. Dies wurde dadurch erreicht, daß eine »soziales Netz« geknüpft wurde, bei dem rechnerisch der gesunde 1.000-DM-

Arbeitnehmer einen arbeitsunfähigen 1.000-DM-Arbeitnehmer und der gesunde 5.000-DM-Arbeitnehmer einen arbeitsunfähigen 5.000-DM-Arbeitnehmer unterstützte. Anders als bei der gesetzlichen Krankenversicherung findet bei der gesetzlichen Entgeltfortzahlung(sversicherung) **kein Ausgleich** zwischen den verschiedenen Einkommensgruppen statt.

Wirtschaftlich betrachtet stellt die Entgeltfortzahlung inzwischen eine schlichte, aus Beiträgen der Arbeitnehmer finanzierte und vom Arbeitgeber verwaltete Versicherung dar:

Beispiel:

Der Arbeitgeber kürzt das Gehalt von 10 Arbeitnehmern um ca. 10 Prozent, um damit die Entgeltfortzahlung für einen erkrankten Arbeitnehmer zu finanzieren.

In dem Maße, in dem in Deutschland breite Bevölkerungsschichten zu Wohlstand gekommen sind, hat eine Entgeltfortzahlungsversicherung ihren Sinn verloren. Richtig wäre es deshalb, alle Arbeitnehmer, die am Jahresanfang über ein auf einem »Sperrkonto« hinterlegtes Barvermögen von z. B. mindestens sechs Monatsgehältern verfügen, von der Entgeltfortzahlungsversicherungspflicht zu befreien. Andererseits sollten alle diejenigen bezüglich der Entgeltfortzahlung im Krankheitsfall zwangsversichert werden bzw. bleiben, die über weniger als drei Monatseinkommen Barvermögen oder über weniger als DM 3.000,– monatlich verfügen.

Daß es möglich und sinnvoll ist, Personen mit entsprechend hohem Einkommen aus den Zwangsversicherungssystemen herauszunehmen, hat der Gesetzgeber bei der Krankenversicherung bewiesen. Dabei hätte es wegen des bei der Krankenversicherung anzuerkennenden Sozialausgleichs viel mehr Sinn gemacht, die »Großverdiener« aus der wie oben dargestellt einkommensschichtneutralen Entgeltfortzahlungsversicherung herauszunehmen statt aus der Krankenversicherung.

So wenig der einzelne Arbeitgeber und Arbeitnehmer zur Schaffung eines sozialen Netzes für unvermögende bzw. gering verdienende Freiberufler und Unternehmer tun können, so viel können sie heute schon durch die Anwendung der im nachfolgenden Kapitel beschriebenen Personalkosten-deckelung im Einzelfall zur faktischen Beseitigung der als unsinnig empfundenen bzw. überflüssig gewordenen allgemeinen Entgeltfortzahlungsversicherungspflicht beitragen. Es kann davon ausgegangen werden, daß, wenn Arbeitsvertragsparteien in verstärktem Maße die Personalkostendeckelung anwenden, früher oder später sich auch der Gesetzgeber auf diesen Trend einstellen wird.

5.1 Personalkostendeckelung

Eine Möglichkeit, den Mißbrauch von Entgeltfortzahlung einzudämmen, ist die **Personalkostendeckelung**. (vgl. Krause, BAT-MF – Marktwirtschaftliche Fassung des Bundes-Angestelltentarifvertrages, München 1992) Bei der Personalkostendeckelung bildet der Arbeitgeber für jede auszuübende Funktion im Unternehmen ein festes oder von bestimmten Parametern abhängiges Budget.

Aus diesem Budget wird zunächst das Direktentgelt des Arbeitnehmers, die Arbeitnehmer- und **Arbeitgeberanteile** an der Sozialversicherung sowie die Kosten der Urlaubs- und Krankheitsvertretung finanziert. Weiterhin werden aus diesem Budget die Kosten für die Vertretung in all den Fällen finanziert, in denen der Arbeitnehmer im Sinne des § 616 BGB »für eine verhältnismäßig nicht erhebliche Zeit durch einen in seiner Person liegenden Grund ohne sein Verschulden an der Dienstleistung verhindert wird« (Umzug, Geburtstag der Großmutter etc.).

Ein eventueller **Budgetrest** steht dem Arbeitnehmer zu. Auf diese Weise erreicht der Arbeitgeber, daß der Arbeitnehmer praktisch sein eigenes Geld »verbrät«, wenn er aus welchen Gründen auch immer nicht zur Arbeit erscheint.

Interessant ist dieses Modell vor allem für die Arbeitnehmer, die erkannt haben, daß die Entgeltfortzahlung keineswegs ein Geschenk ihres Arbeitgebers ist, sondern nichts weiter als eine von ihnen finanzierte Versicherungsleistung, bei der der Arbeitgeber als Versicherer fungiert.

Beispiel:

Für einen Arbeitsplatz, bei dem der Arbeitnehmer selbst das Entgeltfortzahlungsrisiko übernimmt, stehen pro Monat DM 5.000,– zur Verfügung. Bei einer zehnprozentigen Erkrankungswahrscheinlichkeit bleiben dem Arbeitnehmer pro Monat im Durchschnitt DM 4.500,–. Übernimmt der Arbeitgeber dagegen das Entgeltfortzahlungsrisiko, stehen dem Arbeitnehmer bei unveränderter Krankheitswahrscheinlichkeit nur noch DM 4.000,– monatlich zur Verfügung, wenn der Arbeitgeber für den Mißbrauch und für die Verwaltung der Versicherung weitere 10 % einkalkulieren muß.

Die rechtlichen Details dieses Modells würden den Rahmen dieses Buches sprengen. Wer sich dafür interessiert, findet weitere Einzelheiten im Seminar »**Kreative Mitarbeitervergütung**« das von der Arbeitsrechtlichen Vereinigung München regelmäßig durchgeführt wird.

5.2   Betriebs- kontra Tarifautonomie

In der Praxis ist ein Trend zu erkennen, der sich vom Flächentarif abwendet und verstärkt die Kompetenz der Betriebspartner nutzt. Derzeit sind solche Vereinbarungen noch häufig gesetzeswidrig, da sie gegen § 77 Abs. 3 BetrVG verstoßen. Es wird eine spannende Frage werden, ob die **Betriebspartner** ihre Praxis wieder dem Gesetz anpassen oder ob der Gesetzgeber seine Gesetze der Praxis (»Wir sind das Volk«) anpassen wird.

Teile des wissenschaftlichen Schrifttums haben sich jedenfalls schon auf die Seite der Praxis geschlagen und für diese Fälle einen **Vertrag »sui generis«** erfunden. Es kann ja schließlich nicht angehen, daß z. B. ein weltweit operierendes Unternehmen wie Opel seinen für Rüsselsheim abgeschlossenen »**Standortsicherungsvertrag**« als gesetzeswidrig abqualifizieren lassen muß – nur weil der Gesetzgeber es bisher versäumt hat, den § 77 Abs. 3 BetrVG zu ändern.

Weitere zwingende Notwendigkeiten zur Nichtbeachtung des § 77 Abs. 3 BetrVG ergeben sich offenbar in den neuen Bundesländern.

Beispiel:

Durch die wirtschaftliche Entwicklung wird ein Arbeitgeber gezwungen, einen Betrieb zu schließen. Der Betriebsrat bietet ihm eine Betriebsvereinbarung an, nach der die Arbeitnehmer gegen eine Beschäftigungsgarantie auf 20 % des Tariflohns verzichten. Wenn der Arbeitgeber dieses Angebot annimmt, damit die Schließung des Betriebes vermieden werden kann und anschließend sowohl die Belegschaft, der Betriebsrat und er selbst zufrieden sind, stellt sich auch hier intensiv die Frage, wer (mehr) Recht hat, der Gesetzgeber mit § 4 Abs. 3 TVG und § 77 Abs. 3 BetrVG oder die vertragschließenden Parteien (»Wir sind das Volk!«) mit ihrer offiziell unwirksamen Betriebsvereinbarung.

Ein erfolgversprechender Lösungsansatz für das beschriebene Problem wäre auch die z. B. von Professor Adomeit geforderte **Neudefinition des »Günstigkeitsprinzips«.** Danach ist es für den Arbeitnehmer allemal günstiger, zu 80 % einen Arbeitsplatz zu behalten als mit 100 % in die Arbeitslosigkeit zu gehen. (vgl. Adomeit Arbeitsrecht für die 90er Jahre, München 1991)

5.3 Die verfassungsrechtlichen Grenzen

Kritik wird inzwischen auch an der Organisation und am Wirken der Arbeitgeberverbände und Gewerkschaften geübt. Vorgeworfen wird diesen Organisationen, daß sie durch ihre Tarifverträge ein **Entgeltkartell** zu Lasten der Arbeitslosen geschaffen haben.

Besonders ärgerlich ist dieses Kartell im Bereich des öffentlichen Dienstes, wo der Arbeitgeber die Mitgliedschaft in der Zusatzversorgungskasse verliert, wenn er aus dem kommunalen Arbeitgeberverband austritt.

Möglicherweise wird hier eine **Verfassungsbeschwerde** Abhilfe schaffen, die am 13. November 1994 beim Bayerischen Verfassungsgerichtshof (Vf. 19-VII-95) eingereicht wurde.

5.4 Neue Formen der Entgeltfindung

Starre Entgelte und starre »Besitzstände« führen dazu, daß Arbeitgeber Arbeitsverhältnisse, die für sie nicht mehr interessant sind, rigoros beenden. Ziel muß es deshalb sein, Arbeitsentgelte (weiter) zu flexibilisieren. Im Grunde genommen läuft dies auf eine **Dreiteilung des Entgelts** hinaus: Fixum, Umsatz- und Ergebnisbeteiligung. Ein monatliches Fixum ist geeignet, dem Arbeitnehmer seine schlimmsten Existenzängste zu nehmen. Mit einer Beteiligung am Umsatz wird einer mit einer Umsatzsteigerung häufig verbundenen Steigerung des Arbeitsanfalls Rechnung getragen. Mit einer Ergebnis- oder Gewinnbeteiligung schließlich macht der Arbeitgeber deutlich, daß er in seinem Arbeitnehmer nicht lediglich einen »Untergebenen« sieht, mit dem **er** Unternehmensziele verwirklicht, sondern einen wertvollen Partner, der sozusagen als **Mitunternehmer** zum Unternehmenserfolg beigetragen hat.

Dieser dritte Entgeltbestandteil gehört ausgebaut. Eine Beteiligung am Unternehmensgewinn erhöht die Motivation der Arbeitnehmer und die Identifikation mit den Unternehmenszielen.

Je höher der Anteil des Fixums am Entgelt eines Arbeitnehmers ist, desto unsicherer wird ein Arbeitsplatz in Krisenzeiten. Andererseits gilt, je höher der Anteil ist, der sich am Ergebnis bzw. am Gewinn orientiert, desto sicherer wird der Arbeitsplatz.

Beispiel 1:

Ein selbständiger Rechtsanwalt beschäftigt zehn fest angestellte Rechtsanwälte. Halbieren sich die Umsätze, muß er fünf seiner Angestellten entlassen.

Beispiel 2:

Sein Kollege beschäftigt in der gleichen Situation zehn freie Mitarbeiter, denen jeweils 50 % der Umsätze zustehen. Gleichbleibend gute fachliche Qualifikation vorausgesetzt, kann der Rechtsanwalt seinen Mitarbeitern eine lebenslange

Beschäftigungsgarantie geben: In guten Zeiten verdienen sie z. B. 100 bis 120%, in schlechten Zeiten z. B. 50 bis 60% einer Durchschnittsvergütung.

Natürlich kann es bei diesem Modell, ebenso wie beim Angestellten-Modell, passieren, daß der durch Berufstätigkeit erzielte Verdienst nicht mehr zur Bestreitung des Lebensunterhalts ausreicht. In diesem Fall müssen, ebenfalls wie im Angestellten-Modell, andere Finanzierungsquellen, wie z. B. Ersparnisse, Versicherungsleistungen, staatliche Leistungen oder Unterhaltsleistungen durch Angehörige, genutzt werden.

Aber selbst in diesem Fall ist dieses Modell allemal dem Angestellten-Modell überlegen, da hier der Beschäftigte, im Gegensatz zum Angestellten-Modell, wo aus ihm ein »Arbeitsloser« wird, seinen Status behält.

Beispiel 3:
Die gleichen positiven Auswirkungen des Beispiels 2 lassen sich im übrigen auch im Angestellten-Modell erzielen, wenn der Beschäftigte bereit ist, statt eines monatlichen Fixums eine umsatz- oder gewinnabhängige Vergütung zu akzeptieren.

Der Vorteil der Lösung gemäß Beispiel 2 und 3 liegt auch noch darin, daß der Kanzlei für die nächste »Aufschwungphase« das Know-how erhalten bleibt, das bei einer Entlassung der fünf Arbeitnehmer verloren gehen würde.

5.5 Neue Formen der Entgeltzahlung

Zunehmende Steuer- und Sozialabgabenlasten zwingen Arbeitgeber, sich Gedanken darüber zu machen, wie sie bei gleichem oder vermindertem Kostenaufwand die Attraktivität ihres Unternehmens für ihre Mitarbeiter steigern und gleichzeitig deren Netto-Vergütung erhöhen können.

Eine Möglichkeit hierzu ist die Einführung eines Cafeteria-Systems. Bei einem **Cafeteria-System** erhält der Arbeitnehmer einen Teil seines Gehalts in Form von für ihn attraktiven »Naturalien« ausgezahlt.

Beispiel:

Viktor Vario bezog bisher ein Jahresgehalt in Höhe von DM 100.000,–. Künftig bezieht er neben einem Jahresgehalt von nur noch DM 83.000,– ein »Paket« bestehend aus »Naturalien« (z. B. 3.000,– Direktversicherung, DM 1.000,– Job-Ticket, DM 1.000,– Erstattung von Krankheitskosten und DM 15.000,– Dienstwagen) im Wert von DM 20.000,–. »Cafeteriagewinn«: DM 3.000,– jährlich

Der »Cafeteriagewinn« setzt sich u. a. aus steuerlichen und sozialversicherungsrechtlichen Vorteilen und ggf. auch aus der Nutzung von Großhandelsrabatten zusammen. Da sich Arbeitgeber und Arbeitnehmer den »Cafeteriagewinn« teilen können, kann ein Cafeteria-System sowohl für Arbeitgeber als auch für Arbeitnehmer sehr interessant sein. Bezüglich der steuer- und sozialrechtlichen Details muß auf die vorhandene Spezialliteratur verwiesen werden. (vgl. Wolf, »Variable Vergütung in Form eines Cafeteria-Plans«, Betriebs-Berater 1993, Seite 928)

Die einzelnen Entgeltbausteine eines Cafeteria-Systems lassen sich in folgende Gruppen und Untergruppen aufteilen:

5.5.1 Transport

5.5.1.1 *Firmenwagen*

Beim Firmenwagenmodell stellt der Arbeitgeber dem Arbeitnehmer oder dessen Ehepartner ein Fahrzeug zur dienstlichen und privaten Nutzung unentgeltlich zur Verfügung. Der geldwerte Vorteil, den der Arbeitnehmer durch die Privatnutzung des Firmenwagens erhält, unterliegt als Sachbezug der Lohnversteuerung und der Sozialversicherungspflicht. Für die Berechnung dieses geldwerten Vorteils gibt es verschiedene Berechnungsmethoden. Eine häufig angewandte Methode besteht darin, daß pro Monat 1 % des Listenpreises als Vorteil angesetzt wird.

5.5.1.2 *Job-Ticket*

Unter Umweltgesichtspunkten kann es für den Arbeitnehmer attraktiv sein, daß ihm der Arbeitgeber die Kosten für die Nutzung des öffentlichen Nahverkehrs erstattet. Dies kann durch Einzel- oder Betriebsvereinbarung sowie durch Tarifvertrag geregelt werden. Die Tarifvertragsparteien des privaten Versicherungsgewerbes haben inzwischen eine 30 %ige Beteiligung des Arbeitgebers an den Kosten des öffentlichen Nahverkehrs vereinbart. Die im März 1995 in München gegründete **Tarifgemeinschaft Umweltschutz** strebt darüber hinaus einen Tarifvertrag an, nach dem der Arbeitgeber seinen Arbeitnehmern 100 % der Kosten für die Nutzung des öffentlichen Nahverkehrs erstattet.

5.5.1.3 *Sammelbeförderung von Arbeitnehmern*

In den Fällen, in denen ein gut ausgebautes Nahverkehrsnetz nicht zur Verfügung steht, kann es für die Mitarbeiter auch interessant sein, wenn der Arbeitgeber ihnen eine Sammelbeförderung für die Fahrt zur Arbeit zur Verfügung stellt.

5.5.2 Verpflegung

Hierbei kommt in erster Linie die Bereitstellung einer Kantine und die ggf. verbilligte Lieferung von Genußmitteln und Getränken sowie ein Essenzuschuß in Betracht.

5.5.3 Aus- und Weiterbildung

Bei den Aus- und Weiterbildungskosten geht es häufig um Studienbeihilfen oder um die Finanzierung eines Bildungsurlaubs durch den Arbeitgeber.

5.5.4 Risikovorsorge

5.5.4.1 *Direktversicherung*

Beiträge zu einer Direktversicherung können ab Januar 1996 bis maximal DM 3.408,– pro Jahr mit 20 % pauschal versteuert werden. Sozialabgaben fallen nicht an.

5.5.4.2 *Erstattung der Selbstbeteiligung einer privaten Krankenversicherung*

Privat krankenversicherten Arbeitnehmern kann der Arbeitgeber pro Jahr bis zu DM 1.000,– steuerfrei erstatten, wenn sie mit ihrer Versicherung eine Selbstbeteiligung vereinbaren.

5.5.5 **Finanzen/Recht**

In diesem Bereich gibt es die größte Auswahl an für den Arbeitnehmer interessanten Angeboten. Hier die wichtigsten:

- Arbeitgeberdarlehen,
- Zinszuschüsse,
- Rabattgewährung,
- Urlaubsabgeltung,
- Jubiläumszuwendungen,
- Abfindungen,
- »Deferred Compensation«,
- Beratung in Vermögens-, Steuer- und Rechtsangelegenheiten,
- Zahlung von Verbandsbeiträgen,
- KG-Beteiligung,
- Belegschaftsaktien.

Ein steuerpflichtiger geldwerter Vorteil ist bei einer Zinsersparnis oder Zinsverbilligung dann anzunehmen, wenn der Zinssatz unter 5,5 % liegt.

Keine Steuern fallen jedoch an, wenn der noch nicht getilgte Darlehensbetrag im Zeitpunkt der Vergütungszahlung DM 5.000,– nicht übersteigt. Dies gilt selbst dann, wenn überhaupt keine Zinsen vereinbart worden sind. Bei Darlehen, die im Zusammenhang mit Wohneigentum vor dem 1. Januar 1989 gewährt wurden, ist eine Zinsersparnis bis zu DM 2.000,– pro Jahr steuerfrei. Dabei wird eine Zinsersparnis überhaupt erst bei einem Zins von weniger als 4 % angenommen.

5.5.6 Wohnen und Umziehen

* Werks-/Dienstwohnung,
* Übernahme der Maklergebühr,
* Baufinanzierungshilfe,
* Übernahme der Umzugskosten.

5.5.7 Sport, Gesundheit und Soziales

* Bereitstellung von Sportstätten und Fitneßräumen,
* Firmenkindergarten,
* Geburtsbeihilfen,
* »Wellness«-Programme (gesunde Ernährung, Streßbewältigung, Raucherentwöhnung etc.).

5.5.8 Sonstiges

Beim »Erfinden« sonstiger Cafeteria-Bestandteile sind der Phantasie und dem Erfindungsreichtum der Vertragspartner kaum Grenzen gesetzt.

5.6 Telearbeitsplätze

Der Arbeitgeber sollte, wo immer es möglich ist, verstärkt die Einrichtung von Telearbeitsplätzen fördern. Dadurch werden zum einen tendenziell die Innenstädte vom Berufsverkehr entlastet. Zum anderen können Telearbeitsplätze auch der Ressourcenschonung dienen. Angenommen, ein Arbeitnehmer benötigt 40 Quadratmeter Bürofläche und 40 Quadratmeter Wohnfläche. Bei einem Quadratmeterpreis von DM 10,– entstehen dadurch jährlich Kosten in Höhe von DM 9.600,–. Theoretisch könnte der Arbeitnehmer sowohl das Büro als auch die Wohnung jeweils 168 Stunden pro Woche nutzen. Tatsächlich kommt man jedoch, Wohnung und Büro zusammengerechnet, auf eine Gesamtnutzungszeit von weniger als 150 Stunden pro Woche. D. h. der Nutzungsgrad von Wohnung und Büro zusammen beträgt weniger als 40 %. Anders ausgedrückt bedeutet dies, daß wertvoller umbauter Raum überwiegend leersteht. Angesichts des derzeit bestehenden akuten Wohnungsmangels ist dieser Zustand nicht einzusehen. Dabei kann dahingestellt bleiben, ob es besser ist, z. B. durch die Aufstellung von Aquarien und Blumentöpfen den »Freizeitwert« von Büroräumen zu erhöhen oder ob es besser ist, durch die Ausstattung der Wohnungen mit »home computern« den »Berufswert« von Wohnungen zu steigern. Das Ergebnis beider Bemühungen wird jedenfalls sein, daß es für Arbeitnehmer tendenziell immer weniger notwendig sein wird, gleichzeitig zwei Raumobjekte zu »besitzen«.

Allein schon mit dem »Raumargument« ist im übrigen auch die gelegentlich verbreitete Behauptung zu entkräften, für »den Staat« sei es finanziell gleichgültig, ob er einen nicht mehr benötigten Arbeitnehmer als Arbeitslosen oder als Arbeitnehmer alimentiert.

5.7 Gesellschaftsrechtliche Elemente im Arbeitsrecht

In zunehmendem Maße finden gesellschaftsrechtliche und partnerschaftliche Elemente in das zunächst von Klassenkampf und Bevormundung beherrschte Arbeitsrecht Einzug. Viele Arbeitnehmer sehen im Arbeitgeber nicht mehr den Klassenfeind, sondern einen Partner für die Verwirklichung gemeinsamer beruflicher Ziele. Arbeitgeber wiederum haben den Arbeitnehmer als Mitunternehmer entdeckt.

Folgende Verbände bemühen sich besonders um die Förderung des Partnerschaftsgedankens in der Wirtschaft.

- Arbeitsgemeinschaft Selbständiger Unternehmer e.V., Mainzer Str. 238, 53179 Bonn.
- Arbeitsrechtliche Vereinigung München e.V., Wormser Str. 1, 80797 München.
- Arbeitsgemeinschaft zur Förderung der Partnerschaft in der Wirtschaft e.V., Wilhelmshöher Allee 283a, 34131 Kassel.
- pro man Internationale Gesellschaft für fraktales Produktivitäts-Management e.V., Riemenschneiderstr. 9, 37603 Holzminden.

Weitere Anregungen zu diesem Thema finden sich bei Adomeit, »Arbeitsrecht für die 90er Jahre«, München 1991.

5.8

Fiktiver Nachruf auf einen ausgestorbenen Berufsstand

Heute, am 13. November 2010, hat der letzte Angehörige eines einst bedeutenden Berufsstandes seinen Geist aufgegeben.

Immer weniger Personen hatte es in den vergangenen Jahren Spaß gemacht, Arbeitgeber zu sein. Viele Arbeitgeber hatten sich vor ihrem unerfreulichen Dasein in den Konkurs oder ins Ausland geflüchtet, nachdem sie zuvor vergeblich versucht hatten, durch eine »**Tarifflucht**« ihr Dasein zu verbessern.

Ausgehend von dieser »Tarifflucht« war schließlich auch ihren Verbänden die Lebensfreude und -kraft vergangen.
Erste Anzeichen für Zerfallserscheinungen im Lager der Arbeitgeberverbände deuteten sich im Jahre 1990 an, als der Kommunale Arbeitgeberverband Bayern sein wichtigstes Mitglied, nämlich die Landeshauptstadt München, die ihm jährlich immerhin ca. DM 200.000,– an Mitgliedsbeiträgen überwies, mit einer Verbandsstrafe in Höhe von DM 1,2 Mio. für den Fall bedrohte, daß die Landeshauptstadt eine **München-zulage** in Höhe von DM 150,– einführen würde. Zur Ehrenrettung des kommunalen Arbeitgeberverbandes Bayern sei jedoch angemerkt, daß er seinen Widerstand gegen diese Zulage aufgab, nachdem er erkannt hatte, daß es nicht die Landeshauptstadt München war, die mit einem um DM 150,– erhöhten Monatsgehalt z. B. der Stadt Augsburg die Schreibkräfte »wegschnappte«, sondern die Privatwirtschaft, die problemlos DM 1.500 mehr zahlen konnte.

Der Niedergang der Verbände setzte sich fort, als am 13. Juni 1994 die Tarifgemeinschaft deutscher Länder das Land Berlin »mit Schimpf und Schande« als Verräter an der gemeinsamen Sache aus ihren Reihen ausschloß.

Hinweis für Nicht-Insider:

Das »Verbrechen« des Landes Berlin bestand darin, daß es seinen »Ost-Mitarbeitern«, die gleiche Leistungen erbrachten wie die »West-Mitarbeiter«, geringfügig höhere Vergütungen zahlte, als der Tarifvertrag es vorsah.

Die im Herbst 1995 angekündigte Selbstauflösung des Gesamtmetall-Arbeitgeberverbandes wurde im Jahre 2000 vollzogen. Als sich dann auch noch im Jahre 2005 die Bundesvereinigung der Deutschen Arbeitgeberverbände aufgelöst hatte, war es dann endgültig vorbei mit der Arbeitgeber-Herrlichkeit.

Sollten wir deswegen heute, am 13. November 2010 traurig sein? Ich glaube nicht. Das Leben geht weiter. Auch ohne Arbeitgeber. Was früher die Arbeitgeber getan haben, wird heute von **Funktionsträgern** wahrgenommen. Aus den alten Arbeitgebern sind inzwischen Leistungsnehmer bzw. Geld- und Auftraggeber geworden. Was zunächst nur wie eine kosmetische Umbenennung aussah, hat sich inzwischen weltweit durchgesetzt und zu einem globalen Bewußtseinswandel geführt.

Parallel zu den Arbeitgebern sind selbstverständlich auch die Arbeitnehmer verschwunden. An ihre Stelle sind Leistungsgeber, Auftragnehmer und Geldempfänger getreten, wobei nicht übersehen werden darf, daß keine Person ständig nur eine Funktion wahrnimmt, sondern sowohl in der Funktion des Leistungsgebers als auch, ggf. zu anderer Zeit und in anderem Zusammenhang, als Leistungsnehmer auftritt.

Mit den Arbeitgebern verschwanden auch die sogenannten Arbeitslosen. Nur am Rande sei angemerkt, daß es richtige **Arbeitslose** in Deutschland jedenfalls die letzten 15 Jahre nie gegeben hat. Denn Arbeit war immer schon in ausreichendem Maße vorhanden. Zu erinnern sei nur an die Gesundheits-,

Jugend- und Altenpflege sowie an den Umweltschutz, wo seit jeher in ausreichendem, praktisch unbegrenztem Maße Arbeit vorhanden war. Das einzige, was gelegentlich fehlte, war das Geld, um denjenigen, die die Arbeiten ausführten, etwas zu zahlen. Deswegen hätten diese Menschen richtigerweise als »Geldlose« bezeichnet werden müssen. Die entsprechenden Maßnahmen des Staates, um diesen Menschen zu helfen, hätten dann konsequenter Weise »Geldbeschaffungsmaßnahmen« heißen müssen. Nachdem aber »Geldbeschaffungsmaßnahmen« weit weniger seriös klingen als »Arbeitsbeschaffungsmaßnahmen«, hatte man diesen Personenkreis bis zuletzt wahrheitswidrig als Arbeitslose bezeichnet.

In dem Maße, in dem sich das öffentliche Interesse weg von Status und Besitzständen hinentwickelte zu Fakten und Funktionen, wurde deutlich, daß sich auch der Zustand der »Arbeitslosigkeit« überholt hatte.

Aus den früheren mit geringem Ansehen versehenen Arbeitslosen und vereinzelten inoffiziellen »Schwarzarbeitern« sind inzwischen weitgehend Freiberufler, selbständige Unternehmer und geschäftsführende GmbH- und KG-Gesellschafter geworden. Dies hat den Vorteil, daß sich niemand mehr schämen muß, daß er »arbeitslos« ist. Jeder der früheren Arbeitslosen setzt seine Fähigkeiten nach besten Kräften im eigenen Geschäft ein. Dies hat enorme Produktivitätsreserven aktiviert. Denn wo sonst als im eigenen Unternehmen sollte sich jemand nach Kräften anstrengen? Ganz klar ist es, daß durch die Umwandlung der Arbeitslosen und Arbeitnehmer in im Wettbewerb stehende Unternehmer nicht automatisch mehr Arbeit entstehen mußte. Aus diesem Grund erhalten nach wie vor Personen, die ihren Lebensunterhalt nicht aus eigener Kraft bestreiten können, auf Ihren Unternehmensgewinn einen Zuschuß des Staates.

Durch die Verleihung des Unternehmerstatus konnte der Staat jedem Bürger eine lebenslange Beschäftigungsgarantie geben. Dies ist auch ganz natürlich. Früher, als die Arbeitnehmer noch ein möglichst hohes Fixum forderten und ihre Besitzstände pflegten, waren die Arbeitgeber ggf. gezwungen, ihre Mitarbeiter mitsamt ihren Besitzständen brutal und

betriebsbedingt »auf die Straße zu setzen«. Heute, wo jeder
als Unternehmer und Subunternehmer nur noch seinen im
voraus – Vorschläge statt Nachschläge! – exakt definierten
Wertschöpfungsanteil erhält, ist ein solches Verhalten undenk-
bar geworden.

Stichwortverzeichnis

Griffbereites Wirtschaftswissen

Unentbehrliche Nachschlagewerke für jedes Büro

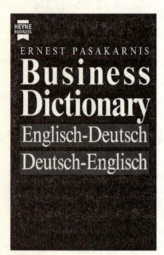

22/1003

Außerdem erschienen:

Uwe Schreiber
Handlexikon Wirtschaft
22/319

Jakob Wolf
Lexikon Betriebswirtschaft
22/344

Wilhelm Heyne Verlag
München

Karrierestrategien

Beruflicher Erfolg kann geplant werden! Hier finden Sie die Informationen, die Sie für Ihren beruflichen Ein- und Aufstieg brauchen:

Gilles Azzopardi
Der Karrieretest
*Bestimmen Sie Ihr berufliches
Erfolgsprofil selbst!
Mit 15 neuen Persönlichkeitstests*
22/308

Ken und Kate Back
Durchsetzungstraining
*So realisieren Sie Ihre Interessen
und Zielvorstellungen
Mehr Profil durch sicheres
Auftreten!*
22/269

Michael Latas
301 Ideen für die Jobsuche
*Suchstrategien für die ideale Stelle -
Beziehungen aufbauen über
Networking - Tips für
Einstellungsgespräche*
22/342

Jörg Nimmergut /Günther
Krüger
**Die Schule der erfolgreichen
Bewerbung**
*Wie Sie Ihre Mitbewerber aus dem
Rennen werfen
Überarbeitete, aktualisierte und
wesentlich erweiterte Auflage!*
22/309

Gabi Pörner
Karriereplanung für Frauen
*Womit Sie rechnen müssen -
Wozu Sie bereit sein sollen -
Wie Sie Ihre Ziele erreichen*
22/270

Martin John Yate
**Das erfolgreiche
Bewerbungsgespräch**
*Überzeugende Antworten auf alle
Fragen. Mit kurzweiliger Lektüre
führt Yate Jobsuchende zum Erfolg*
22/2002

Wilhelm Heyne Verlag
München